MedR   Schriftenreihe Medizinrecht

Astrid Funke

Privatärztliches Gebührenrecht

Springer-Verlag Berlin Heidelberg GmbH

Dr. Astrid Funke

Haus Heidgen
Am Eulenwald
5206 Neunkirchen-Seelscheid 2

Fortführung der Reihe „RECHT und MEDIZIN"

ISBN 978-3-540-18286-3

CIP-Kurztitelaufnahme der Deutschen Bibliothek. Funke, Astrid: Privatärztliches
Gebührenrecht/Astrid Funke.
(MedR, Schriftenreihe Medizinrecht)
ISBN 978-3-540-18286-3   ISBN 978-3-662-09443-3 (eBook)
DOI 10.1007/978-3-662-09443-3

Gesamtherstellung: Appl, Wemding
2119/3140-543210

Vorbemerkung

Am 01. Januar 1983 trat eine neue „Gebührenordnung für Ärzte" in Kraft. Sie löst ihre Vorgängerin von 1965 ab, von der sie sich durch Änderungen unterscheidet, die Anlaß zu heftiger Kritik insbesondere von seiten der Ärzteschaft gaben.

So wird häufig ihre Verfassungsmäßigkeit in Zweifel gezogen. Darüber hinaus finden sich zu den Einzelvorschriften sehr unterschiedliche Standpunkte hinsichtlich ihrer Auslegung und Anwendung.

Diese Situation läßt es geboten erscheinen, die neue GOÄ einer Gesamtbetrachtung zu unterziehen mit dem Ziel, eine systemstimmige Lösung der aufgeworfenen Rechtsfragen zu finden.

Inhaltsübersicht

A. Das Arzt-Patienten-Verhältnis

Die Erörterung von Fragen des ärztlichen Gebührenrechts setzt zunächst eine rechtliche Einordnung des Arzt-Patienten-Verhältnisses voraus, in dessen Rahmen der Standort des Komplexes „Gebührenrecht" zu bestimmen ist.
Da es für die Beziehung des Arztes zum Patienten Bedeutung hat, in welcher Form dieser krankenversichert ist, muß zwischen Privat- und Kassenpatient unterschieden werden.

I. Rechtsnatur des Behandlungsvertrages

1. Privatpatient

Da dem Verhältnis Arzt-Privatpatient trotz geringerer statistischer Relevanz (im Vergleich zum Kassenarztbereich) noch immer modellhafte Bedeutung zukommt und ferner hier der Anwendungsbereich der ärztlichen Gebührenordnung liegt, soll zunächst die Rechtsnatur dieser Beziehung erläutert werden.

a. Vertragsschluß

Regelfall: Entgeltlicher Arztvertrag. Der privatversicherte Patient tritt zum Arzt in eine vertragliche Beziehung. Meistens wird der Arztvertrag konkludent dadurch geschlossen, daß der Patient sich zum Arzt begibt und dieser mit der Behandlung beginnt.

Gratisbehandlung eines Kollegen. Dasselbe gilt auch für den Fall, daß ein Arzt einen anderen Arzt behandelt und beide davon ausgehen, daß der Behandelnde aus kollegialen Gründen kein Honorar fordern wird.
Hier von einem reinen Gefälligkeitsverhältnis ohne Vertragscharakter auszugehen, würde den berechtigten Interessen des Behandelten nicht gerecht, dem in der Regel die vertragliche Verpflichtung des anderen zu voller ärztlicher Sorgfalt wichtiger sein wird als dessen Honorarverzicht.
Deshalb ist davon auszugehen, daß auch die honorarfreie Kollegenbehandlung auf vertraglicher Grundlage geschieht.[1]

---

[1] BGH NJW 1977, 2120.

b. Vertragsart

Die Rechtsbeziehung hat eine entgeltliche Arbeitsleistung zum Inhalt. Deshalb kommt eine Qualifizierung des Arztvertrages als Dienst- oder Werkvertrag in Betracht.

Beim ersteren wird das bloße Wirken, die Arbeitsleistung als solche, bei letzterem die Herbeiführung des vereinbarten Arbeitsergebnisses, ein Erfolg, geschuldet.

Dieses Abgrenzungskriterium allerdings läßt auch beim Arztvertrag wegen der Mehrdeutigkeit der Begriffe „Erfolg" und „Werk" häufig Zweifel offen. Das vom Chirurgen geschuldete Werk läßt sich beispielsweise in der Amputation eines Körperteils sehen. Der Arzt will und kann hierbei aber keinen Heilerfolg schulden.[1] Er hat die Verpflichtung, ihn anzustreben. Ob er aber eintritt, hängt nicht allein von der Einhaltung der Regeln der ärztlichen Kunst ab, sondern von physischen, psychischen und sozialen Gegebenheiten beim Patienten, die der Arzt nur bedingt beeinflussen kann.

Deshalb ist davon auszugehen, daß der Arzt regelmäßig nur die sachgerechte Behandlung des Kranken, also seine ärztliche Tätigkeit, verspricht, nicht aber den gewünschten Erfolg, die Heilung des Kranken.[2] Der Arztvertrag ist mithin in der Regel ein Dienstvertrag.[3] Die aufgrund des Behandlungsvertrages vom Arzt geschuldeten Dienste sind solche „höherer Art" im Sinne des § 627 BGB.[4]

Nur ausnahmsweise kann ein Werkvertrag angenommen werden, nämlich bei kosmetischen Operationen, wenn der Arzt einen bestimmten Erfolg in Aussicht stellt.[5]

2. Kassenpatient

Kassenpatient ist derjenige, für den ein Sozialversicherungsträger, ein Sozialhilfeträger oder eine Versorgungsbehörde die ärztlichen Behandlungskosten übernimmt (gesetzliche Krankenversicherung).[6] Im Sachleistungssystem der gesetzlichen Krankenversicherung – die Versicherung schuldet Heilmaßnahmen, nicht Kostenersatz – besteht ein Spannungsverhältnis zwischen Privatrecht und öffentlichem Recht. Hier erfüllt die private Funktion „ärztliche Behandlung" gleichzeitig Instrumentalfunktion für sozialstaatliche Aufgabenerfüllung.[7] Aus § 368d Abs. 4 RVO, wonach der an der kassenärztlichen Versorgung teilnehmende Arzt dem Patienten gegenüber zur Sorgfalt nach den Vorschriften des bürgerlichen Vertragsrechts verpflichtet ist, schließen Rechtsprechung und vorherrschende Lehre auf ein bürgerlichrechtliches Vertragsverhältnis dienstvertraglicher Natur unmittelbar zwischen Kassenpatient und Kassenarzt.[8]

---

[1] Laufs, Rn 54.

[2] BGH NJW 1975, 305 (306).

[3] BGH a.a.O.; MünchKomm-Söllner, § 611 Rn 44; Soergel-Siebert-Wlotzke-Volze, vor § 611 Rn 101; Palandt-Putzo, vor § 611 2)a)bb); Brenner, S. 150; Tiemann, Das Recht in der Arztpraxis, S. 139; Laufs, Rn 54.

[4] Palandt-Putzo 1)a)bb); Brenner, a.a.O.; Laufs, Rn 55.

[5] MünchKomm-Söllner, § 611 Rn 44.

[6] Brenner, S. 150.

[7] Tiemann, NJW 1985, 2169.

[8] Text siehe S. 3.

Dasselbe gilt für das Verhältnis des Ersatzkassenmitglieds zum Arzt. Auch hier liegt ein bürgerlichrechtliches Schuldverhältnis mit dienstvertraglichem Charakter vor.[1]

II. Vertragliche Verpflichtungen des Arztes bzw. der Krankenkasse

1. Privatpatient

Entsprechend dem Wesen des Dienstvertrages besteht die vertragliche Verpflichtung des Arztes in der Erbringung der Heilbehandlung. Die Erfolgsgarantie ist nicht Inhalt des Vertrages. Der Arzt ist verpflichtet, den Patienten sorgfältig zu behandeln, indem er im Rahmen seiner Behandlungsmaßnahmen die gesicherten Erkenntnisse berücksichtigt, die dem jeweiligen Stand der medizinischen Wissenschaft und Technik entsprechen. Er schuldet dem Patienten Diagnose, Therapie, Aufklärung über Art, Umfang und Tragweite der Behandlung sowie die Beachtung der Schweigepflicht.[2]

2. Kassenpatient

Im Bereich der gesetzlichen Krankenversicherung herrscht das sogenannte Sachleistungssystem, d.h. die Krankenkassen schulden ihren Versicherten nicht Kostenersatz, sondern Heilmaßnahmen. Zur Erfüllung dieser Pflicht schließen die Kassen zugunsten ihrer Mitglieder Verträge mit den Kassenärztlichen Vereinigungen.
Da andererseits die dienstvertragliche Beziehung des Patienten zum Kassenarzt besteht, wird vom „Doppelcharakter des Versichertenanspruchs" gesprochen.[3]
Zu erwähnen ist noch – da dies bei der Kritik der Ärzteschaft an der neuen ärztlichen Gebührenordnung häufig vergleichend erwähnt wird –, daß im Kassenarztbereich das sogenannte Wirtschaftlichkeitsgebot gilt. Der Versicherte (Patient) hat nur insoweit einen Anspruch auf ärztliche Versorgung, als sie zur Heilung oder Linderung nach den Regeln der ärztlichen Kunst zweckmäßig und ausreichend ist, § 368e RVO.

---

[8] (Siehe S. 2) BGH NJW 1980, 1452 (1453); MünchKomm-Söllner, § 611 Rn 49; Palandt-Putzo, vor § 611 2)a)bb); Brenner, S. 151; Laufs, Rn 45
anders Thiemann, Das Recht in der Arztpraxis, S. 198f.
[1] MünchKomm-Söllner, § 611 Rn 51.
[2] Laufs, Rn 61; Brenner, S. 151; Tiemann a. a. O., S. 139.
[3] Tiemann, NJW 1985, 2169 (2170f.). Ein näheres Eingehen auf die sich hier ergebende Problematik würde zu weit führen.

III. Vertragliche Verpflichtungen des Patienten bzw. der Krankenkasse

1. Privatpatient

Der zwischen Privatpatient und Arzt geschlossene Dienstvertrag ist entgeltlicher Natur. Dementsprechend schuldet der Patient eine Vergütung.

Hier ist im Arzt-Patienten-Verhältnis der Standort des *privatärztlichen Gebührenrechts*, geregelt in der Gebührenordnung für Ärzte von 1982.

Allerdings gewährt die Gebührenordnung selbst keinen Anspruch auf Vergütung. Sie setzt vielmehr einen Anspruch des Arztes auf Vergütung voraus.[1] Dieser ergibt sich aus der dienstvertraglichen Beziehung. Die Gebührenordnung bestimmt die Höhe des Vergütungsanspruchs. Der Anspruch des Arztes auf das Honorar entsteht grundsätzlich nach jeder einzelnen Konsultation, es sei denn eine einheitliche Behandlung sei ausdrücklich vereinbart, die mehrere Konsultationen umfaßt.[2] Bei länger andauernden Behandlungen liquidiert der Arzt oder die ärztliche Berechnungsstelle üblicherweise in größeren Zeitabständen die für mehrere Konsultationen angefallenen Beträge.

2. Kassenpatient

Bei Kassenpatienten erfolgt die Honorierung über die Kassenärztliche Vereinigung nach den Regeln des Sozialrechts.

Der Kassenpatient ist nicht Schuldner des ärztlichen Vergütungsanspruchs. In Erfüllung des sogenannten Sachleistungsprinzips, d.h. der Verpflichtung, dem Versicherten Heilmaßnahmen und nicht nur Kostenersatz zukommen zu lassen, schließen die gesetzlichen Krankenkassen zugunsten ihrer Mitglieder mit den Kassenärztlichen Vereinigungen Verträge. Die Krankenkassen entrichten aufgrund dieser Verträge für die gesamte kassenärztliche Versorgung (§ 368 RVO) mit befreiender Wirkung eine Gesamtvergütung an die jeweilige Kassenärztliche Vereinigung. Letztere verteilt entsprechend den erbrachten Leistungen die Gesamtvergütung an die einzelnen Kassenärzte auf der Grundlage eines Honorarverteilungsmaßstabs.[3]

Auch bei der Behandlung von Mitgliedern der Ersatzkassen erhält der Arzt sein Honorar von der Ersatzkasse über die Kassenärztliche Vereinigung.[4]

IV. Geschäftsführung ohne Auftrag

Wenn vertragliche Beziehungen nicht zur Entstehung gelangen, so können in bestimmten Situationen die Vorschriften des BGB zur Geschäftsführung ohne Auftrag zur Anwendung kommen. Dies ist vor allem der Fall, wenn der Arzt einen

---

[1] Schmatz/Goetz/Matzke, Einführung B 1, S. 31.
[2] Laufs, Rn 69; Tiemann, Das Recht in der Arztpraxis, S. 186.
[3] Vgl. im einzelnen §§ 368 ff. RVO.
[4] Näher zum Themenkomplex Tiemann, Das Recht in der Arztpraxis, S. 257 ff.

Bewußtlosen versorgt oder einen Geschäftsunfähigen oder beschränkt Geschäfts-
fähigen ohne die erforderliche Zustimmung der gesetzlichen Vertreter behandelt.[1]

Es fragt sich, wie sich in solchen Fällen das Honorar bemißt. Nach § 683 BGB
kann der Arzt zwar als Geschäftsführer ohne Auftrag Ersatz seiner Aufwendungen
verlangen, hätte aber grundsätzlich keinen Anspruch auf Vergütung seiner Dienste. Nach herrschender Ansicht kann jedoch der Geschäftsführer für Tätigkeiten,
die zu seinem Beruf oder Gewerbe gehören, die übliche Vergütung verlangen.[2]
Das bedeutet für den Arzt, daß ihm auch dann, wenn er ohne vertragliche Grundlage tätig wird, ein Anspruch auf das sonst übliche Honorar zusteht.

---

[1] Schmatz/Goetz/Matzke, Einführung B 1., S. 31; Laufs, Rn 71.
[2] BGHZ 65, 384 (390); Palandt-Thomas, § 683 4)a); Erman-Hauß, § 683 Rn 6.

B. Von der GOÄ 1982 betroffener Personenkreis und Anteil an der Gesamtliquidation der Ärzte

I. Die Betroffenen

Die am 01. Januar 1983 in Kraft getretene Gebührenordnung für Ärzte vom 12. November 1982[1] gilt, wie ihre Vorgängerin, die GOÄ 1965,[2] für die Vergütung von Leistungen, die die Ärzte gegenüber Privatpatienten oder Selbstzahlern erbringen.

Wirtschaftlich berührt sie die niedergelassenen Ärzte, die den weit größeren Teil ihres Einkommens aus kassenärztlicher Tätigkeit beziehen, erheblich weniger als etwa die leitenden Krankenhausärzte, deren Liquidation vorwiegend oder ausschließlich aus Privathonoraren besteht.[3]

Im Hinblick auf die betroffenen Bevölkerungskreise ergibt sich folgendes Bild:

Nach der amtlichen Begründung der Bundesregierung[4] sind durch die GOÄ 8,4 Mill. Personen, das sind etwa 13,6 v. H. der Bevölkerung, betroffen.[5] Davon sind 4,6 Mill. Privatpatienten im Rahmen der privaten Krankenversicherung versichert oder haben sonstige Erstattungsansprüche, wie zum Beispiel aus dem Beihilferecht des öffentlichen Dienstes. Von den Privatpatienten sind 2 Mill. (44 v. H.) erwerbstätig. Von letzteren wiederum sind 53 v. H. Beamte, 28 v. H. Selbständige und mithelfende Familienangehörige und 19 v. H. Angestellte.

Zu den 4,6 Mill. Privatversicherten kommen etwa 3,7 Mill. Versicherte der gesetzlichen Krankenversicherung, die zusätzlich zu den Leistungen der gesetzlichen Krankenkasse mit privaten Krankenversicherungen Verträge, insbesondere zur Deckung der Kosten für privatärztliche Behandlung im Krankenhaus, abgeschlossen haben.

Nur etwa 0,14 Mill. Personen sind nicht freiwillig versichert und haben auch keine sonstigen Erstattungsansprüche.

Sie sind echte „Selbstzahler" und ebenfalls von der GOÄ betroffen.

Vor allem mittelbar betroffen ist die öffentliche Hand, nämlich dadurch, daß sie Beihilfen an Beamte und Angestellte des öffentlichen Dienstes leistet. Je höher die Arztrechnung, desto höher ist die Belastung der öffentlichen Haushalte.

In ähnlicher Weise mittelbar betroffen sind die privaten Krankenversicherer, die Kostenerstattung für die ärztliche Behandlung leisten.

---

[1] BGBl I, S. 1522.
[2] BGBl I, S. 89.
[3] Siehe Weißauer, MedR 1983, 2 (3).
[4] BR-Drucksache 295/82.
[5] BR-Drucksache 295/82, S. 8; Zahlen sind bezogen auf 1982.

II. Anteil am Vergütungsvolumen der Ärzte

Zum Anteil des Vergütungsvolumens nach der GOÄ im Verhältnis zur Gesamtliquidation stellt die amtliche Begründung fest, daß etwa 14 v. H. der Einnahmen der niedergelassenen Ärzte aus privaten Liquidationen erzielt werden, während ca. 85 v. H. auf kassenärztliche und etwa 1 v. H. auf sonstiger Tätigkeit, vor allem Gutachtertätigkeit, beruhen.
Zahlen zum Anteil des privatärztlichen Vergütungsvolumens bei Krankenhausärzten seien nicht bekannt. Es werden 3,6 Milliarden DM als Gesamteinnahmen aus privatärztlicher stationärer und ambulanter Tätigkeit für das Jahr 1980 angenommen.[1] Bei den leitenden Krankenhausärzten jedenfalls besteht das Vergütungsvolumen vorwiegend oder sogar ausschließlich aus Privathonoraren.[2]

---

[1] BR-Drucksache 295/82, S. 8.
[2] Siehe Weißauer, MedR 1983, 2 (3).

C. Historische Entwicklung des ärztlichen Gebührenrechts in Deutschland

I. Die preußische Gebührenordnung (Preugo) von 1896

1. Ermächtigungsgrundlage und Entstehung

Die neue Gebührenordnung für Ärzte von 1982 steht in einer Tradition, die um die Jahrhundertwende begründet wurde.

§ 80 Abs. 2 der Gewerbeordnung für das Deutsche Reich von 1883[1] bestimmte, daß die Bezahlung der approbierten Ärzte und Zahnärzte der Vereinbarung überlassen bleiben sollte. Zugleich wurde durch die Vorschrift die zuständige Behörde ermächtigt, eine Taxe „als Norm für strittige Fälle im Mangel einer Vereinbarung" zu erlassen. Diese Formulierung ist insofern wichtig, als für die Berechnung der Arzthonorare die freie Vergütungsvereinbarung Grundsatz blieb. Die Ermächtigung erlaubte nur die Schaffung einer Gebührenordnung, die dann Anwendung fand, wenn keine Vereinbarung über das ärztliche Honorar zustande gekommen war. Aufgrund dieser Ermächtigung wurde in Preußen 1896 eine amtliche Gebührenordnung erlassen.

Neben dieser preußischen „Gebührenordnung für approbierte Ärzte und Zahnärzte" (Preugo) gab es damals rund achtzehn verschiedene Gebührenordnungen in den verschiedenen Ländern des damaligen Deutschen Reiches.

Die Preugo erlangte dadurch ihre entscheidende Bedeutung, daß sie – nach inhaltlicher Anpassung an die veränderten wirtschaftlichen Verhältnisse – in der Fassung der Bekanntmachung des Preußischen Ministers für Volkswohlfahrt vom 01. September 1924[2] von den meisten Ländern des Deutschen Reiches übernommen wurde.

2. Inhalt und Rechtscharakter

Entsprechend dem in § 80 Abs. 2 der Gewerbeordnung aufgestellten Subsidiaritätsgrundsatz bestimmte § 1 der Verordnung, daß die beruflichen Leistungen der Ärzte und Zahnärzte „mangels einer Vereinbarung" gemäß den nachstehenden Vorschriften zu vergüten seien. Die Preugo ist deshalb als subsidiäre Taxe zu bezeichnen.[3]

---

[1] Reichsgesetzblatt, S. 177 ff.
[2] VMBl, S. 371.
[3] So auch Hoffmann, Geschichte A I 1., S. 1; Jung, S. 1 und 7; Wichmann, NJW 1965, 1064.

Sie bestand aus Allgemeinen Bestimmungen und einem Gebührenverzeichnis. Letzteres enthielt etwa zweihundert ärztliche Positionen (da die einzelnen Ziffern verschiedentlich noch unterteilt waren, läßt sich keine ganz genaue Zahlenangabe machen) mit Mindest- und Höchstsätzen. Der Spielraum reichte im allgemeinen vom Einfachsatz bis zum Zehnfachsatz. Die Mindestsätze waren gegenüber Sozialversicherungsträgern, öffentlichen Kassen und Unbemittelten anzuwenden, § 2 der Preugo.

Die Allgemeinen Bestimmungen enthielten u. a. Elemente, die auch in späteren Gebührenordnungen und teilweise selbst in der GOÄ von 1982 zu finden sind, zum Beispiel die Kriterien für die Bemessung der Gebühren – besondere Umstände des Einzelfalles, insbesondere Beschaffenheit und Schwierigkeit der Leistung, Vermögenslage des Zahlungspflichtigen und örtliche Verhältnisse, § 3 Preugo –, die Beschränkung auf selbständige Leistungen des Arztes und anderes.

3. Weitere Entwicklung

Im Jahre 1935 wurde die Ermächtigung des § 80 der Gewerbeodnung durch § 15 der damaligen Reichsärzteordnung[1] auf den Reichsinnenminister übertragen. Dieser hat aber von der Kompetenz, eine Gebührenordnung für Ärzte zu erlassen, keinen Gebrauch gemacht, so daß die Preugo fortgalt.

Anfang der 50er Jahre forderten die Ärzte in zunehmendem Maße von der Bundesregierung zur Angleichung an das gestiegene Lohn-Preis-Gefüge eine Anhebung ihrer Gebührensätze. Dies geschah 1952 aufgrund der Ermächtigung durch §§ 2, 3 Preisgesetz vom 10. April 1948 in der Fassung des Gesetzes vom 07. Januar 1952 durch eine Preisrechtsverordnung des Bundeswirtschaftsministers im Einvernehmen mit dem Bundesinnenminister („Verordnung PR Nr. 74/52“).[2]

Es wurde am Subsidiaritätsprinzip festgehalten („falls eine Vereinbarung nicht vorliegt“, § 1 der Verordnung).

Die Mindestsätze der Preugo wurden erhöht.

Gleichzeitig wurde sie damit auch zur „amtlichen Ärztlichen Gebührenordnung für die Bundesrepublik Deutschland“. So kam es aufgrund der Ermächtigung im Preisgesetz zu einer bundeseinheitlichen Regelung für die ärztlichen Honorare.

II. Die Privat-Adgo von 1928

1. Entstehung

Schon im Jahre 1924 entsprach die Preugo, obwohl sie durch Verordnung den veränderten wirtschaftlichen Verhältnissen angepaßt wurde, nicht mehr den Bedürfnissen. Wichtige Leistungen, die bereits damals von den Ärzten erbracht wurden, waren in ihr nicht mehr verzeichnet und mußten analog bewertet werden.[3]

---

[1] Reichsgesetzblatt I 1935, S. 1433.
[2] Bundesanzeiger 1952, Nr. 243.
[3] Nienhaus, DtÄrzteBl 1982 [B], 51 (52).

Daraufhin entwickelte der damalige Hartmannbund, aus dem später die Kassenärztlichen Vereinigungen hervorgegangen sind, als Grundlage für von der Preugo abweichende Honorarvereinbarungen eine neue Gebührenordnung für Ärzte, die Allgemeine Deutsche Gebührenordnung (Adgo) und empfahl, diese statt der Preugo anzuwenden.

Die Adgo war, da – im Gegensatz zur Preugo – nicht von einer staatlichen Stelle erlassen, keine amtliche Gebührenordnung. Als Privat-Adgo sollte sie Anwendung finden im privatärztlichen Bereich. Gemäß der Einführung zur Privat-Adgo sollte sie dem Arzt „eine Handhabe geben, sich von staatlichen Gebührenordnungen ... freimachen zu können". Es konnte nur dann nach ihr abgerechnet werden, wenn der Arzt mit dem Patienten oder den Stellen, die sich zur Zahlung des ärztlichen Honorars verpflichteten, die Sätze dieser Gebührenordnung als maßgebend vereinbart hatte.

2. Vergleich zur Preugo

Die Privat-Adgo enthielt etwa 670 Positionen, war also erheblich differenzierter als die Preugo. Wie letztere räumte sie einen Spielraum zwischen Mindest- und Höchstsätzen ein. Die Mindestsätze waren etwas erhöht gegenüber der Preugo, vor allem aber war die Spanne im Durchschnitt fast doppelt so hoch. So konnten sich die Gebühren der Privat-Adgo im Einzelfall bis zur doppelten Höhe der Preugo-Gebühren belaufen.

3. Rechtscharakter

Da sie nicht von einer staatlichen Stelle erlassen war, hatte die Privat-Adgo keinen amtlichen Charakter. Schon deshalb ist sie nicht als „Taxe" im Sinne des § 612 Abs. 2 BGB zu bezeichnen, denn unter „Taxe" ist nur eine gesetzliche oder aufgrund gesetzlicher Grundlage behördlich angeordnete Gebührenregelung zu verstehen.[1] Sie kam nicht in bestimmten Fällen ohne weiteres subsidiär zur Anwendung – wie etwa die Preugo „mangels einer Vereinbarung". Vielmehr mußte ihre Geltung ausdrücklich oder stillschweigend vereinbart werden.[2] Auch aus diesem Grunde ist sie nicht als „Taxe" im Sinne des § 612 Abs. 2 BGB zu bezeichnen.[3]

Die Privat-Adgo war lediglich eine Empfehlung des Hartmannbundes für die Liquidation bei Privatpatienten als Alternative zur bereits als veraltet geltenden Preugo. Die Ärzte machten von der Anwendung der Privat-Adgo unterschiedlichen Gebrauch.

---

[1] Larenz, S. 201.
[2] Wichmann, NJW 1965, 1064; Nienhaus, Deutsches Ärzteblatt 1982, a. a. O.
[3] Jung, S. 6; Wichmann a. a. O.; näher zum Begriff Taxe unten, S. 43 ff.

III. Die E-Adgo von 1928 und Analogbewertungen im Kassenarztbereich

1. Die Ersatzkassen-Adgo

Nachdem der Hartmannbund 1928 die Adgo erarbeitet hatte und sie nun als Privat-Adgo mit Mindest- und Höchstsätzen für die privatärztliche Rechnungsstellung empfahl, verschaffte er ihr noch einen weiteren Anwendungsbereich:
Er vereinbarte noch im selben Jahr mit den Verbänden der Ersatzkassen die Adgo grundsätzlich als Abrechnungsgrundlage in der Ersatzkassenpraxis. Sie wurde hierfür überarbeitet. Diese Ersatzkassen-Adgo (E-Adgo) enthielt, im Gegensatz zur Privat-Adgo, keine Gebührenspannen mehr, sondern hatte Einheitssätze, die den Mindestsätzen der Privat-Adgo entsprachen.
Sie wurde im Wege von Vertragsverhandlungen ständig weiterentwickelt und erlangte später eine zusätzliche Bedeutung noch dadurch, daß ihr Leistungsverzeichnis als Grundlage für die amtliche Gebührenordnung von 1965, die Vorgängerin der heute geltenden, diente.

2. Analogbewertungen im Kassenarztbereich

Es muß zunächst hervorgehoben werden, daß bis 1928 die Preugo die alleinige Grundlage für die Rechnungslegung der Ärzte schlechthin war.
Ab 1928 gab es für den Bereich der Privatliquidation die Privat-Adgo, deren Geltung vereinbart werden konnte, und im Ersatzkassenbereich galt die E-Adgo. Die übrige kassenärztliche Praxis hatte darunter zu leiden, daß die Preugo nicht mehr aktuell war angesichts der sich fortentwickelnden medizinischen Versorgung. Eine große Zahl der medizinischen Leistungen, die täglich erbracht wurden, waren in ihrem Gebührenverzeichnis nicht enthalten. Daraufhin gab die kassenärztliche Bundesvereinigung für die Anwendung in der kassenärztlichen Versorgung eine Liste „Analoge Bewertungen zur Preugo" heraus, die allgemeine Anerkennung fand.

IV. Die GOÄ von 1965

1. Entstehung

In den Jahren 1953 und 1957 wurden zwar die Mindestsätze der Preugo erhöht, was zu einer Aktualisierung jedoch nicht ausreichte. 1964 kam der Staat der vielseitigen Forderung nach und begann unter Federführung des Bundesgesundheitsministers mit der Erarbeitung einer neuen amtlichen Gebührenordnung.

a. Ermächtigungsgrundlage

Ermächtigungsgrundlage war der § 11 der inzwischen erlassenen Bundesärzteordnung vom 02. Oktober 1961[1] in der Fassung vom 14. Oktober 1977.[2]
Abweichend von § 80 Abs. 2 der Gewerbeordnung, der seinerzeitigen Ermächtigungsgrundlage für die Preugo, ist in § 11 BÄrzteO die *Subsidiaritätsklausel* für die Gebührenordnung „als Norm für strittige Fälle im Mangel einer Vereinbarung"[3] *nicht mehr* enthalten.

b. Entwicklung aus der E-Adgo und Ende der Preugo als amtlicher Gebührenordnung

In Anbetracht der Schwierigkeiten, eine völlig neue Gebührenordnung kurzfristig perfekt zu erarbeiten, und da man sich nicht mit einer erneuten linearen Anhebung der Preugo-Sätze begnügen wollte, ging die Bundesregierung den Weg, die Wertansätze der Ersatzkassen-Adgo als Sätze der neuen Gebührenordnung zu übernehmen. Die Verordnung wurde am 18. März 1965 verkündet.[4] Sie wurde „Gebührenordnung für Ärzte" = GOÄ genannt und trat am 01. April 1965 in Kraft.
Gleichzeitig trat die Preugo als amtliche Gebührenordnung außer Kraft.

2. Inhalt und Rechtscharakter

Die GOÄ von 1965 enthielt etwa tausend Gebührenordnungspositionen (bei der Preugo waren es ca. zweihundert[5]).
Der Spielraum zwischen Mindest- und Höchstsatz wurde vom Ein- bis Zehnfachen auf das Ein- bis Sechsfache reduziert. Gleichzeitig wurde das Gebührenniveau gegenüber den Preugosätzen, Stand 1957, um rund 28 v. H. angehoben.
Ein wichtiger Unterschied gegenüber der Preugo liegt in der „zumindest optisch erheblich abgeschwächten Subsidiarität".[6]
Gemäß Satz 1 ihres § 1 stehen den Ärzten für ihre Berufstätigkeit Vergütungen grundsätzlich nach dieser Verordnung zu. Erst Satz 2 spricht von abweichenden Regelungen, die durch Vereinbarung getroffen werden können.
Diese Formulierungsweise – orientiert an der Vorgabe des § 11 BÄrzteO – bewirkte zwar im praktischen Ergebnis keine einschneidende Veränderung hinsichtlich der Möglichkeit von der Gebührenordnung abweichender Vereinbarungen. Solche waren wie bei der Preugo weiterhin möglich. Aber sie läßt doch Rückschlüsse auf die Intention des Verordnungsgebers zu.[7] Ob die GOÄ 1965

---

[1] BGBl I, S. 1857.
[2] BGBl I, S. 1885.
[3] So der Wortlaut in § 80 Abs. 2 Gewerbeordnung.
[4] BGBl I, S. 89.
[5] Siehe oben, S. 9.
[6] So Jung, S. 4.
[7] Was im Rahmen der verfassungsrechtlichen Erörterungen noch zu vertiefen ist.

angesichts der Formulierung im § 1 noch – wie die Preugo – als subsidiär zu bezeichnen ist,[1] oder ob sie primär-dispositiv zu benennen ist,[2] soll an dieser Stelle noch dahingestellt sein.

Von der Ärzteschaft wurde kritisiert, daß es dem Staat nicht gelungen sei, eine völlig neue Gebührenordnung zu schaffen, und er sich statt dessen einer Krankenkassengebührenordnung, der E-Adgo, bedient habe. Die Kritik führte dazu, daß die GOÄ gelegentlich ihrer Verkündung von der Bundesgesundheitsministerin nur als eine „Übergangsgebührenordnung" bezeichnet wurde. Durch die Ärzteschaft wurde sie deshalb häufig als „ÜGO" bezeichnet. Der „Übergang" dauerte bis zum Inkrafttreten der neuen GOÄ, also bis Ende 1982.

V. Wichtige Entwicklungen im Bereich der gesetzlichen Krankenversicherung

Da die 1983 in Kraft getretene Gebührenordnung für Ärzte ähnlich wie seinerzeit die GOÄ 1965 einen Katalog übernommen hat, der auf die im Ersatzkassenbereich vertraglich entwickelten Bestimmungen zurückgeht, ist es erforderlich, die Entwicklung im RVO- und Ersatzkassenbereich darzustellen.

1. BMÄ für die RVO-Kassen, 1971

Im Jahre 1971 beschlossen die Kassenärztliche Bundesvereinigung und die Bundesverbände der Krankenkassen, eine allgemein verbindliche bundeseinheitliche Rechnungslegung der Kassenärzte einzuführen.

Es wurde – aufgebaut auf der GOÄ 1965 – der Bewertungsmaßstab-Ärzte (BMÄ) vereinbart als besonderer Gebührentarif für die Abrechnung der ärztlichen Leistungen in der kassenärztlichen Versorgung.

2. Krankenversicherungs-Kostendämpfungsgesetz von 1977 und EBM von 1978

Nach Einführung des BMÄ für den Bereich der RVO-Kassen gab es für die ärztliche Abrechnung im Privat- und Kassenarztbereich nun insgesamt vier Gebührenordnungen, nämlich die GOÄ 1965, die Privat-Adgo,[3] den BMÄ und die Ersatzkassen-Adgo (E-Adgo). Die Gebührensätze der beiden letzteren wurden bis 1978 laufend fortentwickelt, im Gegensatz zu denen der GOÄ.

Zum Zwecke der Vereinheitlichung der RVO- und Ersatzkassenabrechnung wurde durch das Krankenversicherungs-Kostendämpfungsgesetz (KVKG) vom 27.06. 1977[4] ein neuer § 368g Abs. 4 in die RVO eingefügt. Er verpflichtete die Spitzenverbände der Kassenärzte und Krankenkassen, in einem Bewertungsausschuß

---

[1] So u. a. LG Frankfurt, NJW 1974, 2048; Hoffmann, A I 2; S. 4.
[2] So u. a. Jung, S. 5 und 6.
[3] Diese wurde nicht etwa durch die GOÄ 1965 unanwendbar, sondern konnte weiterhin statt dieser als Abrechnungsgrundlage im Privatliquidationsbereich vereinbart werden. Nur die Preugo trat 1965 außer Kraft.
[4] BGBl I, S. 1069.

einen einheitlichen Bewertungsmaßstab (EBM) zur Abrechnung der ärztlichen Leistungen in der gesetzlichen Krankenversicherung zu schaffen. Dabei sollte von der E-Adgo ausgegangen werden – wohl deshalb, weil diese im Jahre 1977 die am weitesten entwickelte Vertragsgebührenordnung war. Der EBM war erstmalig zum 01.07.1978 aufzustellen. Angestrebt war wohl, hierdurch zu einer Einheitsgebührenordnung in der gesetzlichen Krankenversicherung zu kommen. Der Text des § 368g Abs. 4 RVO verpflichtet jedoch nicht dazu. Der EBM bedeutet keine einheitliche Gebührenordnung.

So blieb es dabei, daß die Ersatzkassen bis heute an einer eigenen Gebührenordnung festhalten, fortan Ersatzkassen-Gebührenordnung (E-GO) genannt. Die RVO-Kassen sprechen seit dem KVKG für ihren Bereich vom „BMÄ-78".

Der EBM, der durch den Bewertungsausschuß fortlaufend weiterentwickelt wird, dient für diese beiden Gebührenordnungen nunmehr als Grundlage.

Weiterhin spielt er auch für das heutige *privatärztliche* Gebührenrecht eine wichtige Rolle:

Das Leistungsverzeichnis der neuen Gebührenordnung für Ärzte vom 12. November 1982 wurde erstellt unter weitgehender Übernahme des EBM.

VI. Entstehung der Gebührenordnung für Ärzte vom 12. November 1982

1. Gründe für die Novellierungsbedürftigkeit der GOÄ 1965

Die amtliche Gebührenordnung von 1965, seinerzeit entwickelt aus der Ersatzkassen-Adgo[1], wurde zunächst zwar den ihr gestellten Anforderungen gerecht. Dies änderte sich jedoch im Laufe der Jahre vor allem deshalb zunehmend, weil sie nicht fortentwickelt, sondern seit ihrem Inkrafttreten unverändert gelassen wurde.

a. Diskrepanz zur wirtschaftlichen Entwicklung

Da die Mindestsätze der GOÄ seit 1965 nicht angehoben wurden, konnten die Ärzte nur dadurch an der Entwicklung des Lohn-Preis-Gefüges teilnehmen, daß sie nach und nach ein Mehrfaches der Einfachsätze liquidierten. Die Spannenregelung des § 2 GOÄ 1965 (ein- bis sechsfacher Satz), die für ganz andere Zwecke vorgesehen war, nämlich eine angemessene Vergütung im Einzelfall unter Berücksichtigung aller Umstände zu ermöglichen, wurde benutzt zum Ausgleich der zwischenzeitlich eingetretenen wirtschaftlichen Entwicklung. 1981 liquidierten die Ärzte im Privatbereich durchschnittlich etwa das Dreieinhalbfache der Einfachsätze.[2] Dies führte zu einer unüberschaubaren Verzerrung in der ärztlichen Rechnungslegung.

---

[1] Siehe oben, S. 11.
[2] Siehe die amtliche Begründung zum Regierungsentwurf, BR-Drucksache 295/82, S. 8 f.

b. Fehlende Anpassung an die medizinisch-technische Entwicklung

Es mehrten sich ständig die Leistungen, die durch den medizinischen und technischen Fortschritt hinzukamen und in der GOÄ nicht aufgeführt waren, da ihre Leistungspositionen seit 1965 nicht verändert oder ergänzt worden waren. Solche Leistungen konnten von den Ärzten nur über die Möglichkeit der analogen Bewertung nach § 5 GOÄ 1965 berücksichtigt werden.

Außerdem ergab sich ein Mißverhältnis in der Bewertung von überwiegend persönlichen und technischen Leistungen, da durch die Entwicklung neuer Technologien zahlreiche technische Leistungen erheblich kostengünstiger erbracht werden konnten als bei Erlaß der GOÄ 1965.[1]

c. Keine Parallelentwicklung zu den Gebührenordnungen in der gesetzlichen Krankenversicherung

Ursprünglich aus der Ersatzkassen-Adgo entwickelt, hatte im Laufe der Jahre die GOÄ 1965 nicht mehr viel Gemeinsames mit den Gebührenordnungen der gesetzlichen Krankenversicherung, dem BMÄ-78 und der Ersatzkassen-Gebührenordnung. Diese beiden hatten nicht nur Anhebungen der Gebührensätze erfahren, sie waren auch umstrukturiert worden in der Gewichtung der einzelnen Leistungen. Die Einfachsätze der GOÄ lagen zum Teil erheblich unter den RVO- und Ersatzkassensätzen.

d. Unzureichende Transparenz bei der Rechnungslegung

Die 1965er GOÄ enthielt keine Vorschriften über die Gestaltung der ärztlichen Rechnungen. Diese erwähnten in der Praxis regelmäßig nur die Leistungsnummern ohne Bezeichnung der erbrachten Leistungen. Der angewandte Steigerungssatz wurde in der Regel nicht angegeben, sondern nur globale Beträge. Es war aus den Rechnungen nicht erkennbar, warum der Arzt einen bestimmten Steigerungssatz angewandt hatte.[2]

All dies entsprach nicht mehr den inzwischen gewandelten Anschauungen vom Anspruch des Zahlungspflichtigen auf Durchschaubarkeit der ärztlichen Rechnungslegung.

e. „Vermögens- und Einkommensverhältnisse des Zahlungspflichtigen" als Kriterium

Als überholt galt auch das im § 2 GOÄ 1965 enthaltene Bemessungskriterium der „Vermögens- und Einkommensverhältnisse des Zahlungspflichtigen". Die Vergütung sollte fortan grundsätzlich leistungsorientiert sein.[3]

---

[1] Siehe Amtliche Begründung a. a. O., S. 9.
[2] Siehe BR-Drucksache a. a. O.
[3] BR-Drucksache a. a. O.

2. Entstehung von den Vorarbeiten bis zum Inkrafttreten am 1. Januar 1983

a. Die Jahre der Vorarbeiten

Der erste Entwurf nach 1965 für eine neue amtliche Gebührenordnung kam von seiten der Ärzteschaft. Er wurde 1967 von der Bundesärztekammer dem Bundesgesundheitsministerium vorgelegt, enthielt eintausendsiebenhundert Gebührenpositionen und sah eine Zehnfachspanne zwischen Mindest- und Höchstsätzen vor.

Es folgten Beratungen in einer vom Ministerium eingesetzten Sachverständigenkommission und auf der Ebene der Bundesressorts. Im Jahre 1977 ging durch Organisationserlaß des Bundeskanzlers die Zuständigkeit für das ärztliche Gebührenrecht vom Bundesgesundheits- auf das Bundesarbeitsministerium über.

Nach ersten Gesprächen mit den ärztlichen Spitzenorganisationen und Vertretern der zur Zahlung der Gebühren Verpflichteten auf der Grundlage eines vom BMA erarbeiteten „Problempapiers" kam es im Jahre 1979 zur Erstellung eines „Eckdatenpapiers", in dem schon die wesentlichen Zielvorstellungen des Ministeriums niedergelegt waren, insbesondere: Anhebung des Einfachsatzes unter Orientierung an den Vergütungen im Bereich der sozialen Krankenversicherung; Neugestaltung des Gebührenrahmens; Erhöhung der Transparenz bei den Rechnungen; bessere Ausgewogenheit der Bewertung von persönlichen ärztlichen im Verhältnis zum medizinisch-technischen Leistungen; Übernahme des Einheitlichen Bewertungsmaßstabs (EBM) aus dem Kassenarztbereich für das Leistungsverzeichnis; Erhaltung des allgemeinen ärztlichen Vergütungsniveaus („Kostenneutralität").

b. Beschluß des Bundeskabinetts über den Verordnungsentwurf

Nach kritischer Stellungnahme der Bundesärztekammer zur geplanten Novellierung kam es zur Erarbeitung von Referentenentwürfen, und nach sich lange hinziehenden Erörterungen beschloß das Bundeskabinett am 14.07. 1982 den Verordnungsentwurf einer Gebührenordnung für Ärzte. Ursprünglich hatte er eine Einschränkung der Abdingbarkeit vorgesehen, insofern nämlich, als eine von der Gebührenordnung abweichende Vereinbarung nur noch hinsichtlich der Höhe der Vergütung möglich sein sollte. Diese Regelung fand aber nicht die Zustimmung aller Bundesressorts. Daraufhin wurde doch wieder die freie Abdingbarkeit in die Verordnung aufgenommen.

So beschlossen wurde die Gebührenordung am 19. Juli 1982 dem Bundesrat zugeleitet zwecks Herbeiführung der nach Art. 80 Abs. 2 GG erforderlichen Zustimmung.[1]

---

[1] BR-Drucksache 295/82 v. 19.07. 1982.

c. Änderungen durch den Bundesrat

Entgegen den von seiten der Ärzteschaft gehegten konkreten Erwartungen[1] stimmte der Bundesrat am 29. Oktober 1982 nach Maßgabe von Änderungen zu, die noch wesentliche Verschärfungen mit sich brachten.[2] Die beiden wichtigsten Änderungen hatten im wesentlichen folgenden Inhalt: Eine abweichende Vereinbarung soll nur noch hinsichtlich der Höhe der Vergütung getroffen werden können, § 2 Abs. 1 GOÄ;[3] Leistungen, die nicht medizinisch notwendig sind, aber auf Verlangen erbracht werden, müssen in der Rechnung als solche bezeichnet werden.

d. Billigung durch die Bundesregierung

Auf Vorschlag des (neuen) Bundesarbeitsministers billigte die Bundesregierung diese Änderungen am 10. November 1982.[4]
Die neue Gebührenordnung ist darauf am 12. November 1982 im Bundesgesetzblatt verkündet worden[5] und trat am 01. Januar 1983 in Kraft.

---

[1] Siehe u. a. DtÄrzteBl 1982 [B] Heft 29, S. 1 o. V. Seinerzeit, vor dem 01. 10. 1982, stand der CDU/CSU dominierte Bundesrat noch der sozial-liberalen Koalition gegenüber.

[2] BR-Drucksache 295/82 vom 29. 10. 1982 Anlage.

[3] Eine derartige Regelung war ja schon in den Referentenentwürfen des BMA vorgesehen gewesen, aber verworfen worden, s. oben, S. 16.

[4] Sehr zur Enttäuschung der Ärzteschaft, die nach dem Regierungswechsel am 01. 10. 1982 große Erwartungen in die neue Bundesregierung gesetzt hatte, s. DtÄrzteBl 1982 [B] Heft 46, S. 1 o. V.

[5] BGBl I, S. 1522.

D. Zielsetzung und wesentlicher Inhalt
der neuen GOÄ von 1982

I. Zielvorstellungen, die bei der Entstehung zum Tragen gekommen sind

Zwei große Zielkomplexe brachte die Bundesregierung im Regierungsentwurf zum Ausdruck:[1] (a) die Anpassung der Regelungen über die Vergütung privatärztlicher Leistungen an die zwischenzeitlich eingetretenen medizinischen, technischen und wirtschaftlichen Entwicklungen und (b) eine Verbesserung des Schutzes des Zahlungspflichtigen.

II. Wesentlicher Inhalt

Die GOÄ 1982 lehnte sich in ihren Grundzügen an die Vorgängerin von 1965 an. Im einzelnen bringt sie jedoch in Verwirklichung der genannten Ziele gravierende Neuerungen, die zahlreiche rechtliche Probleme aufwerfen.

1. Regelungen, die beibehalten wurden[2]

Folgende Regelungen, die schon in der GOÄ 1965, teilweise auch schon in der Preugo enthalten waren, wurden übernommen:
- Äußere Aufteilung in den eigentlichen Verordnungstext und das Gebührenverzeichnis als Anlage zur Verordnung
- Zulässigkeit der Abdingung, heute allerdings erheblich eingeschränkt, § 2[3]
- Einteilung der ärztlichen Vergütungen in Gebühren, Entschädigungen und Auslagen, § 3
- Abgeltung auch der Praxiskosten (Sach- und Personalkosten) mit den Gebühren, § 4 Abs. 3
- Vergütungsspielraum zwischen Mindest- und Höchstsätzen, der durch Anwendung bestimmter Bemessungskriterien durch den Arzt auszufüllen ist, § 5
- Möglichkeit der analogen Bewertung nicht im Gebührenverzeichnis enthaltener ärztlicher Leistungen durch den Arzt, § 6.

---

[1] BR-Drucksache 295/82 vom 19. 07. 1982, S. 1.
[2] Zum Text der GOÄ – ohne Leistungskatalog – siehe Anlage.
[3] §§ ohne Angaben sind solche der GOÄ 1982.

2. Neuregelungen

Der wesentliche Inhalt der Neuerungen läßt sich wie folgt beschreiben:

a. Leistungsverzeichnis

Das Gebührenverzeichnis wurde von rund Eintausend Positionen in der GOÄ 1965 auf rund Zweitausendvierhundert ausgeweitet. Durch weitgehende Übernahme des 1978 im Bereich der gesetzlichen Krankenversicherung vereinbarten Einheitlichen Bewertungsmaßstabs (EBM)[1] wurde eine neue Gebührenstruktur geschaffen, mit der eine Aufwertung der persönlichen ärztlichen Leistungen gegenüber den vorwiegend medizinisch-technischen Leistungen verbunden ist. Zur Anpassung an die seit 1965 erfolgte wirtschaftliche Entwicklung wurden die Einfachsätze des Gebührenverzeichnisses um durchschnittlich 45 v. H. auf das Niveau der Vergütungen der gesetzlichen Krankenversicherung angehoben.

b. Reduzierung der Gebührenspanne und Einteilung der Leistungen in persönlich-ärztliche und überwiegend medizinisch-technische

Anstelle des Steigerungssatzes vom Ein- bis Sechsfachen nach der alten GOÄ tritt ein Gebührenrahmen vom Ein- bis Dreieinhalbfachen bei persönlichen ärztlichen Leistungen und vom Ein- bis Zweieinhalbfachen bei überwiegend medizinisch-technischen Leistungen, § 5 Abs. 1 Satz 1, Abs. 3 Satz 1.

c. Regelspanne und Begründungspflicht

Es wurde ein Schwellenwert eingeführt, bis zu dem regelmäßig die Gebührenhöhe zu bemessen ist. Er liegt für die persönlichen Leistungen des Arztes beim 2,3-fachen Gebührensatz und für die medizinisch-technischen bei 1,8.
Nur in besonders gelagerten Fällen darf er überschritten werden, § 5 Abs. 2 Satz 4, Abs. 3 Satz 2. Dann trifft den Arzt gemäß § 12 Abs. 2 Satz 2 die Pflicht, die Berechtigung des Überschreitens schriftlich zu begründen.

d. Bemessungskriterien

Die Vermögens- und Einkommensverhältnisse des Zahlungspflichtigen als Bemessungskriterium sind fortgefallen. Für die Festsetzung der Vergütung durch den Arzt innerhalb des Gebührenspielraums gelten als Maßstäbe künftig die „Schwierigkeit und der Zeitaufwand der einzelnen Leistung", die „Umstände bei der Ausführung", die „örtlichen Verhältnisse" und – nur bei den persönlichen ärztlichen Leistungen – die „Schwierigkeit des Krankheitsfalles", § 5 Abs. 2 Satz 1 und 2.

---

[1] Siehe S. 13 f.

e. Abdingung

Während nach dem Verordnungsentwurf der Bundesregierung ein Abweichen von der Gebührenordnung, wie bei der GOÄ 1965, generell durch schriftliche Vereinbarung möglich sein sollte,[1] hatte der Bundesrat durchgesetzt, daß Abdingungen nur hinsichtlich der *Höhe* der Vergütung möglich sind, § 2 Abs. 1.[2]

Um wirksam zu sein, muß eine solche Abdingung vor Erbringung der Leistung des Arztes in einem Schriftstück getroffen werden, das keine anderen Erklärungen enthalten darf, § 2 Abs. 2.

f. Wirtschaftlichkeitsgesichtspunkte

§ 1 Abs. 3 läßt nur noch die Berechnung medizinisch notwendiger Leistungen zu. Darüber hinausgehende Leistungen darf der Arzt nur berechnen, wenn sie auf Verlangen erbracht und in der Rechnung als solche bezeichnet werden, § 1 Abs. 3, § 12 Abs. 2 Satz 5. Hier ist eine Parallele zum Wirtschaftlichkeitsgebot des Kassenarztrechts erkennbar.

g. Keine Doppelberechnung

Als Konsequenz der Abgeltungsregelung des § 4 Abs. 3[3] dürfen nunmehr nach Abs. 4 der Vorschrift mit den Gebühren abgegoltene Kosten weder gesondert berechnet noch kann der Vergütungsanspruch in Höhe solcher Kosten mit Wirkung gegenüber dem Zahlungspflichtigen abgetreten werden. Dies hat vor allem insofern Bedeutung, als Satz 3 der Vorschrift diesen Grundsatz ausdrücklich auch für die Fälle klarstellt, in denen nicht der behandelnde Arzt, sondern ein Dritter, zum Beispiel das Krankenhaus,[4] die den Praxiskosten vergleichbaren Kosten trägt. Es soll also eine Doppelliquidation dieser Kosten vermieden werden. Wegen der Anpassungsschwierigkeiten an diese Regelung für die Krankenhäuser galt zunächst nach § 14 Abs. 2 eine Übergangsfrist bis zum Ende 1983, während deren der Arzt weiterhin vom Krankenhaus unmittelbar erhobene Sach- und Personalkosten von seinen Gebühren abzuziehen hatte.[5] Durch die erste Änderungsverordnung zur GOÄ vom 20. Dezember 1983[6] wurde die Frist bis Ende 1984 verlängert. Seit dem 01. Januar 1985 gelten für die Frage der Sachkostenberechnung durch Arzt oder Krankenhaus die Regelungen der zweiten Verordnung zur Änderung der Gebührenordnung für Ärzte und vierten Verordnung zur Änderung der Bundespflegesatzverordnung vom 20. Dezember 1984.[7] Der neu eingefügte § 6a der GOÄ schränkt die Geltung des § 4 Abs. 3 im Krankenhausbereich ein.[8]

---

[1] Siehe BR-Drucksache 295/82 vom 19.07.1982, S.13.

[2] Siehe Beschluß des Bundesrates, BR-Drucksache 295/82 vom 29.10.1982 Anlage.

[3] Mit den Gebühren sind auch die Sach- und Personalkosten abgegolten, siehe oben, S.18.

[4] Amtliche Begründung BR-Drucksache 295/82 vom 19.07.1982, S.13.

[5] § 14 Abs. 2 in der ursprünglichen Fassung von 1982, BGBl I, S.1522.

[6] BGBl I, S.1500.

[7] BGBl I, S.1680.

[8] Näheres dazu unter P, S.129ff.

h. Transparenz der Arztrechnung

Speziell dem verstärkten Schutz des Zahlungspflichtigen dient die Formalisierung des Rechnungswesens durch detaillierte Vorschriften über den Inhalt der Rechnung im § 12. Zur Erhöhung der Transparenz muß sie insbesondere enthalten das Datum der Erbringung der Leistung, bei Gebühren die Nummer und die Bezeichnung der einzelnen erbrachten Leistung, den jeweiligen Betrag und den Steigerungssatz.
Genügt die Rechnung nicht den Formerfordernissen, so wird die Vergütung nicht fällig, § 12 Abs. 1.

3. Resonanz bei den Betroffenen

In der organisierten Ärzteschaft fand die neue GOÄ schon bei den ersten Beratungen Widerspruch, der auch nach ihrem Inkrafttreten nicht nachließ. Kritisiert wurde u. a. die Einschränkung der Abdingbarkeit, die Übernahme des Einheitlichen Bewertungsmaßstabs, die Einschränkung des Gebührenrahmens, die Trennung in persönliche ärztliche und überwiegend technische Leistungen und die Begründungspflicht bei Überschreitung des Regelhöchstsatzes. Insgesamt lasse das neue Gebührenrecht Einkommensrückgänge bei der Privatliquidation von 20 v. H. erwarten.[1]
Gebilligt wurde die neue GOÄ vom Deutschen Beamtenbund und vom Verband der privaten Krankenversicherung.[2]

---

[1] Zur Kritik vgl. etwa DtÄrzteBl 1982 [A/B] Heft 24, S. 1 o. V.; Gursky, DtÄrzteBl 1982 [B] Heft 33, S. 12; DtÄrzteBl. 1982 [B] Heft 35, S. 17 o. V.; DtÄrzteBl 1983 [C] Heft 5, S. 1 o. V.; Meuser, Ärztezeitung 04. September 1984.
[2] Vgl. PKV-Information 1982, 102.

E. Privatärztliches Gebührenrecht vor dem Hintergrund der verfassungsrechtlichen Freiheitsgarantien einerseits und öffentlich-rechtlicher Bindung des Arztberufs andererseits

I. Vertrags- und Berufsfreiheit

Die GOÄ regelt die Frage, für welche Leistungen und in welcher Höhe Ärzte von Privatpatienten Honorare fordern können und in welcher Form sie diese in Rechnung zu stellen haben. Dies berührt die Schutzbereiche von Art. 2 und Art. 12 GG.

1. Art. 2 Abs. 1 GG

Wie bereits dargelegt,[1] ist die Rechtsbeziehung zwischen Arzt und Patient in aller Regel dienstvertraglicher, also schuldrechtlicher Natur. Für die Begründung von Schuldverhältnissen gilt der Grundsatz der Vertragsfreiheit, d. h. sowohl der Abschluß als auch der Inhalt des Vertrages unterliegen grundsätzlich der freien Parteibestimmung. Demgemäß spricht § 611 BGB – als Ausdruck der Inhaltsfreiheit – von den „versprochenen Diensten" und der „vereinbarten Vergütung". Werden nun in einer Gebührenordnung Regelungen über das ärztliche Honorar getroffen, so berührt dies den entsprechenden Aspekt der Vertragsfreiheit.
Hier ist der Anknüpfungspunkt für eine verfassungsrechtliche Betrachtung: Als Ausfluß der allgemeinen Handlungsfreiheit ist die Vertragsfreiheit durch Art. 2 Abs. 1 GG geschützt.[2] Allerdings greift Art. 2 Abs. 1 GG als lex generalis nur dann ein, wenn Erscheinungsformen der Vertragsfreiheit nicht von Spezialgrundrechten erfaßt werden.[3]

2. Vorrang des Art. 12 Abs. 1 GG

Da das Honorar Entgelt für die berufliche Tätigkeit des Arztes ist, wird durch die Gebührenregelung auch der von Art. 12 Abs. 1 GG geschützte Freiheitsbereich betroffen. Die Frage, für welche Leistungen und in welcher Höhe der Arzt Honorare von Privatpersonen fordern kann, betrifft ein zentrales Element der ärztlichen Berufsausübung.[4] Auch die Freiheit der Vertragsschließung, generell durch Art. 2

---

[1] Siehe oben, S. 2.
[2] BVerfGE 6, 32 (41 f.); 8, 274 (328); von Mangoldt/Klein/Starck, Art. 2 Rn 99; von Münch, Art. 2 Rn 20; Schmidt-Bleibtreu/Klein, Art. 2 Rn 14.
[3] BVerfG a. a. O.; Schmidt-Bleibtreu/Klein a. a. O.
[4] BVerfG NJW 1985, 2185; Krause, MedR 1983, 81 (86).

Abs. 1 GG geschützt, wird vom Grundrecht der Berufsfreiheit erfaßt, sofern es sich eben um Vertragsabschlüsse im beruflichen Tätigkeitsbereich handelt.[1] Dann schließt Art. 12 Abs. 1 GG im Verhältnis zu Art. 2 Abs. 1 GG dessen Anwendung und auch die dortige Schrankentrias aus, da das Grundrecht der Berufsfreiheit eine besondere Ausprägung des umfassenderen Grundrechts auf freie Entfaltung der Persönlichkeit ist.[2] Art. 12 Abs. 1 ist in dem hier in Frage kommenden Anwendungsbereich die speziellere Norm und kommt deshalb allein als Prüfungsmaßstab für das ärztliche Gebührenrecht in Betracht.[3]

II. Berufsfreiheit und staatliche Gebührenordnung

1. Gebührenordnung als Berufsausübungsregelung

Nach der auf dem Verhältnismäßigkeitsprinzip beruhenden Stufentheorie des Bundesverfassungsgerichts ist zwischen Berufsausübungs- und Berufswahlregelungen in den Formen der subjektiven und objektiven Berufszulassungsbeschränkungen zu unterscheiden. Die GOÄ regelt die Vergütung für ärztliche Leistungen, also einen Teilausschnitt des „Wie" und nicht des „Ob" der ärztlichen Berufstätigkeit. Auf dieser ersten Stufe kann die Berufsfreiheit beschränkt werden, wenn vernünftige Erwägungen des Gemeinwohls dies zweckmäßig erscheinen lassen,[4] wobei eine Gesamtabwägung ergeben muß, daß die Grenze der Zumutbarkeit gewahrt ist.[5]

Es soll an dieser Stelle nun zunächst allgemein erörtert werden, wie sich die Regelung der Entgelte in einer staatlichen Gebührenordnung als solcher zum grundgesetzlich geschützten Freiheitsbereich der Berufsausübung verhält.

Zu diesem Zweck muß ein Blick auf das Berufsbild des Arztes geworfen werden, das durch die zahlreichen, sowohl Berufswahl als auch -ausübung regelnden Normen gezeichnet wird.

2. Gemeinschaftsbezogenheit und öffentlich-rechtliche Bindung des Arztberufs

Der ärztliche Beruf ist gemäß § 1 Abs. 2 BÄrzteO kein Gewerbe. Er ist ein freier Beruf, aber öffentlich-rechtlich gebunden in dem Sinne, daß der Arzt in Ausübung seines Berufes Beschränkungen unterliegt, die in der Sozialpflichtigkeit und der Bedeutung seiner Tätigkeit für die Allgemeinheit wurzeln.

Zulassung sowie Art und Weise seiner Berufsausübung sind weitgehend gesetzlich geregelt, so vor allem in der Bundesärzteordnung und der Approbationsordnung, der Weiterbildungsordnung und der jeweiligen Berufsordnung der Landesärztekammer.

---

[1] Von Mangoldt/Klein/Starck, Art. 2 Rn 55.

[2] Von Mangoldt/Klein/Starck a. a. O.; Maunz/Dürig/Herzog, Art. 12 Rn 11; von Münch, Art. 12 Rn 88.

[3] So auch – allerdings ohne auf das Verhältnis zu Art. 2 einzugehen – BVerfG NJW 1985, 2185; Weißauer, MedR 1983, 2 (3); ders. Anästhesiologie und Intensivmedizin 1983, 84.

[4] BVerfGE 7, 377 (405).

[5] BVerfGE 30, 292 (316); 47, 285 (321).

a. Die Aussage des § 1 BÄrzteO

Die Bundesärzteordnung vom 02. Oktober 1961[1] ist das grundlegende Gesetz über die Zulassung zum Arztberuf.
In § 1 mit dem Wortlaut

(1) Der Arzt dient der Gesundheit des einzelnen Menschen und des gesamten Volkes.
(2) Der ärztliche Beruf ist kein Gewerbe; er ist seiner Natur nach ein freier Beruf.

soll zum Ausdruck gebracht werden, welch große Bedeutung der Gesetzgeber diesem Beruf für den einzelnen und die Volksgesundheit beimißt. Darüberhinaus soll der ärztliche Beruf in seiner öffentlich-rechtlichen Beziehung gekennzeichnet werden.[2]

§ 1 Abs. 1 BÄrzteO und berufsregelnde Normen. Der erste Absatz des § 1 BÄrzteO stellt heraus, daß der Arztberuf in besonderem Maße der Allgemeinheit verpflichtet ist. Ihn deshalb – wie den des Notars[3] – als staatlich gebundenen Beruf zu bezeichnen, würde zu weit gehen. Hierfür reicht weder eine öffentlich-rechtliche Aufgabenstellung noch die pflichtgemäße Zusammenfassung in öffentlich-rechtlichen Berufskörperschaften wie den Ärztekammern aus.[4]
Jedoch muß festgestellt werden, daß der Arzt öffentliche Aufgaben im Sinne gemeinschaftsbezogener, für die Allgemeinheit besonders wichtiger Funktionen wahrnimmt.
Vor diesem Hintergrund ist seine Bindung an die verschiedenen ihn einschränkenden Normen zu sehen: Er wird mit Erhalt der Approbation Pflichtmitglied der Ärztekammer seines Berufs- oder Wohnortes.[5] Seine Tätigkeit richtet sich nach einer Berufsordnung, die der staatlichen Genehmigung bedarf.[6] Sie stellt berufsgerichtlich erzwingbare, am Allgemeinwohl orientierte Berufspflichten auf. In diesen Zusammenhang gehört auch die Tatsache, daß ärztliche Honorare nicht in beliebiger Höhe festsetzbar, sondern an Gesetze einer staatlichen Gebührenordnung gebunden sind.[7]
§ 1 Abs. 1 BÄrzteO bringt – neben der Verpflichtung für das Individuum – die Gemeinschaftsbezogenheit der ärztlichen Tätigkeit zum Ausdruck. Diese wird dadurch unterstrichen, daß dem Arzt gewisse Berufspflichten und Beschränkungen auferlegt werden, die einem gewerbetreibenden, handwerklichen oder produzierenden Beruf fremd sind. Die Bedeutung ärztlicher Tätigkeit im öffentlichen Interesse rechtfertigt es, den ärztlichen Beruf als einen *öffentlich-rechtlich gebundenen Beruf* zu bezeichnen.[8]

---

[1] BGBl I, S. 1857.
[2] Daniels/Bulling, § 1 BÄrzteO Rn 1.
[3] BVerfGE 16, 6 (22 ff.).
[4] Narr, Rn 33.
[5] Diese sind öffentlich-rechtliche Körperschaften.
[6] Die Berufsordnungen sind auf Gesetz beruhende, autonome Satzungen der Ärztekammern.
[7] Narr, Rn 35.
[8] Daniels/Bulling, § 1 BÄrzteO Rn 11; Narr, Rn 35.

§ 1 Abs. 2 BÄrzteO und wettbewerbsrechtliche Beschränkungen. Nach dem ersten Halbsatz des § 1 Abs. 2 BÄrzteO ist der ärztliche Beruf kein Gewerbe. Da er aber eine auf Erwerb gerichtete Tätigkeit ist, fällt seine Ausübung unter die Anwendung des Gesetzes gegen den unlauteren Wettbewerb (UWG).[1] Ferner ist der frei praktizierende Arzt im Sinne des Gesetzes gegen Wettbewerbsbeschränkungen (GWB) als Unternehmer anzusehen und unterliegt damit auch den Vorschriften dieses Gesetzes.[2]

Zum Charakter des Arztberufs als „seiner Natur nach freien Berufs", wie er in § 1 Abs. 2 zweiter Halbsatz BÄrzteO bezeichnet ist, steht die oben angesprochene im § 1 Abs. 1 BÄrzteO zum Ausdruck kommende öffentlich-rechtliche Bindung nicht in Widerspruch. Die gesetzliche Bezeichnung an sich kann dem Arztberuf keine besondere Freiheit vor Eingriffen des Gesetzgebers verschaffen.[3] Ohne zu entscheiden, ob der Sinn der Bestimmung sich darin erschöpft, den Arztberuf einer besonderen soziologischen Berufsgruppe, den „freien Berufen" zuzuordnen,[4] kann jedenfalls festgestellt werden, daß durch die Freiberuflichkeit die Sozialbindung keine Einschränkung erfährt.[5]

b. Berufspflichten nach der Berufsordnung

Die Landesärztekammern als Körperschaften des öffentlichen Rechts sind durch die Heilberufsgesetze der Länder ermächtigt, die Berufspflichten der Ärzte in einer Berufsordnung zu regeln. Von dieser Ermächtigung haben die Ärztekammern in den einzelnen Ländern Gebrauch gemacht.

Die Berufsordnungen sind als Satzungen unmittelbar geltendes Recht und enthalten die materiellen Regelungen für die gesamte berufliche Tätigkeit der Ärzte. Sie bedürfen häufig der aufsichtsrechtlichen Genehmigung. Gemäß der Musterberufsordnung für deutsche Ärzte von 1977 zählen zu den Regelungsbereichen u. a.:

Die Schweigepflicht, Weiterbildungs- und Fortbildungspflicht, Notfalldienst, Abhalten von Sprechstunden, Assistenten und Vertreter, gemeinsame Berufsausübung, Praxisschilder, Einsatz und Ausbildung von Hilfspersonal, gegenseitige Vertretung, das Werbeverbot und in § 14 die Bestimmung, daß die Honorarforderung des Arztes angemessen sein muß.[6]

---

[1] Narr, Rn 36.

[2] Immenga/Mestmäcker, § 1 GWB Rn 88 f.

[3] Daniels/Bulling a. a. O. Rn 25.

[4] So Daniels/Bulling a. a. O. Rn 28.

[5] Siehe die Beispiele bei Narr, Rn 40, für die in § 1 Abs. 2 BÄrzteO gemeinte „Freiheit".

[6] So auch § 14 Abs. 1 der Berufsordnung für die nordrheinischen Ärzte vom 30. April 1977/23. April 1983, abgedruckt in Rheinisches Ärzteblatt 1983 S. 914, eine Vorschrift, die bei Erörterung der GOÄ im einzelnen noch einmal aufzugreifen ist.

c. Schlußfolgerung im Hinblick auf Art. 12 Abs. 1 GG

Bedenkt man nun die Dichte und Reichweite der Regelungen ärztlicher Berufswahl und -ausübung, so muß, zurückkommend auf die unter II.1. aufgeworfene
Frage des Verhältnisses von staatlicher Gebührenordnung zur Berufsfreiheit, festgestellt werden, daß sich in dieser Regelungsdichte die besondere Bedeutung des
Arztes für die medizinische Versorgung und damit für die Allgemeinheit niederschlägt. Der Arzt nimmt nicht wie ein Gewerbetreibender am allgemeinen Wirt-
schaftsverkehr teil. Die ihm auferlegten Berufspflichten und Beschränkungen sind
notwendige Konsequenzen aus der Bedeutung seiner Tätigkeit im öffentlichen
Interesse. Hierin unterscheidet er sich eben von einem handwerklichen, produzierenden oder gewerbetreibenden Beruf.
In das Bild des öffentlich-rechtlich gebundenen Arztberufs fügt sich die Regelung
der Entgelte durch eine staatliche Gebührenordnung ein als mit vernünftigen
Erwägungen des Allgemeinwohls im Sinne der Schrankensystematik des Art. 12
Abs. 1 GG zu rechtfertigen.
Die Existenz der Gebührenordnung an sich stellt also keine Verletzung des durch
die Schranken umrissenen Freiheitsbereichs des Art. 12 Abs. 1 GG dar.

F. Verfassungsmäßigkeit der Ermächtigungsnorm des § 11 BÄrzteO

Ist nun also die staatliche Regelung ärztlicher Honorare für sich genommen verfassungsrechtlich unbedenklich, so stellt sich weiter die Frage, ob die konkrete Form, in der dies 1982 gesschehen ist, verfassungsrechtlicher Überprüfung standhält.

Da die GOÄ eine Rechtsverordnung ist, sind die wesentlichen Voraussetzungen für ihre Verfassungsmäßigkeit, daß sie auf einer wirksamen Ermächtigungsgrundlage beruht, die kompetenzgemäß erlassen ist und dem Bestimmtheitsgebot des Art. 80 Abs. 1 Satz 2 GG genügt, daß sie ferner von dieser Ermächtigungsgrundlage gedeckt ist und schließlich ihrerseits nicht gegen Grundrechte verstößt. Die beiden letzten Punkte lassen sich nicht vorab zur GOÄ insgesamt behandeln, sondern setzen Erläuterungen zu den Einzelbestimmungen voraus. Da diese recht unterschiedlichen Regelungscharakter haben – zum Beispiel Gebührenbemessung, Abdingbarkeit, Gestaltung der Rechnung –, sind auch unterschiedliche Ergebnisse denkbar im Hinblick auf die Deckung durch die Ermächtigungsnorm sowie die Vereinbarkeit mit Art. 12 GG. Deshalb werden diese beiden Fragen, falls entsprechende Bedenken bestehen, bei Betrachtung der jeweiligen Einzelregelungen der GOÄ erörtert.

Im Laufe des Jahres 1983 sind vierundzwanzig Verfassungsbeschwerden gegen die neue GOÄ erhoben worden, mit denen gerügt wurde, die genannten Voraussetzungen seien nicht erfüllt.[1]

In einer ersten Entscheidung zur neuen Gebührenordnung hat das Bundesverfassungsgericht diese Verfassungsbeschwerden insoweit als *unzulässig* abgewiesen, als sie sich unmittelbar gegen die GOÄ richteten. Einer Überprüfung stünde der Grundsatz der Subsidiarität entgegen, da das Verwerfungsmonopol des Bundesverfassungsgerichts sich nur auf nachkonstitutionelle Gesetze im formellen Sinne, nicht aber auf Verordnungen beziehe.[2]

Es blieben also die Teile der Verfassungsbeschwerden unentschieden, die sich gegen den Inhalt der GOÄ richteten. Diesbezüglich werden die Beschwerdeführer auf die Fachgerichte verwiesen, vor denen zunächst der Rechtsweg auszuschöpfen sei.[3]

Für *zulässig* wurden die Verfassungsbeschwerden hingegen insofern befunden, als die Verfassungswidrigkeit des § 11 BÄrzteO, also eines formell-materiellen Gesetzes, gerügt wurde.

---

[1] Siehe DtÄrzteBl 1984 [B] Heft 16 (23), S. 1247 o. V.

[2] BVerfG NJW 1985, 2185 = MedR 1985, 123 = Arztrecht 1985, 133 = DtÄrzteBl 1985 [A] Heft 13 (81), S. 937 mit Anm. Bösche; dazu auch Hagedorn, NJW 1985, 2177.

[3] BVerfG NJW 1985, 2185.

I. Gesetzgebungskompetenz des Bundes – ärztliches Gebührenrecht als „Recht der Wirtschaft" im Sinne des Art. 74 Nr. 11 GG

Stünde dem Bund keine Gesetzgebungskompetenz für ärztliches Gebührenrecht zu, so wären die Ermächtigung und die darauf gestützte GOÄ verfassungswidrig und nichtig. Es fragt sich also, nach welcher Zuständigkeitsnorm des Grundgesetzes der Bundesgesetzgeber befugt war, die Bundesregierung in § 11 BÄrzteO[1] zu ermächtigen, die Entgelte für ärztliche Tätigkeit durch Rechtsverordnung zu regeln.

§ 11 BÄrzteO hat den Wortlaut:

Die Bundesregierung wird ermächtigt, durch Rechtsverordnung mit Zustimmung des Bundesrates die Entgelte für ärztliche Tätigkeit in einer Gebührenordnung zu regeln. In dieser Gebührenordnung sind Mindest- und Höchstsätze für die ärztlichen Leistungen festzusetzen. Dabei ist den berechtigten Interessen der Ärzte und der zur Zahlung der Entgelte Verpflichteten Rechnung zu tragen.

Als Regelungsmaterie, die im wesentlichen die Bestimmung der Vergütung für privatärztliche Leistungen sowie der für deren Festsetzung maßgeblichen Kriterien zum Gegenstand hat, betrifft das ärztliche Gebührenrecht den wirtschaftlichen Aspekt der Berufsausübung des Arztes.

Es liegt deshalb nahe, die Bundeskompetenz aus Art. 74 Nr. 11 GG abzuleiten.

1. Der Begriff „Recht der Wirtschaft" im Sinne des Art. 74 Nr. 11 GG – § 11 BÄrzteO als Preisrecht

Dieser Zuordnung könnte allerdings entgegenstehen, daß nach § 1 Abs. 2 BÄrzteO der Beruf des Arztes kein Gewerbe ist.[2,3]

Jedoch meint der Begriff „Recht der Wirtschaft" in Art. 74 Nr. 11 GG nicht lediglich gewerbliche Tätigkeit. Er ist vielmehr nach gefestigter Rechtsprechung des Bundesverfassungsgerichts weit auszulegen.[4] Zu ihm gehören nicht nur diejenigen Vorschriften, die sich in irgendeiner Form auf die Erzeugung, Herstellung und Verteilung von Gütern des wirtschaftlichen Bedarfs beziehen, sondern auch alle anderen das wirtschaftliche Leben und die wirtschaftliche Betätigung als solche regelnden Normen.[5] Hierzu zählen auch wirtschaftslenkende und wirtschaftsregulierende Gesetze mit preisrechtlichem Regelungsgegenstand.[6]

Die Gestaltung von Preisen und die Regelung der für die Preisbildung maßgeblichen Kriterien gehört gerade zum Wesensgehalt ärztlichen Gebührenrechts.

Die Erkenntnis seines preis- und wirtschaftsregulierenden Charakters ergibt sich aus zweierlei Blickrichtungen: Erstens ist die ärztliche Honorarberechnung als solche ein wirtschaftlicher Vorgang. Zweitens hat das allgemeine Niveau der Arztho-

---

[1] Vom 02. 10. 1961, BGBl I, S. 1857 in der Fassung der Bekanntmachung vom 14. 10. 1977, BGBl I, S. 1885.

[2] Siehe oben, S. 23, 25.

[3] Der Ansicht sind Hoffmann, § 2, 3., S. 3 f. und Krause, MedR 1983, 81 (87).

[4] Siehe u. a. BVerfGE 5, 25 (28 f.); 41, 344 (352).

[5] BVerfGE 29, 402 (409); 55, 274 (308).

[6] BVerfGE 67, 256 (275); BVerfG NJW 1985, 2185 (2186).

norare auch gesamtwirtschaftliche Bedeutung. In Höhe von rund 5 Milliarden DM jeweils 1982 und 1983[1] hat das Honorarvolumen aus privatärztlicher Tätigkeit einen wirtschaftlichen Stellenwert, mit dem es Einfluß auf das allgemeine Preisniveau ausübt.[2]

Betroffen ist vor allem auch die private Krankenversicherung, die einen nicht zu unterschätzenden Teil des wirtschaftlichen Lebens ausmacht.[3] Nicht geeignet zur Herausstellung des wirtschaftlichen Aspekts einer ärztlichen Gebührenregelung erscheint der Hinweis auf das Gebot der Rücksichtnahme auf die berechtigten Interessen der Ärzte und der Zahlungspflichtigen in § 11 Satz 3 BÄrzteO, mit der Auslegung, unter berechtigten Interessen seien nur wirtschaftliche Interessen zu verstehen.[4] Wie die GOÄ 1982 zeigt, hielt der Verordnungsgeber insbesondere auch das Interesse des Patienten an Durchschaubarkeit der Rechnungslegung für wichtig. Dies nur im Hinblick auf Erstattungsvoraussetzungen durch Beihilfe und private Krankenversicherungen zu deuten, würde den Sinngehalt der Transparenzregelung (§ 12 GOÄ) unzulässig verengen.

Vielmehr ist für die Zuordnung der Regelungsmaterie auf den preisrechtlichen Inhalt und die wirtschaftslenkenden Auswirkungen abzustellen, mit dem Ergebnis, daß das ärztliche Gebührenrecht vom Begriff „Recht der Wirtschaft" im Sinne des Art. 74 Nr. 11 GG umfaßt ist.[5]

2. Historische Herleitung

Betrachtet man die Entwicklung des ärztlichen Gebührenrechts, so spricht auch diese für eine Zuordnung zum Recht der Wirtschaft und so für die Zuständigkeit des Bundesgesetzgebers aus Art. 74 Nr. 11 GG für die Ermächtigung in § 11 BÄrzteO. Bereits die Gewerbeordnung für das Deutsche Reich von 1883[6] sah eine reichseinheitliche Regelung für das ärztliche Honorar vor, wobei die ärztliche Tätigkeit dem Gewerbewesen zugerechnet wurde, für welches das Reich nach Art. 4 Nr. 1 der Reichsverfassung vom 16. April 1871 die Gesetzgebungszuständigkeit hatte. Die aufgrund der Ermächtigung in der Gewerbeordnung erlassene Preugo[7] wurde aufgrund der §§ 2 und 3 des sogenannten Preisgesetzes durch Preisrechtsverordnung des Bundeswirtschaftsministers[8] im Jahre 1952 als bundesrechtliche Regelung übernommen. Zieht man also bei der Auslegung des Grundgesetzes die historische Tradition des ärztlichen Gebührenwesens heran, so ergibt sich, daß die frühere Reichseinheitlichkeit und nachfolgende Bundeseinheitlichkeit für eine Zugehörigkeit zur Gesetzgebung des Bundes unter dem Gesichtspunkt des Wirtschaftsrechts sprechen.

---

[1] Zahlen aus der Entscheidung BVerfG NJW 1985, 2185 (2186).

[2] Daniels/Bulling, § 11 BÄrzteO, Rn 6.

[3] Narr, Rn 984.

[4] Daniels/Bulling a. a. O.

[5] So im Ergebnis BVerfG NJW 1985, 2185 (2186); Daniels/Bulling a. a. O.; Narr, Rn 984; Schmatz/Goetz/Matzke, D, S. 41; anderer Ansicht z. B. Hoffmann, Erl. Vorspann, S. 1.

[6] Siehe oben, S. 8.

[7] Siehe oben, S. 8.

[8] "Verordnung PR Nr. 74/52", BAnz 1952, Nr. 243.

3. Entstehungsgeschichte des § 11 BÄrzteO

Zu demselben Ergebnis führt auch eine Betrachtung der Entstehungsgeschichte des § 11 BÄrzteO. Die Bundesregierung hat die Gesetzgebungszuständigkeit des Bundes zum Erlaß von § 11 BÄrzteO auf Art. 74 Nr. 11 GG gestützt und dies mit der preisrechtlichen Wurzel des ärztlichen Gebührenrechts begründet.[1] Wenn als Argument gegen die Bundeskompetenz heute noch angeführt wird, der Bundesrat habe seinerzeit diesbezügliche Bedenken gehabt,[2] so wird dabei offenbar nicht die Tatsache gewertet, daß er diese Bedenken im zweiten Durchgang fallen ließ und der Auffassung der Bundesregierung folgte, die die Kompetenz auf Art. 74 Nr. 11 GG stützte.[3]

4. Verhältnis zur Kompetenzzuweisung in Art. 74 Nr. 19 GG (Zulassung zu ärztlichen Heilberufen)

Schließlich wird noch gegen die Zuordnung des ärztlichen Gebührenrechts zum „Recht der Wirtschaft" eingewandt, die sich im Hinblick auf das Recht der Heilberufe aus Art. 74 Nr. 19 GG ergebende Beschränkung der Bundeskompetenz auf Regelungen der Zulassung zum Beruf schließe eine Kompetenz des Bundes für ärztliche Honorare aus, da diese Teil der Berufsausübung seien und ihre Regelung über die Berufszulassung hinausgehe.[4] Angesichts der engen Fassung des Art. 74 Nr. 19 GG, der die Kompetenz auf Bestimmungen hinsichtlich der Zulassung zu den Heilberufen und zum Heilgewerbe beschränke, könne „der Bund nicht noch eine weitere unbeschränkte Kompetenz zur Regelung des Rechts der Heilberufe und des Heilgewerbes unter dem Titel der Befugnis zur Regelung des Rechts der Wirtschaft in Anspruch nehmen".[5]

Schon diese Formulierung selbst spricht gegen den Einwand. Die Honorargestaltung ist ja nur ein kleiner Teilaspekt der Berufsausübung des Arztes, und zwar gerade der Teil, den man als wirtschaftliche Betätigung des Arztes bezeichnen kann. Dementsprechend wird auch nur das Gebührenrecht dem Recht der Wirtschaft und damit der Bundeskompetenz zugeordnet. Von der Begründung einer „unbeschränkten Komptenz zur Regelung des Rechts der Heilberufe und des Heilgewerbes" kann keine Rede sein.

Ferner muß dem Einwand unter dem Gesichtspunkt der Abgrenzung der Kompetenzzuweisungen begegnet werden: Zwar ist durch die Beschränkung in Art. 74 Nr. 19 GG eine Zuständigkeit des Bundesgesetzgebers zur Regelung anderer Bereiche der ärztlichen Berufsausübung grundsätzlich ausgeschlossen. Das gilt jedoch nur für Regelungen aufgrund *dieser* Kompetenznorm. Ergibt sich eine Zuständigkeit aus einer anderen Kompetenzbestimmung, so ist der Bundesgesetzgeber nicht gehindert, die berufliche Tätigkeit des Arztes insoweit zu regeln, wie es

---

[1] Vgl. BT-Drucksache 1961, III 2745, Anl. 3.

[2] Hagedorn, NJW 1985, 2177 (2178).

[3] BT-Drucksache 1961, III 2810, S. 2.

[4] Hagedorn, NJW 1985, 2177; Krause, MedR 1983, 81 (87); offengelassen von Weißauer, MedR 1983, 2 (4); ders. Anästhesiologie u. Intensivmedizin 1983, 84.

[5] Krause a. a. O.

von dieser Bestimmung gedeckt ist.[1] Dies bedeutet, daß im Hinblick auf das Gebührenwesen als preisrechtliche Regelungsmaterie aus Art. 74 Nr. 19 GG kein Ausschluß der Bundeskompetenz zu entnehmen ist.

Abschließend ist also festzustellen, daß die GOÄ 1982 auf einer kompetenzgemäß erlassenen Ermächtigungsgrundlage beruht, da § 11 BÄrzteO als eine Regelung aus dem Bereich des „Rechts der Wirtschaft" im Sinne des Art. 74 Nr. 11 GG zu betrachten ist, für die der Bund die Gesetzgebungszuständigkeit besitzt.

Wenn auch ärztlicherseits heute noch vereinzelt eine Zuständigkeit der Länder angenommen wird,[2] so läßt sich doch wohl allgemein sagen, daß eine bundeseinheitliche Gebührenregelung auch im Interesse der Ärzte selbst liegen muß. Hätte das Bundesverfassungsgericht den Verfassungsbeschwerden dahingehend stattgegeben, die Bundeskompetenz zu verneinen, so würde dies schlimmstenfalls dazu führen, daß jedes Bundesland eine eigene Gebührenordnung für die in ihm tätigen Ärzte erlassen würde. Es könnte so ein völlig unüberschaubarer Rechtszustand eintreten, was nicht im Interesse derjenigen läge, die mit dem Gebührenrecht arbeiten müssen, nämlich der Ärzte.[3]

Insofern ist die Entscheidung des Bundesverfassungsgerichts zu begrüßen.[4]

II. Ausreichende Bestimmtheit des § 11 BÄrzteO als Ermächtigungsnorm

Ist also § 11 BÄrzteO kompetenzgemäß erlassen, so gilt es weiter festzustellen, ob er den Erfordernissen des Art. 80 Abs. 1 Satz 2 GG genügt, ob also die Rechtssetzungsermächtigung nach Inhalt, Zweck und Ausmaß hinreichend konkret ist.

1. Inhalt

Als durch die Verordnung zu regelnden Sachbereich nennt § 11 Satz 1 BÄrzteO die Entgelte für ärztliche Tätigkeit. Die Regelung soll in einer Gebührenordnung erfolgen. In dieser ist also zu bestimmen, wieviel Geld ein Arzt für die jeweilige ärztliche Verrichtung fordern darf. Satz 2 konkretisiert dies noch näher dahin, daß hierfür ein Gebührenrahmen („Mindest- und Höchstsätze") festzusetzen ist.

Damit ist der mögliche Inhalt der zu erlassenden Verordnung hinreichend bestimmt.[5]

---

[1] Siehe BVerfG NJW 1985, 2185 (2186).
[2] Vgl. v. a. Hagedorn a. a. O.
[3] Auch wäre natürlich die Erstattungspraxis von Beihilfe und privater Krankenversicherung erschwert.
[4] So auch Bösche, Justitiar der Bundesärztekammer, DtÄrzteBl 1985 [A] Heft 13, S. 941.
[5] Daniels/Bulling, § 11 Rn 10; im Ergebnis auch BVerfG NJW 1985, 2185 (2186).

2. Zweck

Ferner müssen sich aus der Ermächtigungsnorm „Tendenz" und „Programm" umreißen lassen, die nach dem Willen des Gesetzgebers durch die zu erlassende Rechtsverordnung verwirklicht werden sollen, so daß sich feststellen läßt, welchem Zweck die Verordnung zu dienen bestimmt ist.[1] Das vom Verordnungsgeber zu verwirklichende Programm ergibt sich aus der Bestimmung des § 11 Satz 3 BÄrzteO, wonach die Gebührenregelung den berechtigten Interessen der Ärzte und der Zahlungspflichtigen entsprechen muß. Darin kommt zum Ausdruck, daß durch einen Ausgleich der widerstreitenden Interessen eine Regelung gefunden werden soll, die einerseits eine einwandfreie Ausübung des Arztberufes und ein angemessenes Honorar ermöglicht und andererseits zugunsten des Patienten das Entgelt auf eine adäquate Höhe begrenzt.[2]

3. Ausmaß

Zweifel an der hinreichenden Bestimmtheit der Ermächtigungsnorm des § 11 BÄrzteO werden insbesondere hinsichtlich des „Ausmaßes" geäußert. Zur Begrenzung der Ermächtigung seien – vor allem in Satz 1 und Satz 3 – keine substantiellen Aussagen gemacht. Zwar enthalte Satz 2 eine Begrenzung auf die Regelung von Mindest- und Höchstsätzen, es fehlten jedoch Angaben zum Umfang des Spielraums. Ferner wird die Aufstellung von Bemessungskriterien für die Honorarfestsetzung innerhalb der Spanne vermißt.[3]

Soweit auf diese Weise begründet wird, § 11 BÄrzteO sei wegen Verstoßes gegen Art. 80 Abs. 1 Satz 2 GG verfassungswidrig, muß dem zunächst entgegengehalten werden, daß das Bestimmtheitsgebot nicht fordert, die Ermächtigung in ihrem Wortlaut so genau wie nur irgend möglich zu formulieren und zu fassen.[4] Die von den Kritikern in der Ermächtigungsnorm vermißten Angaben zum Umfang des Gebührenrahmens und zu den Kriterien für die Honorarbemessung innerhalb des Rahmens würden über das Erfordernis hinausgehen, daß mit der Bestimmung des „Ausmaßes der erteilten Ermächtigung" dem Verordnungsgeber die Grenzen aufgezeigt werden müssen,[5] die er einzuhalten hat. Würde § 11 BÄrzteO bereits so konkrete Bestimmungen treffen, bliebe für die Gebührenordnung nicht mehr viel an Regelungsmaterie übrig.

Ferner ergibt sich bei der Ermittlung des Ausmaßes der Ermächtigung, daß hierfür nicht nur Satz 2 des § 11 BÄrzteO („Mindest- und Höchstsätze") heranzuziehen ist. Die Begrenzung der mit der Gebührenregelung verbundenen Belastung des einzelnen ergibt sich auch aus dem Zweck der Ermächtigung, der in Satz 3 seinen Ausdruck gefunden hat: Maßstab für den Regelungsumfang ist das Ergebnis

---

[1] BVerfGE 38, 61 (84).

[2] Daniels/Bulling, § 11 Rn 11; BVerfG a. a. O.

[3] Weißauer, Anästhesiologie und Intensivmedizin 1983, 84 (85); dies wurde auch von den Beschwerdeführern der Verfassungsbeschwerden geltend gemacht, vgl. BVerfG MedR 1985, 123 (125) – in NJW ist dieser Teil der Entscheidung nicht abgedruckt.

[4] BVerfGE 62, 203 (209 f.).

[5] BVerfGE 20, 257 (269 f.).

der Abwägung der berechtigten Interessen der Beteiligten. Dem Interesse des Arztes an einem hohen Honorar und möglichst geringem Verwaltungsaufwand bei der Rechnungslegung darf nur insoweit Geltung verschafft werden, als dies die Abwägung mit dem Interesse des Patienten an niedriger und durchschaubarer Rechnung erlaubt.

Diese Betrachtung führt zu der Erkenntnis, daß im Sinne des Art. 80 Abs. 1 Satz 2 GG durch die in § 11 BÄrzteO getroffene Regelung dem Verordnungsgeber in hinreichendem Maße die Grenzen aufgezeigt sind, die er einzuhalten hat.[1]

Schließlich muß noch erwähnt werden, daß als Argument gegen eine genügende Konkretisierung der Ermächtigung nicht angeführt werden kann, sie sei so weit gefaßt, daß sie den Erlaß der unterschiedlichsten Regelungen – wie in der GOÄ 1965 und der von 1982 – ermögliche und eine inhaltliche Ausgestaltung der Verordnung erlaube, durch die die Berufsfreiheit unzulässig eingeschränkt werde.[2]

Dieser Einwand, der sich nicht primär mit dem Inhalt des § 11 BÄrzteO, sondern der Gebührenordnung selbst beschäftigt, betrifft die Frage, ob die GOÄ 1982 noch von der Ermächtigung gedeckt ist.[3] Dies ist kein Problem mehr der Verfassungsmäßigkeit der Ermächtigungsnorm.

Es kann also zusammenfassend festgestellt werden, daß § 11 BÄrzteO auch den Anforderungen des Art. 80 Abs. 1 Satz 2 GG genügt. Der mögliche Inhalt der zu erlassenden Gebührenordnung ist hinreichend vorhersehbar.

Damit sind die Bedenken gegenüber der Verfassungsmäßigkeit des § 11 BÄrzteO ausgeräumt, was bedeutet, daß die GOÄ 1982 auf einer wirksamen Ermächtigungsnorm beruht.

---

[1] So im Ergebnis auch BVerfG NJW 1985, 2185 (2187), allerdings nur mit knapper Begründung.
[2] So teilweise die in BVerfG MedR 1985, 123 (125) zitierten Beschwerdeführer.
[3] Siehe BVerfG NJW 1985 a. a. O.

G. Rechtsnatur der neuen GOÄ und verfassungsrechtliche Würdigung

Die Frage, ob mit der GOÄ von 1982 der Ermächtigungsrahmen des § 11 BÄrzteO eingehalten ist und ob sie einer verfassungsrechtlichen Überprüfung im Hinblick auf Art. 12 GG standhält, ist aus bereits genannten Gründen[1] nicht allgemein, sondern bezüglich der jeweiligen Einzelregelungen zu erörtern, falls dort entsprechende Bedenken auftauchen.

Die wohl am heftigsten kritisierte Vorschrift der neuen GOÄ ist ihr § 2.[2] Er bestimmt im wesentlichen ihren Rechtscharakter.

In dieser Beziehung, soweit nämlich infolge der Einschränkung der Abdingbarkeit die GOÄ 1982 eine andere Rechtsnatur hat als ihre Vorgängerinnen, soll nun zunächst auf die Regelung des § 2 GOÄ eingegangen werden, wobei die historische Tradition, in der die Gebührenordnung steht, zu berücksichtigen ist.

I. Begriffliche Einordnung und Verhältnis zu § 612 Abs. 2 BGB

Als Entgeltregelung für ein Rechtsverhältnis mit dienstvertraglichem Charakter liegt es nahe, daß GOÄ im Zusammenhang mit § 612 Abs. 2 BGB und dem dort verwendeten Begriff der „Taxe" zu sehen. So findet sich denn auch häufig in Rechtssprechung und Literatur zur neuen GOÄ oder zum § 612 BGB[3] die Aussage, es handele sich bei der Gebührenordnung um eine Taxe im Sinne des § 612 Abs. 2 BGB.[4] Teilweise wird sie näher bezeichnet als „Taxe", die aber „weitgehend zwingend" sei,[5] teilweise als „primäre Dispositiv-Taxe",[6] und es findet sich sogar die Qualifizierung als „subsidiäre Dispositivtaxe gemäß § 612 Abs. 2 BGB".[7] Andererseits wird im Hinblick auf die Einschränkung der Abdingbarkeit durch § 2 vertreten, die GOÄ 1982 sei „keine Taxe im Sinne des § 612 Abs. 2 BGB",[8] sie sei „zwingendes Recht",[9] bzw. eine „primär-teildispositive Gebührenordnung".[10]

---

[1] Siehe oben, S. 27.

[2] Wortlaut siehe Anhang.

[3] Hier ist darauf zu achten, daß die Veröffentlichung nicht noch aus der Zeit der 1965er GOÄ stammt.

[4] LG München II, Rheinisches Ärzteblatt 1984, 496; Palandt-Putzo § 612 3)a); Brox, Rn 237; Linzbach, Das Krankenhaus 1985, 83 (84); Tiemann, Das Recht in der Arztpraxis, S. 186.

[5] Laufs, Rn 63 und 65.

[6] Kölsch, MedR 1983, 95 (96).

[7] Brück, § 2 Rn 4.

[8] Hoffmann, Erl. Vorspann, S. 3.

[9] Rieger, Rn 682; Weißauer MedR 1983, 2.

[10] Schmatz/Goetz/Matzke, Einführung A 8., S. 30.

1. „Taxe" im Sinne des § 612 Abs. 2 BGB

Angesichts dieser erheblichen begrifflichen Unklarheiten ist zunächst zu klären, was unter einer „taxmäßigen Vergütung" im Sinne des § 612 Abs. 2 BGB zu verstehen ist.

Allgemein anerkannt ist, daß es sich um eine *hoheitlich* festgesetzte Gebührenregelung handeln muß,[1] weshalb beispielsweise die 1928 vom damaligen Hartmannbund erarbeitete und zur Vereinbarung empfohlene Privat-Adgo[2] keine Taxe war.

Es stellt sich aber die Frage, ob eine hoheitlich erlassene Gebührenordnung auch dann noch dem Taxbegriff des § 612 Abs. 2 BGB entspricht, wenn sie, wie die GOÄ 1982 aufgrund ihres § 2, nur teilweise abdingbar ist.

§ 612 Abs. 2 BGB geht vom Grundsatz der freien Entgeltabrede aus: In erster Linie richtet sich die Vergütung nach der Parteivereinbarung, in zweiter Linie, wenn eine Vereinbarung nicht vorliegt, nach einer etwa bestehenden Taxe, wenn es auch eine solche nicht gibt, danach, was üblich ist. Eine Taxe müßte demnach also eine Regelung sein, die nur für den Fall geschaffen ist, daß trotz freier Vereinbarkeit eine Entgeltabrede einmal nicht vorliegt.

a. Zwingende Regelungen

Dieser Auslegung entspricht es, daß zwingende Gebührenbestimmungen als nicht dem Taxbegriff des § 612 Abs. 2 BGB unterfallend angesehen werden.[3]

b. Subsidiäre Taxen, Beispiel der Preugo

Als Gegenbegriff zur zwingenden muß die subsidiäre, nur hilfsweise eingreifende Regelung gesehen werden. Dieser Typus entspricht voll der Systematik des § 612 Abs. 2 BGB, der von der Priorität der vereinbarten gegenüber der taxmäßigen Vergütung ausgeht. Aus dem Wortlaut der Vorschrift mit ihrer Stufenfolge ergibt sich, daß das eigentliche Wesen einer Taxe in der Subsidiarität liegt. Im Sinne der nur hilfsweisen Anwendbarkeit hat vor allem auch das Reichsgericht die Taxe charakterisiert und herausgestellt, daß eine solche dann nicht vorliegt, wenn mit den Bestimmungen der freien Vereinbarung der Parteien über die Höhe der Vergütung irgendeine Grenze gezogen werden soll.[4] Taxen im Sinne des § 612 Abs. 2 BGB sind deshalb jedenfalls solche Entgeltregelungen, die nach ihrem Inhalt unverbindlich sind und nur dann zur Anwendung kommen sollen, wenn weder eine ausdrückliche noch eine stillschweigende Parteivereinbarung feststellbar ist.

---

[1] Siehe Erman-Küchenhoff, § 612 Rn 73; MünchKomm-Schaub, § 612 Rn 210; Soergel-Siebert-Wlotzke-Voltze, § 612 Rn 8; Esser/Weyers, S. 234; Larenz, S. 201.

[2] Siehe oben, S. 8 f.

[3] Soergel-Siebert-Wlotzke-Voltze a.a.O., Rn 8; Staudinger, § 612 Rn 26 zu den früheren Zwangstaxen.

[4] RGZ 68, 195 (197, 202) – hier zum sinngleichen § 653 Abs. 2 BGB; RG JW 1911, 209; RG JW 1932, 3333.

Gelegentlich wird hier der Begriff der „subsidiären Dispositivtaxe" gebraucht.[1] Die Worte subsidiär und dispositiv erscheinen jedoch nicht als ein sinnvolles Begriffspaar, da eine nur hilfsweise geltende Bestimmung von ihrer Natur her zurücktritt gegenüber einer anderweitigen Vereinbarung (oder einer anderen Vorschrift), ohne daß es einer Abdingung, einer „Disposition", bedarf. Deshalb sollte im engeren Sinne nur von der „subsidiären Taxe" gesprochen werden.

Eine solche subsidiäre Taxe war die Preußische Gebührenordnung für approbierte Ärzte und Zahnärzte, die Preugo von 1896.[2,3] In ihrem § 1 wurde vorweg klargestellt, daß sie erst dann anzuwenden war, wenn der Arzt mit dem Patienten eine Vereinbarung über die Vergütung nicht getroffen hatte:

„Den in Deutschland approbierten Ärzten und Zahnärzten stehen für berufsmäßige Leistungen *mangels einer Vereinbarung*[4] Gebühren nach Maßgabe nachstehender Bestimmungen zu." (§ 1 Preugo)

c. Primäre Dispositivtaxen, Beispiel der GOÄ 1965

Zwischen der zwingenden staatlichen Vergütungsregelung, die, wie dargelegt, nicht dem Taxbegriff des § 612 Abs. 2 BGB unterfällt, und der rein subsidiären Regelung, die als Taxe im engeren Sinne zu bezeichnen ist, liegt eine dritte Gestaltungsmöglichkeit, nämlich die primär geltende Gebührenordnung, von der die Vertragsschließenden ausnahmsweise abweichen können. Hier bekommt die Bezeichnung „dispositiv" einen Sinn. Eine Abdingung ist nur erforderlich, wenn etwas primär – also nicht schon von vornherein nur hilfsweise – gilt.

Ein Beispiel für primär geltende, aber dispositive Gebührenregelungen ist die GOÄ von 1965. Sie war unmittelbar auf den Sachverhalt anzuwenden, wenn ihre Anwendung nicht dadurch ausgeschlossen wurde, daß der Arzt und der Zahlungspflichtige eine abweichende Regelung vereinbarten. Häufig wird sie zwar als subsidiäre Taxe bezeichnet,[5] und zwar auch von Autoren, die im übrigen den Unterschied zwischen primär-dispositiven und subsidiären Gebührenregelungen zutreffend darstellen.[6] Diese haben wahrscheinlich die begriffliche Zuordnung von der Preugo übernommen, ohne festzustellen, daß sich zur GOÄ hin eine Änderung vollzogen hat. Ihr neuer § 1 lautete nämlich:

„Den Ärzten stehen für ihre Berufstätigkeit Vergütungen ... nach dieser Verordnung zu. Durch Vereinbarung kann eine von dieser Verordnung abweichende Regelung getroffen werden."

Sie war also als primär geltend formuliert (Satz 1) unter Einräumung einer Abdingungsmöglichkeit (Satz 2), d. h. in der Regel sollte sich das Honorar nach ihren

---

[1] MünchKomm-Schaub a. a. O., Soergel-Siebert-Wlotzke-Voltze a. a. O., Rn 10; Staudinger a. a. O. Rn 28.

[2] Siehe oben, S. 8 f.

[3] Dies ist unstreitig, siehe RG JW 1932, 3333; Daniels/Bulling § 11 BÄrzteO Rn 2; Hoffmann, Erl. Vorspann 4., S. 2; Staudinger § 612 BGB Rn 28; Jung, S. 1; Wichmann, NJW 1965, 1064.

[4] Hervorhebung durch die Verfasserin.

[5] LG Frankfurt, NJW 1974, 2048; Hoffmann, Geschichte A., S. 4 und Erl. Vorspann C I, S. 3; Hagedorn, NJW 1985, 2177 (2178); Kölsch, MedR. 1983, 95 (96).

[6] Erman-Küchenhoff, § 612 Rn 74; MünchKomm-Schaub, § 612 Rn 216; Soergel-Siebert-Wlotzke-Voltze, § 612 Rn 10.

Vergütungssätzen richten, die Abdingung war möglich, aber als Ausnahme vorgesehen.

Die Bezeichnung als subsidiäre Taxe ist deshalb unzutreffend. Die GOÄ 1965 war vielmehr ihrer Rechtsnatur nach primär-dispositiv.[1]

Es stellt sich nun die Frage, ob eine solche Gebührenordnung noch als Taxe im Sinne des § 612 Abs. 2 BGB bezeichnet werden kann.[2] Dem dort zum Ausdruck kommenden Grundtyp (subsidiär) entspricht dies jedenfalls nicht.

Der Unterschied zwischen subsidiärer und primär-dispositiver Bestimmung muß in der Umkehr des Regel-Ausnahme-Verhältnisses gesehen werden: Hier ist nach der Vorstellung des Verordnungsgebers die freie Parteivereinbarung die Regel, die Gebührenordnung kommt nur hilfsweise zur Anwendung – dort soll die Abrechnung nach der Gebührenordnung die Regel sein, und die Parteivereinbarung wird als ein „Abweichen" (§ 1 Satz 2 GOÄ 1965) gesehen.

Im praktischen Ergebnis jedoch besteht insofern Übereinstimmung zwischen den beiden Gestaltungsmöglichkeiten, als der freien Honorarvereinbarung, wenn eine solche vorhanden ist, Geltungsvorrang eingeräumt wird: Ist nichts vereinbart, gilt die Gebührenordnung, ist etwas vereinbart, so gilt dieses.

Unter diesem Gesichtspunkt, also vom Ergebnis her betrachtet, ist es angebracht, auch eine Gebührenordnung wie die GOÄ 1965 als Taxe im Sinne des § 612 Abs. 2 BGB zu bezeichnen.

Zusammenfassend läßt sich also sagen, daß vom Taxbegriff des § 612 Abs. 2 BGB subsidiäre und primär-dispositive, nicht aber zwingende Vergütungsregelungen erfaßt sind.

2. GOÄ 1982 als primär-teildispositive Gebührenordnung

Die begriffliche Einordnung der neuen GOÄ in der Literatur reicht von der „subsidiären Dispositiv-Taxe"[3] bis zum „zwingenden Recht".[4] Wo innerhalb dieser Spanne ihr Standort tatsächlich zu bestimmen ist, ergibt sich aus § 1 Abs. 1 und vor allem aus der in § 2 getroffenen Regelung.

a. Primäre Geltung

Aus § 1 Abs. 1 folgt, daß die GOÄ 1982, ebenso wie ihre Vorgängerin, primär gilt. Hiergegen spricht nicht der Vorrang gesetzlicher Regelung nach dem zweiten Halbsatz der Vorschrift, „soweit nicht durch Bundesgesetz etwas anderes bestimmt ist". Solche anderweitigen Bestimmungen sind vor allem die gesetzlichen und aufgrund gesetzlicher Ermächtigung zu vertraglicher Ausgestaltung geschaffenen Regelungen der Vergütung der kassenärztlichen Tätigkeit (§§ 368 ff. RVO) und der vertragsärztlichen Tätigkeit für die Versicherten der Ersatzkassen (§ 525 c Abs. 2 in

---

[1] So auch Schmatz/Goetz/Matzke, Einführung A 8., S. 29; Jung, S. 5.
[2] Jung, S. 6, hält es für vertretbar, dies zu verneinen, erörtert die Frage aber nicht weiter.
[3] Brück, § 2 Rn 4.
[4] Brenner, S. 316; Rieger, Rn 682.

Verbindung mit § 368f. und § 368g RVO).[1] Der Hinweis grenzt nur den Anwendungsbereich der Gebührenordnung ein, innerhalb dessen sie nach dem ersten Halbsatz des § 1 Abs. 1 primäre Geltung hat.

b. Teildispositivität

Indem § 2 Abs. 1 der neuen GOÄ bestimmt, daß „durch Vereinbarung eine von dieser Verordnung abweichende *Höhe*[2] der Vergütung festgelegt werden" kann, regelt er eine wesentliche Änderung gegenüber der GOÄ 1965. Während letztere gänzlich und ohne Einhaltung einer bestimmten Form abbedungen werden konnte,[3] steht nun nicht mehr die gesamte Gebührenordnung, sondern lediglich die Höhe der Vergütung zur Disposition des Arztes und des Zahlungspflichtigen, und hierfür ist ein Formerfordernis aufgestellt worden, § 2 Abs. 2.

Um die Frage beantworten zu können, was die Festlegung einer abweichenden Vergütungshöhe im Sinne des § 2 Abs. 1 bedeutet, muß von der Vorschrift des § 5 ausgegangen werden, in dem geregelt ist, wie sich das Entgelt im Normalfall bemißt, wenn also keine Vereinbarung vorliegt. Danach wird die Gebühr innerhalb eines Gebührenrahmens nach bestimmten Kriterien unter Anwendung eines Steigerungssatzes festgelegt, der das 1- bis 3,5fache, bzw. das 1- bis 2,5fache des Gebührensatzes beträgt. Hiervon kann also durch Vereinbarung nach § 2 abgewichen werden. Betrachtet man nun noch den § 12, der Anforderungen an die Gestaltung der Rechnungslegung aufstellt und dessen Geltung nicht der Disposition der Parteien unterliegt, (vgl. auch § 12 Abs. 3 im Umkehrschluß), so ergeben sich daraus inhaltliche Anforderungen an Honorarvereinbarungen nach § 2: Sie müssen so gefaßt sein, daß bei Abrechnung auf ihrer Grundlage eine Rechnungslegung möglich ist, die die in § 12 Abs. 2 geforderten Angaben enthält. Nicht hingegen sind Vereinbarungen zulässig, deren Inhalt sich aus der Sache heraus auf § 12 dergestalt auswirkt, daß die Rechnungslegung dem Inhalt der Vereinbarung anzupassen wäre.

Damit die Abrechnung den Erfordernissen des § 12 Abs. 2, insbesondere der Nr. 2, genügen kann, muß die Honorarbemessung auf das Gebührenverzeichnis zurückführbar sein. Ansonsten könnte beispielsweise nicht die „Nummer der einzelnen erbrachten Leistung" oder der „Steigerungssatz" (§ 12 Abs. 2 Nr. 2) angegeben werden.

Es ergibt sich also nicht nur aus der Formulierung des § 2 Abs. 1, der die Abdingungsmöglichkeit auf die „Höhe der Vergütung" beschränkt, sondern vor allem auch aus dem Zusammenspiel mit der nicht dispositiven Vorschrift des § 12, daß das Leistungsverzeichnis der GOÄ Grundlage jeder Honorarbemessung sein muß. Es kann somit nicht die Geltung eines anderen Gebührenverzeichnisses vereinbart werden.

---

[1] Schmatz/Goetz/Matzke, § 1 4., S. 44; Wezel/Liebold, § 1, S. 50.
[2] Hervorhebung durch die Verfasserin.
[3] „Durch Vereinbarung kann eine von dieser Verordnung abweichende Regelung getroffen werden." § 1 Satz 2 GOÄ 1965.

Für diese Auslegung spricht auch die Entstehungsgeschichte des § 2. Die von der Bundesregierung dem Bundesrat zugeleitete Fassung sah die Möglichkeit einer umfassenden Abdingung vor.[1]

Die auf den Bundesrat zurückzuführende Abänderung[2] sollte gerade bezwecken, daß der Arzt bei Honorarvereinbarungen nicht ein anderes Gebührenverzeichnis zugrundelegen kann und daß er auch bei Vorliegen einer Vereinbarung die Grundsätze des § 12 Abs. 2 bei der Rechnungsstellung einzuhalten hat.[3]

Eine nach § 2 Abs. 1 in der Form des § 2 Abs. 2 zulässige Disposition lediglich über die Vergütungshöhe liegt vor allem dann vor, wenn ein von der Regelung in § 5 abweichender (höherer) Steigerungssatz schriftlich vereinbart wird.[4]

Im Gegensatz zur voll abdingbaren GOÄ 1965 ist nunmehr also der Arzt bei seiner Abrechnung in jedem Falle an die Gebührenordnung mit ihrem Leistungsverzeichnis gebunden. Er kann nicht mehr durch Vereinbarung von ihr abweichen und ganz andere Vergütungsregelungen treffen. Die Vereinbarung z. Bsp. der Privat-Adgo[5] als Abrechnungsgrundlage ist nicht mehr möglich.

Die GOÄ 1982 ist deshalb als nur noch teilweise abdingbar zu bezeichnen – nämlich hinsichtlich der Höhe. Im übrigen enthält sie zwingendes Recht.

Die Qualifizierung als „subsidiäre Dispositiv-Taxe"[6] geht deshalb gänzlich fehl. Auch ist sie keine „primäre Dispositiv-Taxe, die grundsätzlich immer eingreift, aber abgedungen werden kann",[7] da sie eben gerade nicht insgesamt abdingbar ist.

Ebenfalls unzutreffend ist die Aussage, bei der GOÄ 1982 handele es sich um zwingendes Recht,[8] denn die Bemessung der Gebühren richtet sich nicht zwingend nach § 5, sondern kann im Hinblick auf die Höhe durch Honorarvereinbarung abweichend geregelt werden.

Vielmehr muß sie wegen der vorhandenen, aber eingeschränkten Abdingungsmöglichkeit als primär-teildispositive Gebührenordnung bezeichnet werden.[9]

c. Taxe im Sinne des § 612 Abs. 2 BGB?

Häufig wird von der GOÄ 1982 als Taxe im Sinne des § 612 Abs. 2 BGB gesprochen.[10] Wie oben dargelegt, unterfallen dem Taxbegriff des § 612 Abs. 2 BGB subsudiär geltende und auch primär-dispositive, nicht aber zwingende Vergütungsregelungen.[11] Als primär-teildispositive Regelung liegt die GOÄ 1982 im Hinblick auf die Abdingbarkeit zwischen der primär-dispositiven und der zwingenden Bestimmung.

---

[1] „Durch Vereinbarung kann eine von dieser Verordnung abweichende Regelung getroffen werden", § 2 Abs. 1 des Regierungsentwurfes, BR-Drucksache 295/82 vom 19.07.1982.

[2] Siehe oben, S. 17.

[3] Siehe BR-Drucksache 295/82 vom 29.10.1982, Anlage.

[4] Näheres zu den Gestaltungsmöglichkeiten s. unten, S. 75 ff.

[5] Siehe oben, S. 9 f.

[6] Brück, § 2 Rn 4.

[7] Kölsch, MedR 1983, 95 (96).

[8] Rieger, Rn 682.

[9] So auch Schmatz/Goetz/Matzke, Einführung A 8., S. 30.

[10] Siehe die Fußnoten, S. 34.

[11] Siehe oben, S. 37.

Jedenfalls räumt sie im Gegensatz zur als subsidiär geltend formulierten Preugo und zur primär geltenden, aber in Gänze formlos abdingbaren GOÄ 1965 nicht mehr der freien Parteivereinbarung Geltungsvorrang ein.

Es kommt im Geltungsbereich der 1982er GOÄ nicht zur Anwendbarkeit des § 612 Abs. 2 BGB. Dieser bezieht sich auf die vorhergehende Vorschrift des § 612 Abs. 1, in dem von der „vereinbarten Vergütung" die Rede ist. Die GOÄ ist eine Bestimmung der Vergütung kraft Verordnung, die nur teilweise abdingbar ist. In ihrem Anwendungsbereich gibt es keine „vereinbarte Vergütung" schlechthin, sondern immer nur eine an der GOÄ orientierte Vergütung. Mit dem Grundtyp der Taxe, wie das Reichsgericht ihn gezeichnet hat, nämlich der nur hilfsweise eingreifenden, der subsidiären Entgeltregelung, hat die neue GOÄ nichts mehr zu tun. Sie tritt auch nicht wie die GOÄ 1965, obwohl primär formuliert, hinter jeglicher formlosen abweichenden Vereinbarung zurück.

Es muß deshalb der Schluß gezogen werden, daß – entgegen der weit verbreiteten Formulierungsweise[1] – die GOÄ von 1982 keine Taxe im Sinne des § 612 Abs. 2 BGB ist.

Sie ist eine nur beschränkt abdingbare Vergütungsbestimmung kraft Verordnung, eine primär-teildispositive Gebührenordnung.

II. Ist die GOÄ ihrem Rechtscharakter nach von der Ermächtigungsnorm gedeckt?

In den kritischen Stellungnahmen zur neuen GOÄ ist die Äußerung zu finden, die Einschränkung des Abdingungsrechts sei „mit § 612 BGB nicht zu vereinbaren". Danach seien „alle Taxen insoweit dispositiv, als eine andere Vergütung vereinbart werden kann".[2]

Hier wird die GOÄ falsch bezeichnet, nämlich als Taxe im Sinne des § 612 Abs. 2 BGB, und, da sie aber der Definition dieses Begriffs nicht entspricht, für unzulässig gehalten. Die richtige Schlußfolgerung wäre gewesen, sie nicht als Taxe zu bezeichnen und festzustellen, daß sie mit § 612 Abs. 2 BGB nichts zu tun hat. Nicht an dieser Vorschrift ist die GOÄ zu messen, sondern vielmehr an der Ermächtigungsgrundlage und dem Grundgesetz.

Für die Frage, ob die GOÄ 1982 im Hinblick auf ihre Rechtsnatur als primär-teildispositive Gebührenordnung von der Ermächtigung des § 11 BÄrzteO[3] gedeckt ist, muß zunächst der Aussagewert der Formulierung" ... die Entgelte ... in einer Gebührenordnung zu regeln" im Satz 1 des § 11 geklärt werden.

Ferner fragt sich, ob die Einschränkung der Abdingbarkeit der Forderung in Satz 3 der Vorschrift entspricht, einen Interessenausgleich zwischen Ärzten und Zahlungspflichtigen zu schaffen.

---

[1] Siehe die Fußnoten, S. 34.
[2] DtÄrzteBl 1982 [A/B] Heft 24, S. 17 (18) o. V.
[3] Vollständiger Wortlaut siehe oben, S. 28.

1. Bedeutung des Wegfalls der Subsidiaritätsklausel
(§ 11 BÄrzteO - § 80 Abs. 2 GewO von 1883)

Abweichend von § 80 Abs. 2 GewO 1883, der Ermächtigungsgrundlage für die Preugo, ist in § 11 der Bundesärzteordnung die Subsidiaritätsklausel für die Gebührenordnung „als Norm für strittige Fälle im Mangel einer Vereinbarung" nicht mehr enthalten. Die Bundesregierung wird vielmehr generell ermächtigt, durch Rechtsverordnung die Entgelte für die ärztliche Tätigkeit in einer Gebührenordnung zu regeln.[1] Dementsprechend war ja schon die 1965er GOÄ nicht mehr als subsidiär, sondern als primär geltende Gebührenordnung formuliert.

Die uneingeschränkte Fassung der Vorschrift engt dem Wortlaut nach auch nicht den Verordnungsgeber in seinen Möglichkeiten ein, der Gebührenordnung einen dispositiven, teildispositiven oder zwingenden Charakter zu geben. Demnach beständen also keine Bedenken dagegen, daß die neue GOÄ im Hinblick auf ihre nur teilweise Abdingbarkeit von der Ermächtigungsnorm gedeckt ist.[2]

Es wird hingegen teilweise die Ansicht vertreten, auch § 11 BÄrzteO eröffne ebenso wie der seinerzeitige § 80 Abs. 2 GewO 1883 nur die Möglichkeit einer subsidiären Taxe.[3] Zur Stützung dieser vom Wortlaut abweichenden Auslegung wird die amtliche Begründung zum Regierungsentwurf[4] herangezogen[5] oder auch auf die historische Entwicklung des ärztlichen Gebührenrechts verwiesen.[6]

Tatsächlich wurde im Gesetzgebungsverfahren geäußert, die aufgrund des § 11 BÄrzteO zu erlassende Gebührenordnung solle der Parteivereinbarung über das Honorar Geltungsvorrang einräumen.[7] Ob aber diese Begebenheit aus der Entstehungsgeschichte eine Auslegung tragen kann, die zum eindeutigen Wortlaut der Vorschrift im Widerspruch steht, ist fraglich, insbesondere auch, weil § 11 in einer anderen Fassung als der, auf die sich die zitierte Begründung bezieht, verabschiedet wurde. Er enthielt im Regierungsentwurf noch nicht den heutigen Satz 2, nach dem die Gebührenregelung in Form von Mindest- und Höchstsätzen erfolgen soll, erlaubte also dem Wortlaut nach die Schaffung von Festsätzen ohne Spielraum für die Honorargestaltung. Wurde in dem Zusammenhang eine volle Abdingbarkeit für erforderlich gehalten, so kann man dies nicht übertragen auf eine Fassung wie die heutige, die den Verordnungsgeber verpflichtet, dem Arzt durch Festlegung lediglich eines Gebührenrahmens einen Honorarspielraum zu gewähren. Hier kann die Erforderlichkeit der Dispositivität möglicherweise anders gesehen werden als bei festen Vergütungssätzen. Auch das Argument, die historische Entwicklung des ärztlichen Gebührenrechts in Deutschland lasse nur die Auslegung des § 11 BÄrzteO im Sinne einer Ermächtigung zu subsidiären oder doch voll disposi-

---

[1] Satz 1 des § 11 BÄrzteO: „Die Bundesregierung wird ermächtigt, durch Rechtsverordnung mit Zustimmung des Bundesrates die Entgelte für ärztliche Tätigkeit in einer Gebührenordnung zu regeln."

[2] So wohl auch Jung, S. 6.

[3] Daniels/Bulling, § 11, Rn 8 und 17; Erman-Küchenhoff, § 612 Rn 74; Krause, MedR 1983, 81 (88); DtÄrzteBl 1982 [A/B] Heft 18, S. 19 o. V.; DtÄrzteBl 1982 [A/B] Heft 24, S. 17 f. o. V.

[4] BT-Drucksache 1961 III/2745, S. 7.

[5] Daniels/Bulling a. a. O., Rn 17.

[6] Krause a. a. O.

[7] BT-Drucksache a. a. O.

tiven Taxen zu, hält einer genauen Überprüfung nicht stand. Zutreffend ist, daß es bis zum Erlaß der GOÄ 1982 keine nur beschränkt abdingbare privatärztliche Gebührenordnung gegeben hat. Die Preugo, die beim Erlaß der Bundesärzteordnung 1961 galt, war nur eine subsidiäre Taxe. Sie beruhte aber auch auf einer Ermächtigungsgrundlage, die nur eine solche Gestaltung zuließ (§ 80 Abs. 2 GewO).

Bereits § 15 der Reichsärzteordnung von 1935,[1] eine Ermächtigungsgrundlage, von der nie Gebrauch gemacht wurde, sah den Erlaß einer Gebührenordnung für Ärzte mit primärer Geltung vor.[2] Die abweichende Vergütungsvereinbarung war als Ausnahme formuliert („. . . es sei denn, daß eine Vereinbarung über die Vergütung der Leistungen des Arztes schriftlich getroffen ist."). Aus dieser Tatsache spricht – gegenüber § 80 Abs. 2 GewO und der darauf beruhenden Preugo – ein Wandel des Verständnisses vom Freiraum ärztlicher Honorargestaltung. Die Tendenz setzte sich bei § 11 BÄrzteO in der Formulierung fort und fand auch Eingang in die GOÄ 1965, wenn es auch beim Prinzip voller Abdingbarkeit blieb.

Wenn deshalb überhaupt aus der historischen Entwicklung Schlüsse für die Auslegung des § 11 BÄrzteO im Hinblick auf die Frage der Abdingbarkeit gezogen werden können,[3] so jedenfalls dahingehend, daß seit der aus dem vorigen Jahrhundert stammenden Gewerbeordnung und der Preugo die Tendenz vom Subsidiaritätsprinzip wegging.

Es ist deshalb festzuhalten, daß die „strikte und uneingeschränkte Fassung" des § 11 BÄrzteO[4] in der Auslegung weder durch Äußerungen im Gesetzgebungsverfahren noch durch eine historische Betrachtungsweise relativiert wird.

Der Fortfall der Subsidiaritätsklausel – gegenüber § 80 GewO – bedeutet eine generelle Ermächtigung an die Bundesregierung zur Regelung ärztlichen Gebührenrechts. Hiervon ist die Schaffung einer primär-teildispositiven Regelung wie der GOÄ 1982 gedeckt.

2. Interessenabwägung nach § 11 Satz 3 BÄrzteO

Nach § 11 Satz 3 BÄrzteO hat der Verordnungsgeber den berechtigten Interessen der Ärzte wie auch der Zahlungspflichtigen Rechnung zu tragen. Dieses Gebot bezieht sich nicht nur auf den vorhergehenden Satz 2, nämlich die Festlegung der Mindest- und Höchstsätze, sondern auf die Ausgestaltung der Gebührenordnung insgesamt,[5] also auch auf Regelungen insichtlich der Abdingbarkeit.

Die Einschränkung der Abdingungsmöglichkeit durch § 2 in Verbindung mit § 12 GOÄ berührt auf seiten des Arztes sein wirtschaftliches Interesse an freier Honorargestaltung und beim Zahlungspflichtigen das Interesse an möglichst niedriger Arztrechnung sowie an deren Durchschaubarkeit.

Indem der Verordnungsgeber das Prinzip der vollen Abdingbarkeit, wie noch in der GOÄ 1965 vorgesehen, aufgab zugunsten einer Regelung, die die ärztliche

---

[1] RGBl I, S. 1433.
[2] Krause a.a.O., S. 82.
[3] Weißauer, Anästhesiologie und Intensivmedizin 1983, 84 (85) hält dies für zumindest fraglich.
[4] Jung, S. 6.
[5] Daniels/Bulling, § 11 Rn 18 bis 19.

Honorargestaltung in jedem Falle an das Gebührenverzeichnis bindet, kam er den Interessen der Zahlungspflichtigen entgegen. Deshalb muß insbesondere gefragt werden, ob nicht bei der Abwägung die ärztlichen Interessen vernachlässigt wurden.

Die Beschränkung der Vereinbarungsmöglichkeit in § 2 auf eine abweichende Höhe der Vergütung und damit verbunden die Bindung an das Leistungsverzeichnis auch bei einer Honorarvereinbarung ordnet die Interessen des Arztes an freier Entgeltgestaltung nur hinsichtlich eines Teilaspekts denjenigen des Zahlungspflichtigen unter, nämlich soweit es um die Transparenz und Überprüfbarkeit der Rechnungslegung geht. Durch § 2 und die nicht dispositive Vorschrift des § 12, die sich auf die inhaltlichen Gestaltungsmöglichkeiten einer Vereinbarung auswirkt,[1] wird auf eine erhöhte Durchschaubarkeit der Honorargestaltung hingewirkt.

Gleichzeitig ist aber das wirtschaftliche Interesse des Arztes dadurch gewahrt, daß er aufgrund einer entsprechenden Vereinbarung hinsichtlich der Höhe der Vergütung abweichen darf. Er kann ja durchaus nach § 2 höhere Honorare vereinbaren, sie müssen sich nur zum Gebührenverzeichnis in Relation setzen lassen.

Einerseits kommt die Ausgestaltung als primär-teildispositive Regelung also den Zahlungspflichtigen entgegen, insofern nämlich als eben die Gebührenordnung nur teilweise abdingbar ist. Andererseits verbleibt zugunsten des Arztes der Freiraum bei der Vereinbarung abweichender Vergütungshöhen. Hier ist die Gebührenordnung dispositiv.

Man kann deshalb sagen, daß mit der eingeschränkten Abdingbarkeit ein sinnvoller Ausgleich der berechtigten Interessen der Ärzte und der zur Zahlung der Entgelte Verpflichteten im Sinne des Satzes 3 der Ermächtigungsnorm geschaffen ist.

Damit ist abschließend festzuhalten, daß die GOÄ 1982 im Hinblick auf ihre Rechtsnatur als primär-teildispositive Gebührenordnung von der Vorschrift des § 11 BÄrzteO als Ermächtigungsnorm gedeckt ist.

III. Teildispositivität als Einschränkung der Berufsfreiheit

Wie oben dargelegt, hat die verfassungsrechtliche Überprüfung des Gebührenrechts anhand des Art. 12 und nicht des Art. 2 GG zu erfolgen, da es sich um Vertragsabschlüsse im beruflichen Tätigkeitsbereich des Arztes handelt.[2]

Die Regelung der Entgelte betrifft einen Teilausschnitt der Ausübung des Arztberufs und ist damit im Sinne der Schrankensystematik des Art. 12 GG dann zulässig, wenn vernünftige Erwägungen des Gemeinwohls sie zweckmäßig erscheinen lassen und eine Gesamtabwägung ergibt, daß die Grenze der Zumutbarkeit gewahrt ist.

Allein die Feststellung, ein Eingriff in den Kernbereich der Freiheit der Berufsausübung sei nicht ersichtlich,[3] reicht nicht aus, die verschiedentlich geäußerten verfassungsrechtlichen Bedenken[4] auszuräumen.

---

[1] Siehe oben, S. 38.
[2] Siehe oben, S. 22 f.
[3] So LG Stuttgart, Urt. v. 12. 10. 1984 – 6, S. 16/84.
[4] Siehe u. a. Vilmar, DtÄrzteBl 1982 [A/B] Heft 21, S. 58; DtÄrzteBl 1982 [A/B], Heft 18, S. 19 o. V.; DtÄrzteBl 1982 [A/B] Heft 24, S. 17 (18) o. V.; Rieger, Rn 683.

Die Regelung der Vergütung in einer staatlichen Gebührenordnung als solcher läßt sich, wie oben bereits festgestellt,[1] angesichts der Bedeutung der medizinischen Versorgung für die Allgemeinheit und der darauf beruhenden öffentlich-rechtlichen Bindung des Arztberufs mit vernünftigen Erwägungen des Gemeinwohls rechtfertigen.

Die Frage ist, ob die Gestaltungsform hinsichtlich der Abdingbarkeit in Intensität und Ausmaß der Schrankensystematik des Grundrechts der Berufsfreiheit entspricht.

Auf der hier betroffenen untersten Stufe, bei der Berufsausübungsregelung, ist der Gesetzgeber am freiesten und kann in weitem Maße Gesichtspunkte der Zweckmäßigkeit berücksichtigen.[2]

Die Gestaltung der GOÄ als nur teildispositive Gebührenordnung muß in einem vernünftigen Verhältnis zu dem hiermit verfolgten Zweck stehen. Erreicht werden sollte eine erhöhte Transparenz bei der ärztlichen Honorargestaltung für den Zahlungspflichtigen. Hierzu dient das Erfordernis der Rückführbarkeit auf die Sätze des Gebührenverzeichnisses. Auf diese Weise wird auch eine Arbeitserleichterung für die privaten Krankenversicherer und die Beihilfestellen erwirkt, die nicht mehr die Leistungsbeschreibungen etwa vereinbarter anderer Gebührenregelungen, vor allem der Privat-Adgo,[3] dem Leistungsverzeichnis der GOÄ zuordnen müssen, um die Angemessenheit der Honorarbemessung zu prüfen. Die Vereinfachung und Beschleunigung der Kostenerstattung kommt wiederum dem Patienten zugute.

Auf der anderen Seite läßt sich nicht feststellen, daß der Arzt ein besonderes eigenes Interesse daran hat, die Durchschaubarkeit der Honorargestaltung gering zu halten. Seinem wirtschaftlichen Interesse daran, höhere Vergütungen zu fordern als die GOÄ es im § 5 vorsieht, ist dadurch Rechnung getragen, daß er mit dem Patienten Vereinbarungen nach § 2 treffen kann.

Man kann deshalb die Einschränkung der Berufsausübungsfreiheit, die darin liegt, daß die Möglichkeit der Abdingung der GOÄ nur noch bezüglich der Vergütungshöhe vorgesehen ist, nicht als übermäßig belastend und unzumutbar bezeichnen.

Berücksichtigt man nun noch, daß der Arztberuf mehr als andere freie Berufe öffentlich-rechtlichen Bedingungen unterliegt, die in der Sozialpflichtigkeit und der Bedeutung der Tätigkeit für die Allgemeinheit wurzeln,[4] so erscheint die Ausgestaltung der GOÄ als primäre und nur teilweise abdingbare Gebührenordnung als eine Regelung, die zu dem angestrebten Zweck des Schutzes des Zahlungspflichtigen in einem angemessenen Verhältnis steht.

Damit ist festgestellt, daß die GOÄ 1982 im Hinblick auf ihren durch § 2 bestimmten Rechtscharakter als teildispositive Regelung das Grundrecht der Berufsfreiheit nicht verletzt.

---

[1] Siehe S. 22 ff., insbesondere S. 26.
[2] BVerfGE 7, 377 (405 ff.).
[3] Siehe oben, S. 9 f.
[4] § 1 BÄrzteO, s. oben, S. 23 ff.

H. Die Bemessung des Honorars nach der GOÄ

I. Allgemeines

Die maßgebliche Vorschrift für die Bemessung der privatärztlichen Gebühren im Normalfall, d. h. wenn keine abweichende Vereinbarung vorliegt, ist § 5 der GOÄ 1982.

Danach darf die Gebühr innerhalb eines Rahmens vom Einfachen bis 3,5fachen bestimmt werden. Dies entspricht der Vorgabe in der Ermächtigungsnorm des § 11 BÄrzteO, Mindest- und Höchstsätze für die ärztlichen Leistungen festzusetzen. Gegenüber der GOÄ von 1965 (1- bis 6fach) ist der Gebührenrahmen reduziert. Dies bedeutet jedoch keine Beschränkung der Vergütung und damit auch keine in unverhältnismäßiger Weise die Berufsausübung einschränkende Regelung, da zugleich die Vergütungssätze geändert und das Leistungsverzeichnis erheblich ausgeweitet worden sind (von ca. 1000 auf ca. 2400 Positionen). Die Einfachsätze für die einzelnen Leistungen sind um 45 v. H. auf das Vergütungsniveau der gesetzlichen Krankenkassen angehoben worden und orientieren sich nunmehr an dem für den Bereich der gesetzlichen Krankenversicherung vereinbarten Einheitlichen Bewertungsmaßstab.[1] Durch die weitgehende Übernahme dieses Leistungsverzeichnisses wurde eine neue Gebührenstruktur geschaffen, die mit einer Aufwertung der persönlichen ärztlichen Leistungen gegenüber den vorwiegend medizinisch-technischen Leistungen verbunden ist. Gleichzeitig wird durch die Vereinheitlichung der Gebührenverzeichnisse dem Arzt die Anwendung der verschiedenen Gebührenordnungen erleichtert.

Da die Vergütungssätze in der gesetzlichen Krankenversicherung den Einfachsätzen der GOÄ entsprechen, kann der Artz beim Privatpatienten infolge des Gebührenrahmens das Honorar also bis zur Höhe von 350 v. H. der Sätze der gesetzlichen Krankenkassen bemessen.

Bei bestimmten Leistungen, den sogenannten medizinisch-technischen, beträgt die Gebührenspanne das Einfache bis 2,5fache des Gebührensatzes. Gebührensatz ist der Einfachsatz. Er ist in der Gebührenordnung mittelbar dadurch bestimmt, daß den einzelnen Leistungen Punktzahlen zugeordnet werden, die mit dem festgelegten Punktwert von -,10 DM vervielfältigt werden, § 5 Abs. 1 Satz 2 und 3.

Die konkrete Gebührenbemessung innerhalb des Rahmens erfolgt nach abschließend bestimmten Bemessungskriterien. Die 1965er GOÄ führte solche Kriterien nur beispielshalber an („unter Berücksichtigung der besonderen Umstände ... insbesondere ...", § 2 Satz 2).

---

[1] EBM, s. oben, S. 13 f.

Ihre Anwendung steht unter dem Vorbehalt, daß sie nicht schon in den entsprechenden Leistungsbeschreibungen des Gebührenverzeichnisses berücksichtigt worden sind, § 5 Abs. 2 Satz 3.

Für den Gebührenrahmen ist eine „Regelspanne" festgelegt, innerhalb deren im allgemeinen die Gebühr zu bemessen ist und die vom Einfachsatz bis zum 2,3fachen (bei Leistungen nach Abs. 3 bis zum 1,8fachen) reicht. Die Überschreitung des 2,3fachen (1,8fachen) des Gebührensatzes ist nur zulässig, wenn Besonderheiten der Bemessungskriterien sich im Einzelfall von den üblicherweise vorliegenden Umständen unterscheiden.

II. Eingeschränkter Gebührenrahmen für medizinisch-technische Leistungen

Für bestimmte ärztliche Verrichtungen, nämlich solche, die durch einen hohen Anteil an apparativer Leistungserbringung oder den üblichen Einsatz von Hilfspersonen charakterisiert sind, gilt eine verkürzte Gebührenspanne. Sie geht vom Einfachen bis 2,5fachen, und die Regelspanne reicht hier bis zum 1,8fachen des Gebührensatzes. Es handelt sich um Leistungen aus den in § 5 Abs. 3 genannten Abschnitten des Gebührenverzeichnisses: A (Gebühren in besonderen Fällen), E (physikalisch-medizinische Leistungen), M (Laboratoriumsuntersuchungen) und O (Strahlendiagnostik, Anwendung radioaktiver Stoffe und Strahlentherapie). Dazu zählen also z. Bsp. Röntgenleistungen, Laborleistungen, EKG, EEG, etc.

Obwohl der Verordnungstext die Begriffe nicht erwähnt, werden sie allgemein als „medizinisch-technische Leistungen" bezeichnet im Gegensatz zu den „persönlich-ärztlichen Leistungen".[1] Letztere lassen sich nur negativ definieren als alle diejenigen ärztlichen Leistungen, die den in § 5 Abs. 3 erwähnten Abschnitten nicht angehören.

Auch die medizinisch-technischen sind nach der Verordnung ärztliche Leistungen,[2] weshalb es nicht richtig ist, sie solchen gegenüber zu stellen.[3]

Allerdings zeichnen sie sich dadurch aus, daß der Arzt hier in erheblich stärkerem Maße Hilfspersonen und Apparate einsetzt. Es sind Routineleistungen,[4] die auch bei schwierigen Krankheitsfällen nicht einen so sehr viel höheren Aufwand erfordern, wie dies bei den persönlich-ärztlichen der Fall sein kann. Außerdem haben sie einen besonders hohen Sachkostenanteil, der z. Bsp. für Röntgenleistungen bei 70 v. H. des Gebührensatzes liegt.[5] Dieser ist nicht den Schwankungen unterworfen wie der Aufwand des Arztes bei persönlichen Leistungen je nach Art des Krankheitsfalles.

Insofern ist es gerechtfertigt, dem Arzt hier eine geringere Variationsbreite für die Honorarbemessung einzuräumen.

---

[1] Siehe schon die Amtliche Begründung im Allgemeinen Teil, BR-Drucksache 295/82 vom 19.07. 1982, S. 9 f.
[2] Siehe Amtliche Begründung a. a. O., S. 14.
[3] So aber aus den Fünten, f & w 1984 Heft 5, S. 56 (57).
[4] Brück, § 5 Rn 7.
[5] So die Amtliche Begründung a. a. O., S. 14.

Auch gelegentlich geäußerte verfassungsrechtliche Bedenken wegen Art. 12 und Art. 3 GG[1] haben, da es sich um eine sinnvoll zu begründende und zumutbare Regelung handelt, keinen Bestand.

III. Bestimmung des Honorars anhand der Kriterien des § 5 Abs. 2

Die Höhe der Gebühr der einzelnen Leistung im konkreten Fall wird vom Arzt einseitig bestimmt. Er wendet auf den sich aus dem Leistungsverzeichnis ergebenden Gebührensatz einen Steigerungsfaktor von 1 bis maximal 3,5, bzw. 2,5 bei technischen Leistungen an. Hierbei hat er sich von den abschließend benannten Erwägungsmaßstäben leiten zu lassen, die der Verordnungsgeber als „Bemessungskriterien" bezeichnet, § 5 Abs. 2 Satz 3. Es handelt sich hierbei um die Schwierigkeit, den Zeitaufwand, die Umstände bei der Ausführung und die örtlichen Verhältnisse. Die Schwierigkeit der einzelnen Leistung kann auch durch die Schwierigkeit des Krankheitsfalles begründet sein, § 5 Abs. 2 Satz 1 und 2.
Die Heranziehung eines Steigerungsfaktors muß sich auf die einzelne betreffende Leistung beziehen und darf nicht auf Leistungen übertragen werden, für die das Bemessungskriterium nicht zutrifft.[2]

1. Schwierigkeit der Leistung

a. Feststellung bei der Einzelleistung, § 5 Abs. 2 Satz 1

Das wohl wichtigste Kriterium für die Bemessung der Gebührenhöhe ist die Schwierigkeit der Leistung. Gemeint ist die Schwierigkeit von Diagnostik und Therapie, nicht die Schwere der Krankheit. Es geht um den unterschiedlichen Schwierigkeitsgrad bei der Ausführung der jeweiligen einzelnen Leistungen, nicht um graduelle Wertungen unter verschiedenen ärztlichen Leistungen. Soweit eine Leistung von vornherein besonders schwierig ist, z. Bsp. Eröffnen des Herzbeutels mit Eingriff am Herzen oder chirurgischer Eingriff am Gehirn, kann sie nicht allein deshalb mit einem besonders hohen Steigerungssatz in Ansatz gebracht werden.[3] Der unterschiedliche Schwierigkeitsgrad der verschiedenen ärztlichen Leistungen wurde im Gebührenverzeichnis bereits bei Festsetzung des Einfachsatzes berücksichtigt.[4]
Es kommt auf die jeweilige konkrete Leistung beim einzelnen Patienten an. Sie kann wegen der Vielfalt der möglichen medizinischen Konstellationen im Einzelfall besonders leicht, durchschnittlich schwierig oder besonders schwierig ausfallen. Auch kann das Verhalten des Patienten eine Rolle spielen.
Unbeachtet bleiben müssen jedenfalls immer subjektive Schwierigkeiten des Arztes bei der Leistungserbringung, die aus einer möglichen Unerfahrenheit resultie-

---

[1] U. a. Weißauer, MedR 1983, 2 (3).
[2] Brück, § 5 Rn 5.
[3] Schmatz/Goetz/Matzke, § 5 5., S. 67.
[4] Siehe auch § 5 Abs. 2 Satz 3.

ren.[1] Ansonsten könnte der Berufsanfänger, der die Situationen noch nicht so leicht im Griff hat, immer einen höheren Steigerungssatz zugrunde legen als der erfahrene und versierte Arzt, der auch komplizierte Fälle sicher beherrscht. Die Schwierigkeit der Leistung ist deshalb immer objektiv, also bezogen auf den Patienten und seine Erkrankung zu bestimmen.

Damit ist gleichzeitig gesagt, daß dieses Kriterium auch nicht von „Kapazitäten", Klinikchefärzten und auf bestimmte Verrichtungen spezialisierten Ärzten herangezogen werden kann, um unter Berufung allein auf ihre besondere Qualifikation generell höhere Multiplikatoren in Ansatz zu bringen. Befassen sie sich in besonderem Maße mit schwierigen Fällen, so berechtigt sie regelmäßig dieses Kriterium, evtl. neben anderen Gesichtspunkten des § 5 Abs. 2, zum Ansatz eines höheren Steigerungssatzes.

b. Schwierigkeit des Krankheitsfalles bei persönlichen ärztlichen Leistungen, § 5 Abs. 2 Satz 2

Bei ärztlichen Leistungen mit Ausnahme der in § 5 Abs. 3 genannten, also der medizinisch-technischen, kann die Schwierigkeit der einzelnen Leistung als Bemessungskriterium auch durch die Schwierigkeit des Krankheitsfalles begründet sein, § 5 Abs. 2 Satz 2.

Auch hier muß zunächst gesagt werden, daß nicht die Schwere des Krankheitsbildes[2] oder die Beschwernis für den Patienten gemeint ist, sondern die durch die Art des Krankheitsfalles bedingte Schwierigkeit von Diagnostik und Therapie,[3] die eine besonders eingehende Vorgehensweise und sorgfältige Behandlung erfordert.

Es fragt sich, ob die Vorschrift eine rechtliche Vermutung in dem Sinne begründet, daß die Schwierigkeit des Krankheitsfalles regelmäßig auch die Schwierigkeit der ärztlichen Leistung bedingt, oder ob dies nur im Einzelfall so sein kann.

Der Wortlaut scheint für letztere Deutung zu sprechen. Auch die Amtliche Begründung[4] kann in diesem Sinne verstanden werden, wenn es dort heißt: „Diese (die Schwierigkeit des Krankheitsfalles) kann ... berücksichtigt werden, soweit sie sich im Einzelfall in der Schwierigkeit der einzelnen Leistung niederschlägt und damit konkretisiert."

Richtig ist es sicher, hieraus abzuleiten, daß die konkret vorliegende Schwierigkeit des Krankheitsfalles sich im Einzelfall auf die Erbringung der einzelnen Leistung erschwerend auswirken muß.[5] Verlangt man aber nun, daß dies für jede Leistung konkret festgestellt wird, dann bestünde kein Unterschied zum Kriterium „Schwierigkeit der einzelnen Leistung".

Deshalb wird die Ansicht vertreten, die Hervorhebung in Satz 2 des § 5 Abs. 2 ergebe nur einen Sinn, wenn man in ihr eine rechtliche Vermutung dahingehend

---

[1] Brück, § 5 Rn 6; Hoffmann, § 5 8., S. 9.
[2] Brück, § 5 Rn 7.
[3] Aus den Fünten, Arzt und Krankenhaus 1983, 93 (94).
[4] BR-Drucksache a. a. O.
[5] So Schmatz/Goetz/Matzke, § 5 9., S. 69.

sieht, daß bei schwierigen Krankheitsfällen von einer Schwierigkeit der Gesamtbehandlung auszugehen ist.[1] Für diese Auslegung spricht auch die Ausklammerung der medizinisch-technischen Leistungen durch § 5 Abs. 2 Satz 2 zweiter Halbsatz, die auch bei schwierigen Krankheitsfällen nicht typischerweise schwieriger zu erbringen sind, sondern in stärkerem Maße routinemäßig erbracht werden können.

Es fällt jedoch auf, daß bei diesen Erörterungen eine Auseinandersetzung mit dem Begriff der „Schwierigkeit des Krankheitsfalles" fehlt. Ist der schwierige Krankheitsfall zu definieren als ein Krankheitsfall, dessen Diagnose und Behandlung mit besonderen Schwierigkeiten verbunden sind, so wäre die Schlußfolgerung hieraus, daß dann auch eine „Schwierigkeit der einzelnen Leistung" im Sinne des § 5 Abs. 2 Satz 2 vorliegt, ein Zirkelschluß: Schwierige Leistung bedeutet schwierigen Krankheitsfall, aus diesem wird auf Schwierigkeit der Leistung geschlossen.

Ein anderer Gesichtspunkt, unter dem man den jeweiligen Fall als mehr oder weniger schwierig bezeichnen könnte, wäre die Beschwernis für den Patienten. Aber dies kann vom Verordnungsgeber nicht gemeint sein, da durch sie alleine nicht „die Schwierigkeit der einzelnen Leistung, ... begründet sein" kann, wie § 5 Abs. 2 Satz 2 es verlangt.

Vielmehr läßt sich im für die Gebührenbemessung relevanten Sinne der Begriff der „Schwierigkeit des Krankheitsfalles" nur definieren über die Frage, welchen Schwierigkeitsgrad die ärztlichen Verrichtungen haben, die er erfordert. Dies ist aber ein Kriterium, das schon für sich genommen für die Bestimmung der Gebührenhöhe zum Tragen kommt, nämlich als „Schwierigkeit der einzelnen Leistung" im Sinne des § 5 Abs. 2 Satz 1.

Die Vermutungswirkung dahingehend, daß bei schwierigem Krankheitsfall von schwieriger Leistungserbringung auszugehen ist, geht also ins Leere, da letztere vorliegen muß, um ersteren anzunehmen.

Bei näherer Betrachtung muß man deshalb zu dem Ergebnis kommen, daß kein eigenständiger Aussagewert des Satzes 2 des § 5 erkennbar ist.[2]

2. Zeitaufwand

Häufig, aber nicht denknotwendig von der Schwierigkeit einer Leistung abhängig ist der Zeitaufwand für ihre Erbringung. § 5 Abs. 2 nennt ihn als ein eigenständiges Honorarbemessungskriterium.

Wie auch die Schwierigkeit kann der Zeitaufwand nur dann Grundlage für die Anwendung eines Steigerungssatzes sein, wenn er nicht schon in den Leistungsansätzen des Gebührenverzeichnisses berücksichtigt ist. Sind dort Zeitmaße als Mindestdauer genannt, so kann dem Zeitaufwand nicht nochmals über einen Multiplikator Rechnung getragen werden, z. Bsp. bei den Leistungsziffern 1 b (eingehende Beratung als einzige Leistung, mindestens 15 Minuten), 283 (Dauertropfinfusion, mindestens 20 Minuten) und 285 (Dauertropfinfusion, mindestens 90 Minuten). Das Kriterium des Zeitaufwandes muß insofern objektiviert werden, als es nicht umso höher in Ansatz gebracht werden kann, je weniger routiniert der Arzt ist und

---

[1] So im Ergebnis Brück, § 5 Rn 7; wohl auch aus den Fünten, a. a. O.
[2] Zu dieser Schlußfolgerung tendieren wohl auch Schmatz/Goetz/Matzke, § 5 9., S. 69.

je länger er deshalb für die Leistung braucht.[1] Da es aber keine allgemein gültigen Normen für den Zeitaufwand bei ärztlichen Verrichtungen gibt, muß die Betrachtungsweise gleichzeitig individuell sein, d.h. darauf abstellen, ob die zu bewertende Leistung den Arzt mehr Zeit gekostet hat als dies bei ihm durchschnittlich bei dieser Verrichtung der Fall ist.

Da meistens ein erhöhter Zeitaufwand durch den Schwierigkeitsgrad der Leistung bedingt ist, fragt es sich, ob er in diesen Fällen neben der Schwierigkeit für den Ansatz eines höheren Steigerungsfaktors herangezogen werden kann.

Den Zeitaufwand dann, wenn er allein wegen der Schwierigkeit der Verrichtung höher ist als im Durchschnitt, unberücksichtigt zu lassen, widerspräche dem Wortlaut des § 5 Abs. 2 Satz 1, der ihn als eigenständiges Kriterium nennt, obwohl es für den Verordnungsgeber auch auf der Hand gelegen haben muß, daß regelmäßig ein solcher ursächlicher Zusammenhang bestehen wird.

Andererseits kann man, da die Kriterien in unterschiedlicher Intensität vorliegen können, auch nicht sagen, daß die erhöhte Schwierigkeit einen bestimmten Steigerungssatz rechtfertigt und dieser die doppelte Höhe betragen kann, wenn die Leistung auch noch zeitaufwendig war. Die Schwierigkeit kann z. Bsp. sehr groß sein, der Zeitaufwand aber nur geringfügig erhöht und umgekehrt. Der Arzt muß deshalb in einer Gesamtschau die Kriterien bewerten und entscheiden, in welchem Maße sie im konkreten Fall ins Gewicht fallen. Hier allgemeingültige Regeln aufzustellen, hieße, ihm das durch § 5 Abs. 2 Satz 1 eingeräumte „billige Ermessen" in unzulässiger Weise zu beschränken.

3. Umstände bei der Ausführung

Neu eingeführt in die Gebührenordnung – gegenüber der GOÄ 1965 – ist das Kriterium der Umstände bei der Ausführung. Gemeint ist der Aufwand bei der Art und Weise der Ausführung der Leistung, der, wenn er den Aufwand in vergleichbaren Fällen übersteigt, den Arzt zu einer höheren Honorarbemessung berechtigt.[2] Die Amtliche Begründung nennt als Beispiel besondere Wünsche des Patienten. In Betracht kommen ferner Verständnisschwierigkeiten, die in der Person des Patienten begründet sind, oder z. Bsp. Probleme mit unruhigen Kindern.[3]

Vor allem fällt unter dieses Bemessungskriterium die Behandlung eines Unfallopfers am Unfallort mit beschränkten medizinischen Hilfsmitteln.[4]

Häufig wird das Kriterium der Umstände bei der Ausführung herangezogen, um einen höheren Multiplikator für die ambulante Durchführung von Operationen zu begründen, die ansonsten nur stationär vorgenommen werden.[5,6] Dies wird teil-

---

[1] Brück, § 5 Rn 8; Hoffmann, § 5 8., S. 10.

[2] Amtliche Begründung, BR-Drucksache a. a. O.; Brück, § 5 Rn 9; aus den Fünten, Arzt und Krankenhaus 1983 Heft 5, S. 93.

[3] Brück a. a. O.; Köhnen/Schröder/Kusemann/Amelungk A 74/5.

[4] Brück a. a. O.; Hoffmann, § 5 10., S. 11; Köhnen/Schröder/Kusemann/Amelungk a. a. O.

[5] Brück a. a. O.; Köhnen/Schröder/Kusemann/Amelungk a. a. O.; Wezel/Liebold, § 5, S. 55; aus den Fünten a. a. O.; Weißauer, Anästhesiologie und Intensivmedizin 1983, 84 (86).

[6] Es geht dann oft sogar darum, ob die ambulante Operation als eine Besonderheit des Kriteriums „Umstände bei der Ausführung" eine Überschreitung der Regelspanne von 2,3 bzw. 1,8 zuläßt.

weise damit begründet, daß BMÄ und E-GO[1] für ambulante Operationen Zuschläge vorsehen.[2] Teilweise wird besonders auf den ökonomischen und gesundheitspolitischen Aspekt hingewiesen, daß nämlich die ambulante Durchführung von Operationen im Vergleich zu den hohen Krankenhauskosten erheblich günstiger ist und sich damit kostendämpfend auswirke.[3]

Deshalb akzeptieren auch die privaten Krankenversicherungen das ambulante Operieren nicht nur als Umstand bei der Ausführung, der sich auf die Gebührenhöhe auswirkt, sondern schlechthin als zulässige Begründung für die Überschreitung des Schwellenwertes.[4] Die Beihilfebehörden allerdings akzeptieren dies nicht ohne weiteres.[5]

Indem in der Tatsache einer ambulanten Operation schlechthin ein Umstand bei der Ausführung gesehen wird, der einen höheren Multiplikator rechtfertigt, wird das Bemessungskriterium seinem eigentlichen durch Auslegung ermittelten Sinn entfremdet, um den Effekt des Anreizes zum kostengünstigeren ambulanten Operieren zu erreichen. Abzustellen ist hingegen nur auf den Aufwand des Arztes bei Leistungserbringung. Hierbei kann sich durchaus ergeben, daß im Einzelfall die Durchführung im Rahmen der Ambulanz eine Erschwernis darstellt, die den ärztlichen Aufwand bei stationärer Durchführung übersteigt und die damit als Umstand bei der Ausführung zur Inanspruchnahme eines Steigerungssatzes führen kann.[6]

Gelegentlich ist die Auffassung anzutreffen, die besondere fachliche Qualifikation des Arztes sei im Sinne des § 5 Abs. 2 Satz 1 ein Umstand bei der Ausführung.[7] Wenn aber unter dem Kriterium Begebenheiten zu verstehen sind, die einen besonderen Aufwand bei der ärztlichen Leistungserbringung bedingen, so kann hierzu nicht auch die subjektive Eigenschaft des Artzes als sogenannte Kapazität gehören.

Im übrigen ist zu bedenken, daß dem Verordnungsgeber der GOÄ das differenzierte ärztliche Versorgungssystem (Universitätskliniken mit Professoren, allgemeine Krankenhäuser mit Chefärzten, niedergelassene Ärzte) bekannt war, ohne daß er unter Berücksichtigung dieses Umstandes unterschiedliche ärztliche Gebührensätze geschaffen hätte.[8] Behandelt ein Ordinarius, Chefarzt usw. entsprechend seiner fachlichen Qualifikation besonders schwierige Fälle, so kann er über das Kriterium der Schwierigkeit zu einem seiner Leistung angemessenen Honorar kommen.

Die Eigenschaft als fachliche „Kapazität" allein jedenfalls kann nicht als Umstand bei der Ausführung gebührenerhöhend berücksichtigt werden.[9]

---

[1] Siehe oben, S. 13 f.

[2] Aus den Fünten a. a. O.; Köhnen/Schröder/Kusemann/Amelungk a. a. O.; Weißauer a. a. O.

[3] Bourmer, zit. in ÄrzteZeitung 05. Juli 1984.

[4] ÄrzteZeitung 15. März 1984 und 05. Juli 1984 o. V.

[5] ÄrzteZeitung a. a. O.

[6] So im Ergebnis auch Brück, § 5 Rn 9; Schmatz/Goetz/Matzke, § 5 7., S. 68.

[7] Hoffmann, § 5 6., S. 8.

[8] AG Bad Homburg NJW 1984, 2637 (2639).

[9] So auch die Amtliche Begründung a. a. O., S. 14; Köhnen/Schröder/Kusemann/Amelungk, A 74/5; Narr, Arzt und Wirtschaft 13/83, S. 12 (21).

4. Örtliche Verhältnisse

Wie schon zur Zeit der GOÄ 1965, die auch das Kriterium der örtlichen Verhältnisse für die Honorarbemessung anführte,[1] werden auch bei der neuen GOÄ darunter die allgemeinen Lebensbedingungen verstanden, in denen sich Arzt und Patient in aller Regel gleichermaßen befinden. Das Kriterium hat damit eine Ausgleichsfunktion für örtlich unterschiedliche Bedingungen wie z.B. unterschiedlich hohe allgemeine Lebenshaltungskosten in den verschiedenen Bundesländern sowie in Großstädten einerseits und in Kleinstädten und auf dem Lande andererseits.[2]

Nicht gefolgt werden kann der Auffassung, unter den „örtlichen Verhältnissen" im Sinne des § 5 Abs. 2 Satz 1 seien auch die Verhältnisse zu verstehen, unter denen die ärztliche Leistung erbracht werden muß, z.B. Versorgung bei einem Notfall auf der Straße oder ohne ausreichende Assistenz in der Wohnung des Kranken.[3] Dies sind Besonderheiten bei der ärztlichen Leistungserbringung, die typischerweise zu den „Umständen bei der Ausführung" gehören und bereits unter diesem Kriterium einen höheren Steigerungssatz rechtfertigen.

Mit den „örtlichen Verhältnissen" ist auch nicht die Üblichkeit der Liquidation der in einer bestimmten Gegend tätigen Ärzte gemeint.[4]

Das Kriterium soll dem Arzt ermöglichen, die Gebühr in einem gewissen Umfang der Tatsache anzupassen, daß er in einer teuren oder weniger teuren Gegend praktiziert. Da die Beziehung zum Einzelfall auch bei dem Kriterium der örtlichen Verhältnisse gegeben sein muß, und da zu bedenken ist, daß auch dem Verordnungsgeber bei der Gebührenbemessung das Niveau der allgemeinen Lebenshaltungskosten unter Berücksichtigung der Großstadtverhältnisse bekannt war, er aber im Gebührenverzeichnis hierauf keine Rücksicht genommen hat, ist davon auszugehen, daß das Kriterium nicht etwa generell in Großstädten gebührensteigernd angewendet werden kann. Zu berücksichtigende Unterschiede in den Lebenshaltungskosten, die als besondere örtliche Verhältnisse herangezogen werden können, sind vor allem in der Großstadt höhere Mieten.[5] Auf die einzelne ärztliche Leistung bezogen wirken sie sich kostenmäßig allerdings nur sehr gering aus. Im übrigen ist die Vorschrift des § 4 Abs. 3 Satz 1 zu berücksichtigen, wonach mit der Gebühr auch die Praxiskosten - zu denen u.a. auch die Mietkosten gehören - abgegolten sind. Daraus ergibt sich, daß nach dem Willen des Verordnungsgebers örtliche Verhältnisse, die sich in dieser Art erhöhter Aufwendungen niederschlagen, nur in Ausnahmefällen zu einem höheren Multiplikator berechtigen sollen.

Insgesamt kann festgestellt werden, daß die Bedeutung der „örtlichen Verhältnisse" als Begründung für einen Steigerungssatz nur gering ist.[6]

---

[1] § 2 Satz 2 GOÄ 1965.

[2] Brück, § 5 Rn 10; Hoffmann, § 5 9., S. 10; Schmatz/Goetz/Matzke, § 5 8., S. 69; aus den Fünten a.a.O., S. 93; Bundesminister für Arbeit und Sozialordnung, zit. im RdSchr. des Bundesministers des Innern vom 18.08. 1983, GMBl 1983, S. 388.

[3] So Wezel/Liebold, § 5, S. 55.

[4] Brück a.a.O.

[5] Brück, § 5 a.a.O.; BMA zit. im RdSchr. des BMI vom 18.08. 1983 a.a.O.

[6] So auch Brück, § 5 a.a.O.

5. Die Bestimmung nach billigem Ermessen

a. Einzelfallbezogene Ermessensausübung

Der Arzt bestimmt die Höhe der Gebühren einseitig. Hierzu muß er bei der einzelnen Leistung im konkreten Fall eine Ermessensausübung vornehmen. Sie hat sich innerhalb des Gebührenrahmens zu vollziehen, und der Arzt muß sich bei der Ausübung des Ermessens an den dargestellten Kriterien orientieren.

Der vom Verordnungsgeber eingeschlagene Weg, nicht nur die Bemessungskriterien aufzustellen, sondern dem Arzt noch Raum für eine Ermessensausübung zu belassen, läßt sich dadurch erklären, daß die im Einzelfall angemessene Vergütung für eine ärztliche Leistung sich nicht streng rechnerisch ermitteln läßt, und zwar weder soweit es um die Einschätzung der in den Bemessungskriterien enthaltenen Maßstäbe geht noch soweit die Gewichtung der Kriterien untereinander in Frage steht.[1]

Die in Betracht kommenden Wertungen hat der Arzt allerdings nicht nach freiem Ermessen vorzunehmen, sondern er ist durch den Gesichtspunkt der „Billigkeit" gebunden (§ 5 Abs. 2 Satz 1: „nach billigem Ermessen"). Er muß deshalb bei der Honorarfestsetzung alle Bemessungskriterien in seine Erwägungen einbeziehen und ihre Bedeutung im Einzelfall gewichten und abwägen. Die Gebührenbestimmung entspricht insbesondere auch nur dann der Billigkeit, wenn der Arzt den einzelnen Behandlungsfall und seine Umstände berücksichtigt hat. Billigem Ermessen entspräche es nicht, wenn der Arzt nicht im Einzelfall seine Abwägungen über die Honorarbemessung anstellte, sondern grundsätzlich einen bestimmten Steigerungssatz bei allen Patienten anwenden würde.[2] Dies wäre im übrigen auch mit dem Grundsatz der leistungsbezogenen Vergütung, von dem lediglich das Kriterium der „örtlichen Verhältnisse" ausgenommen ist,[3] nicht zu vereinbaren.

b. Zusammentreffen mehrerer Bemessungskriterien

Liegen bei einer einzelnen ärztlichen Verrichtung die Voraussetzungen für mehrere Honorarbemessungskriterien vor, so fragt es sich, in welchem Maße dies die Höhe des anzuwendenden Multiplikators bestimmt.

Hierzu wird der nur schwer nachvollziehbare und auch nach rechnerischer „Richtigstellung" nicht zu akzeptierende Vorschlag gemacht, jedem der vier Bemessungskriterien einen Teilfaktor zuzuweisen, der innerhalb der Regelspanne 0,58 betragen soll. Ausgehend vom einfachen Gebührensatz soll dann bei Vorliegen eines Kriteriums, beispielsweise Zeitaufwand, das 1,58fache berechnet werden können. Treffen zwei Kriterien zusammen, so wäre der Steigerungssatz 2,16.[4]

Zunächst ist rein rechnerisch anzumerken, daß es zur Unterteilung der Regelspanne in vier Felder nicht richtig ist, die Zahl 2,3 durch vier zu teilen, was un-

---

[1] Schmatz/Goetz/Matzke, § 5 10., S. 69.
[2] Brück, § 5 Rn 11; Schmatz/Goetz/Matzke, § 5 a.a.O.
[3] Amtliche Begründung BR-Drucksache a.a.O.
[4] Brück, § 5 Rn 12.

gefähr 0,58 ergibt. Da ja die Spanne erst beim einfachen Gebührensatz beginnt („... zwischen dem Einfachen und 2,3fachen", § 5 Abs. 2 Satz 4), hätte die Zahl 1,3 durch vier geteilt werden müssen, was aufgerundet 0,33 ergibt.

Davon abgesehen widerspricht es grundsätzlich dem Sinn und auch schon dem Wortlaut des § 5 Abs. 2 Satz 1, die Höhe des Steigerungssatzes allein nach der Anzahl der vorliegenden Bemessungskriterien festzusetzen. Die Gebühren sind „unter Berücksichtigung" der Kriterien „nach billigem Ermessen zu bestimmen", eben nicht mit Hilfe der Kriterien zu errechnen. Der von Brück vorgeschlagene Weg würde das billige Ermessen des Arztes bei der Gebührenfestsetzung ausschalten zugunsten eines rein schematischen Verfahrens.

Andererseits spricht Brück wiederum davon, daß die Beurteilung dessen, was als Vergütung des Arztes angemessen ist, einem „nicht völlig zu objektivierenden Spielraum" unterliege.[1] Gerade dies ist eben der Grund für die Notwendigkeit, dem Arzt einen gewissen Ermessensspielraum zu gewähren. Bei der Komplexität medizinischer Sachverhalte und der Vielfalt denkbarer Konstellationen kann die angemessene Vergütung für eine ärztliche Leistung nicht rein rechnerisch definiert werden.

Gegen die Zuweisung eines der Höhe nach festgelegten Teilfaktors – ob 0,58 oder 0,33 – zu jedem der vier Bemessungskriterien spricht weiterhin auch, daß im Einzelfall die Kriterien in unterschiedlicher Intensität vorliegen können. Eine Leistung kann beispielsweise so schwierig und zeitaufwendig sein, daß die Anwendung des Regelhöchstsatzes oder gar des Gebührenhöchstsatzes von 3,5 gerechtfertigt ist, ohne daß auch die beiden übrigen Kriterien – Umstände und örtliche Verhältnisse – noch vorliegen müßten.

Dies gilt auch umgekehrt insofern, als z. B. die Voraussetzungen für alle vier Kriterien vorliegen können, jeweils aber nur in geringerer Intensität, so daß nicht gerade die Ausschöpfung des vollen Gebührenrahmens gerechtfertigt ist.

Es ist also abschließend festzustellen, daß hier jedem Schematismus mit Vorsicht zu begegnen ist. Ein gewisser Ermessensspielraum darf dem Arzt nicht abgesprochen werden. Ansonsten müßte auch die Vorschrift des § 5 Abs. 2 Satz 1 entgegen ihrem eindeutigen Wortlaut ausgelegt werden. Das Ermessen ist hinreichend durch den Gesichtspunkt der Billigkeit begrenzt sowie durch die als Leitlinien abschließend aufgeführten Honorarbemessungskriterien.

IV. Bedeutung der Regelspanne zwischen dem Einfachen und 2,3fachen (1,8fachen) des Gebührensatzes

Nach § 5 Abs. 2 Satz 4 hat die Bestimmung der einzelnen Gebühr in der Regel im Bereich der Spanne zwischen dem Einfachsatz und dem 2,3fachen zu erfolgen. Bei den medizinisch-technischen Leistungen reicht diese Spanne nur bis zum 1,8fachen des Gebührensatzes, § 5 Abs. 3 Satz 2.[2] Diese Werte dürfen nur überschritten werden, wenn Besonderheiten der Bemessungskriterien vorliegen, § 5

---

[1] Brück, § 5 Rn 11.
[2] Im folgenden wird, soweit keine Unterscheidung nötig ist, nur von 2,3 gesprochen. Dieselben Erörterungen gelten dann auch für die Spanne bis 1,8.

Abs. 2 Satz 4 zweiter Halbsatz. In diesen Zusammenhang gehört außerdem die Vorschrift des § 12 Abs. 2 Satz 2, die für das Überschreiten die formelle Anforderung einer schriftlichen Begründung aufstellt.

1. 2,3 als „Regelhöchstsatz"

Die Bedeutung dieser Spanne, innerhalb deren in der Regel, wenn also keine Besonderheiten vorliegen, die Gebühr zu bemessen ist, wird kontrovers beurteilt. Die unterschiedlichen Auffassungen drücken sich schon in den verschiedenen Bezeichnungen aus, die für diese Regelung gebracht werden. Teilweise sind es Formulierungen, die dem Steigerungssatz von 2,3 den Charakter eines Normsatzes beimessen, wie „Regelgebühr".[1] „Regelsatz",[2] „Normsatz",[3] „Richtsatz"[4] oder „Mittelwert".[5] Teilweise wird zum Ausdruck gebracht, daß er die Obergrenze einer Spanne ist, die Schwelle zum oberen Bereich möglicher Multiplikatoren (bis 3,5). Dies geschieht mit Begriffen wie „Regelhöchstsatz",[6] „Schwellenwert"[7] und „Regelspanne".[8]

Der Wortlaut des § 5 Abs. 2 Satz 4 erster Halbsatz spricht von der Bemessung der Gebühr *zwischen* dem Einfachen und dem 2,3fachen des Gebührensatzes. Dies steht zunächst der Einstufung des 2,3fachen als Regelgebühr, Regelsatz, Norm- oder Mittelsatz entgegen.

Es wird jedoch aus der Tatsache, daß der Faktor 2,3 der aufgerundete Mittelwert zwischen 1 und 3,5 ist, gefolgert, hiermit habe der Verordnungsgeber der zur Preugo entwickelten und noch zur GOÄ 1965 vertretenen sogenannten Mittelwerttheorie Rechnung tragen wollen.[9] Diese ist seinerzeit von der Rechtsprechung entwickelt worden[10] und erklärte den Mittelwert zwischen Mindest- und Höchstsatz (bei der GOÄ 1965 war dies 3,5) zur Beweislastverteilungsgrenze für Arzt und Patient. Weiterhin wurde davon ausgegangen, daß die Berechnung des Honorars auf der Grundlage des Mittelwerts im sogenannten Normalfall dem „billigen Ermessen" entspricht.[11] Angewendet auf die GOÄ 1982 bedeutet dies, daß im Nor-

---

[1] AG Charlottenburg Urt. v. 15. Nov. 1984 – 5 C 445/84.

[2] BVerfG MedR 1985, 123 (124) = DtÄrztebl 1985 [A] Heft 13, S. 937 (938) – in NJW 1985, 2185ff. und Arztrecht 5/1985, S. 133ff. ist die Passage nicht abgedruckt; Antwort der Bundesregierung auf eine kleine Anfrage der Abgeordneten Fuchs, ..., BT-Drucksache 10/186 vom 22. Juni 1983; Tiemann, Das Recht in der Arztpraxis, S. 188.

[3] Epping, Westfälisches Ärzteblatt 5/84, S. 393.

[4] Der Beamte im Ruhestand Nr. 5/84 o. V.

[5] Hoffmann, § 5 4., S. 4; aus den Fünten, Arzt und Krankenhaus 1983, S. 93 (94f.); ders. f & w 1984 Heft 5, S. 56 (57f.).

[6] ÄrzteZeitung 26. Okt. 1984 o. V.

[7] Wezel/Liebold, § 5, S. 55; Narr, NJW 1984, 2624; Uleer, Bundesarbeitsblatt 4/1984, S. 22 (23); Severing, zit. in DtÄrzteBl 1983 [B] Heft 43, S. 67 o. V.

[8] Köhnen/Schröder/Kusemann/Amelungk, A 74/5; Schmatz/Goetz/Matzke, § 5 12., S. 70; Wezel/Liebold, § 5, S. 55; Bundesminister des Innern, RdSchr. v. 20. 12. 1982 GMBl 1982, S. 743.

[9] Hoffmann, § 5 4., S. 4; aus den Fünten, Arzt und Krankenhaus 1983 Heft 5, S. 93 (94f.); ders. f & w 1984 Heft 5, S. 56 (57f.).

[10] LG Berlin Urt. v. 27. Juni 1963 – 13 O 238/62.

[11] Siehe auch Hoffmann, § 5 4., S. 5.

malfall 2,3 als Steigerungsfaktor anzuwenden wäre[1] und bereits bei geringfügigen Abweichungen vom Normalen überschritten werden könnte.[2]

Zur Begründung, daß auch der Wortlaut des Verordnungstextes dafür spricht, in 2,3 einen Mittelwert für den Normalfall zu sehen, wird die Formulierung „in der Regel" im § 5 Abs. 2 Satz 4 erster Halbsatz als „im Normalfall" gedeutet und dann festgestellt, daß für einen solchen nicht eine Gebührenspanne („zwischen dem Einfachen und dem 2,3fachen") eröffnet werden kann, da er ein eindeutig definierbarer Fall sei, bei dem ein Ermessensspielraum für die Gebührenbemessung nicht angebracht sei. Der Normalfall, also ein Fall von mittlerer Schwierigkeit, durchschnittlichem Zeitaufwand, normalen Umständen bei der Ausführung und üblichen örtlichen Verhältnissen könne deshalb nur zum Ansatz einer Gebühr in Höhe des Mittelwerts von 2,3 führen.[3]

Zu fragen ist jedoch, wo bei dieser Argumentation für den sogenannten „Normalfall" noch Raum für das vom Verordnungsgeber ausdrücklich eingeräumte „billige Ermessen" bei Bestimmung des Steigerungssatzes sein soll.

Im übrigen muß festgestellt werden, daß im Verordnungstext der Begriff des Normalfalles gerade nicht gebraucht wird. Auch kann die Formulierung „in der Regel" nicht als „im Normalfall" gedeutet werden. Denn wenn damit eine bestimmte durchschnittliche Fallkonstellation gemeint wäre, so gäben tatsächlich die Worte „... zwischen dem Einfachen und dem 2,3fachen ..." keinen Sinn, denn dann gäbe es keinen Grund mehr für einen Gebührenrahmen. Auch für eine Ermessensausübung des Arztes nach § 5 Abs. 2 Satz 1 bliebe kein Raum.

2,3 ist nicht genannt als ein Wert, der in bestimmten („normalen") Fällen anzuwenden ist, sondern als Grenze für einen Rahmen, innerhalb dessen das Honorar zu bemessen ist, wenn nicht Besonderheiten (§ 5 Abs. 2 Satz 4 zweiter Halbsatz) vorliegen. Das Gros der Arztrechnungen soll innerhalb dieser Spanne abgewickelt werden.[4]

Ein medizinischer Normalfall läßt sich gar nicht definieren. Deshalb ist es auch nicht richtig, hierfür einen Mittelsatz zwischen 1 und 2,3, also bei 1,65 anzusetzen.[5] Gegen die Übertragung des zur GOÄ 1965 vertretenen Mittelwertgedankens spricht im übrigen, daß deren Mindestsätze seit 1965 nicht mehr angehoben worden waren, weshalb die Ärzte zum Ausgleich der zwischenzeitlich eingetretenen wirtschaftlichen Entwicklung ein Mehrfaches der Einfachsätze liquidierten und sich so die durchschnittliche Gebührenhöhe auf der Grundlage des Mittelwertes von 3,5 (zwischen 1 und 6) bewegte. Im Gebührenverzeichnis der neuen GOÄ sind aber die Einfachsätze angehoben worden auf das Niveau der Sätze der gesetzlichen Krankenversicherungen. Damit besteht hier eine andere Ausgangssituation als bei der GOÄ 1965, bei der der Mittelwertgedanke seine Berechtigung gehabt haben mag.

Nach der Regelung des § 5 Abs. 2 Satz 4 erster Halbsatz hat der Arzt, ohne von einem Richtsatz ausgehen zu müssen, die einzelne Leistung innerhalb der Spanne zu bemessen.

---

[1] So Hoffmann a. a. O.; aus den Fünten Arzt u. Krankenhaus 1983, 93 (94 f.).
[2] Aus den Fünten a. a. O.
[3] Hoffmann, § 5 5., S. 5 f.
[4] Brück, § 5 Rn 16.
[5] So aber AG Bad Homburg Urt. v. 29. 05. 1984 - 2 C 331/84, S. 9 (in NJW 1984, 2637 sind die Ausführungen nicht mit abgedruckt); Brück, § 5 Rn 16.

Der Steigerungssatz von 2,3 ist nur Obergrenze einer Gebührenspanne. Deshalb sollte er als „Regelhöchstsatz" oder „Schwellenwert" bezeichnet werden und der Spielraum des § 5 Abs. 2 Satz 4 erster Halbsatz als „Regelspanne".

2. Liquidationsverhalten der Ärzte

Die Erörterungen zur Bedeutung der Regelspanne haben überwiegend theoretische Bedeutung, da die Ärzte zu einem hohen Prozentsatz bei der Honorarbemessung immer gleich den Schwellenwert zugrunde legen. Dies bedeutet eine Liquidation bei Privatpatienten in Höhe von 230 v. H. der Sätze der gesetzlichen Krankenkassen.[1] Da Beihilfe und private Krankenversicherung solche Rechnungen im allgemeinen akzeptieren, wird es in diesem Bereich auch kaum zu Rechtsstreitigkeiten kommen, die zu einer Änderung führen könnten.

Zahlen aus dem Jahre 1983 haben ergeben, daß bei den niedergelassenen Ärzten 78,96 v. H. der Abrechnungen für persönliche Leistungen exakt auf der Basis des Schwellenwertes erfolgten. Im Bereich der medizinisch-technischen Leistungen waren es 85,36 v. H.

Die Chefärzte berechneten bei persönlichen Leistungen in 69,6 v. H., bei technischen in 77,15 v. H. der Fälle den Regelhöchstsatz. Allerdings lagen 14,8 v. H. (11,31 v. H. bei technischen Leistungen) darüber, d. h. unterhalb des Schwellenwertes wurde kaum liquidiert.[2]

Aus psychologischer Sicht kann man möglicherweise sagen, daß die Einführung des Schwellenwertes, bei dessen Überschreitung eine besondere schriftliche Begründung erforderlich ist (§ 12 Abs. 2 Satz 2), einen gewissen Anreiz bietet, die Regelspanne voll auszunutzen. Jedenfalls wird durch diesen Trend zur generellen Berechnung des 2,3fachen, bzw. 1,8fachen Gebührensatzes aus der Befürchtung der Ärzteschaft, der Verordnungsgeber arbeite auf eine Einheitsgebühr hin,[3] tatsächlich nahezu eine Festgebühr.

V. Das Überschreiten der Regelspanne

1. Die Besonderheitenregel des § 5 Abs. 2 Satz 4 zweiter Halbsatz

Die Berechnung einer Gebühr oberhalb des Regelhöchstsatzes ist nach § 5 Abs. 2 Satz 4 zweiter Halbsatz nur zulässig, wenn Besonderheiten bei den Bemessungskriterien dies rechtfertigen. Der Unterschied zur Bestimmung des Steigerungsfaktors innerhalb der Regelspanne ist also lediglich gradueller Natur: Hier wie dort gelten die Gesichtspunkte der Schwierigkeit, des Zeitaufwands, der Umstände bei der Ausführung und der örtlichen Verhältnisse. Jedoch muß für den Gebühren-

---

[1] Siehe auch die Amtliche Begründung BR-Drucksache 295/82 v. 19. 07. 1982, S. 14.

[2] Zahlen aus Epping, Westfälisches Ärzteblatt 5/84, S. 393 f.; Uleer, Bundesarbeitsblatt 4/1984, S. 22 (23 f.).

[3] Siehe u. a. Gursky, DtÄrzteBl 1982 [B] Heft 33, S. 12; DtÄrzteBl 1982 [A/B] Heft 24, S. 1 o. V.; DtÄrzteBl 1982 [B] Heft 39, S. 19 o. V. DtÄrzteBl 1983 [C] Heft 5, S. 1 o. V.

rahmen zwischen dem 2,3- und 3,5fachen (1,8- und 2,5fachen bei technischen Leistungen) die Leistungserbringung unter Berücksichtigung dieser Kriterien vom Typischen und Durchschnittlichen in erkennbarer Weise abweichen, so daß es berechtigt ist, von „Besonderheiten" zu sprechen. Diese müssen eine schlüssige Folgerung auf die Notwendigkeit einer oberhalb des Schwellenwertes liegenden Gebührenbemessung zulassen.

Dem Verordnungstext kann nicht entnommen werden, daß die Überschreitung der Regelspanne nur dann zulässig ist, wenn Besonderheiten im Hinblick auf mehrere Bemessungskriterien vorliegen.[1] Im Einzelfall kann beispielsweise die Schwierigkeit bei der Ausführung der einzelnen Leistung derart groß sein, daß allein schon deshalb der Ansatz eines über 2,3 liegenden Steigerungssatzes berechtigt ist. Regelmäßig wird zwar, wenn Besonderheiten bei einem Kriterium vorliegen, dies auch ein weiteres Merkmal umfassen. So werden sich meist eine besondere Schwierigkeit der Leistung oder besondere, vom Üblichen erkennbar abweichende Umstände bei der Ausführung auch in einem erhöhten Zeitaufwand ausdrücken. Denknotwendig und Voraussetzung für § 5 Abs. 2 Satz 4 zweiter Halbsatz ist dies jedoch nicht.

Ebenso wie bei der Gebührenbemessung bis zum Regelhöchstsatz gilt auch hier der Grundsatz, daß die Gebühr innerhalb der Spanne *bis zum* 3,5fachen liegen kann. Das Vorliegen von Besonderheiten rechtfertigt nicht ohne weiteres das volle Ausschöpfen der Spanne durch Berechnung des Höchstsatzes von 3,5.[2]

Innerhalb der Kriterien muß eine Abstufung insofern erfolgen, als die „örtlichen Verhältnisse" allein, ohne daß noch Besonderheiten anderer Kriterien vorliegen, nur in seltenen, ganz besonders gelagerten und begründeten Ausnahmefällen ein Überschreiten der Regelspanne rechtfertigen können.[3] Diese im Rahmen des Beihilferechts entwickelte Ansicht ist insofern berechtigt, als das Kriterium der örtlichen Verhältnisse eine Sonderstellung hat, da es als einziges nicht leistungsbezogen ist.[4] Deshalb wurde bereits oben gesagt, daß seine Bedeutung für die Gebührenbemessung überhaupt gering ist.[5,6] Häufig wird als Grund für eine Liquidation über 2,3 die ambulante Durchführung von Operationen genannt.[7] Wie aber bereits gesagt,[8] sind die Wirtschaftlichkeitsgesichtspunkte, die dafür spre-

---

[1] So aber Brück, § 5 Rn 11. Er muß bei seiner schematisierenden Betrachtungsweise zu diesem Ergebnis kommen, da er jedem Bemessungskriterium einen rechnerisch ermittelten feststehenden Teilfaktor zuweist (s. o., S. 53 f.). Nur die Summe mehrerer Teilfaktoren, das heißt also mehrerer Bemessungskriterien, kann dann einen höheren Multiplikator ergeben.

[2] Schmatz/Goetz/Matzke, § 5 13., S. 71.

[3] Bundesminister des Innern, RdSchr. vom 18. 08. 1983 GMBl 1983, S. 388; Bayerisches Staatsministerium des Inneren, zit. in selecta 14, 08. April 1985 o. V.; anderer Ansicht Köhnen/Schröder/Kusemann/Amelungk, die bei Citylagen in Großstädten ein geringfügiges Überschreiten der Regelspanne zu zulässig halten.

[4] Dies wird auch in der Amtlichen Begründung, BR-Drucksache 295/82, S. 14 hervorgehoben.

[5] Siehe S. 52.

[6] In diesem Sinne auch VG Berlin, Urt. v. 31. 01. 1985 - VG 7 A 171.84, das die Lage der Praxis in der Ortsmitte von Tegel sowie das Vorhandensein eines eigenen Wartebereichs für Privatpatienten nicht als örtliche Verhältnisse akzeptiert hat, die ein Überschreiten des Schwellenwertes gerechtfertigt hätten.

[7] Köhnen/Schröder/Kusemann/Amelungk, A 74/5; ÄrzteZeitung 15. 03. 1984 o. V.; ÄrzteZeitung 05. Juli 1984 o. V.

[8] Siehe oben, S. 51.

chen, einen Anreiz zum kostengünstigeren ambulanten Operieren (wenn dies möglich ist) zu schaffen, keine eigenständigen Honorarbemessungskriterien im Sinne des § 5 Abs. 2. Wenn auch in der Erstattungspraxis der Hinweis auf eine Operation im Rahmen der Ambulanz als alleiniger Grund für ein Überschreiten der Regelspanne akzeptiert wird,[1] so ist doch festzuhalten, daß im streng gebührenrechtlichen Sinne dies nicht gelten kann. Vielmehr muß dargelegt werden, daß das ambulante Operieren sich auf eines der Bemessungskriterien des § 5 Abs. 2 Satz 1 im Sinne eines Abweichens vom Üblichen, Durchschnittlichen auswirkt. Dies kann z. B. beim Kriterium der Umstände bei der Ausführung der Fall sein, wenn eine spezielle Praxisausstattung unmittelbare Voraussetzungen für das ambulante Operieren als besondere Art der Leistungserbringung ist.[2]

Auch kann die Sonderstellung des Arztes (Chefarzt, Professor, Kapazität), da sie nach der GOÄ kein eigenes Honorarbemessungskriterium darstellt, nicht für sich genommen eine Überschreitung der Regelspanne begründen.[3] Erbringt er eine besonders schwierige Leistung, so berechtigt dies das höhere Honorar.

Die Tatsache, daß die Anwendung eines über dem 2,3fachen (1,8fachen) liegenden Steigerungssatzes nur unter besonderen Voraussetzungen zulässig ist, bekommt noch eine weitere Bedeutung durch die Anforderung des § 12 an die Rechnungslegung: Das Überschreiten ist schriftlich zu begründen (§ 12 Abs. 2 Satz 2), d.h. es reicht nicht, wie innerhalb der Regelspanne, die billige Ermessensausübung durch den Arzt aus, sondern er muß die Besonderheiten, die er für gegeben hält, in der Rechnung schriftlich benennen.[4]

2. *Liquidationsverhalten der Ärzte*

Ein Blick auf die Praxis ergibt hinsichtlich des Liquidationsverhaltens folgendes Bild:[5] 1983 überschritten 4,48 v. H. (10,37 v. H. bei technischen Leistungen) der Abrechnungen der niedergelassenen Ärzte den Schwellenwert, während sie sich zu 16,56 (4,27) v. H. innerhalb der Regelspanne hielten. 78,96 (85,36) v. H. liquidierten genau den Schwellenwert.[6]

Bei den Chefärzten ist das Verhältnis umgekehrt: Sie lagen in 22,46 (17,91) v. H. über 2,3 (1,8) und in 7,96 (4,94) v. H. darunter, während 69,58 (77,15) v. H. den Schwellenwert berechneten.[7]

Im Bereich der ambulanten Behandlung lag 1983 der durchschnittliche Steigerungssatz für persönliche Leistungen bei 2,29 (also knapp unter dem Schwellenwert) bei medizinisch-technischen bei 1,86 (also knapp darüber).

Die Rechnungen im stationären Bereich lagen mit 2,61fach bei persönlichen und 1,88 bei technischen Leistungen im Durchschnitt oberhalb der Regelspanne.

---

[1] Siehe Köhnen/Schröder/Kusemann/Amelungk a. a. O.; ÄrzteZeitung a. a. O.

[2] In diesem Sinne auch Schmatz/Goetz/Matzke, § 5 7., S. 68.

[3] So auch die Amtliche Begründung a. a. O.; Brück, § 5 Rn 17; Köhnen/Schröder/Kusemann/Amelungk a. a. O.; Narr, Arzt und Wirtschaft 13/83, S. 12 (21).

[4] Dazu siehe unten, S. 65, 68ff.

[5] Zahlen aus Epping, Westfälisches Ärzteblatt 5/84, S. 393; Uleer, Bundesarbeitsblatt 4/1984, S. 22 (24).

[6] Siehe oben, S. 57.

[7] Siehe oben, S. 57.

VI. Entsprechende Bewertung nicht im Gebührenverzeichnis enthaltener Leistungen

Die GOÄ 1982 geht im Grundsatz davon aus, daß das Gebührenverzeichnis eine abschließende Zusammenstellung der berechnungsfähigen ärztlichen Leistungen ist. Sie enthält nicht etwa eine Generalklausel für eine Pauschalabrechnung unabhängig vom Leistungsverzeichnis für dort nicht aufgeführte ärztliche Verrichtungen.

Durch die fortschreitende medizinische Entwicklung werden sich aber immer wieder neue Leistungen ergeben, die zur Zeit des Erlasses der GOÄ noch nicht bekannt waren. Im übrigen sind von vornherein ärztliche Verfahren außerhalb des schulmedizinischen Bereichs wie beispielsweise homöopathische und naturheilkundliche Methoden nicht im Gebührenverzeichnis berücksichtigt worden.

Für diese Fälle enthält § 6 ein Selbstergänzungsrecht des Arztes, das allerdings an bestimmte Voraussetzungen gebunden ist. Die Selbstergänzung setzt eine im Leistungsverzeichnis nicht enthaltene selbständige ärztliche Leistung voraus. Diese kann analog zu einer dort aufgeführten Leistung bewertet werden. Eine Orientierung am Leistungsverzeichnis der GOÄ ist also auch bei dieser Art der Gebührenbestimmung gefordert.

1. Selbständige, nicht im Gebührenverzeichnis aufgeführte Leistung

Eine ärztliche Verrichtung, die sich als Bestandteil einer Leistung aus dem Gebührenverzeichnis darstellt, kann keine eigene Gebühr aufgrund analoger Bewertung rechtfertigen. Es muß sich vielmehr um eine „selbständige" ärztliche Leistung handeln.

Weshalb sie nicht ins Gebührenverzeichnis aufgenommen wurde, etwa weil ihr als „Außenseitermethode" eine geringere Bedeutung beigemessen wird, darf bei der Beurteilung der Möglichkeit einer entsprechenden Bewertung keine Rolle spielen.[1] Es muß sich nur um eine ärztliche Leistung handeln, nicht also etwa um die eines Heilpraktikers.

2. Keine besondere Ausführung einer anderen Leistung

Nach § 6 darf es sich bei der analog zu bewertenden Leistung auch nicht um die besondere Ausführung einer anderen Verrichtung handeln. Solche Besonderheiten werden durch die Bemessungskriterien des § 5 erfaßt. Sie rechtfertigen nicht den Ansatz einer eigenen Gebührenposition.

---

[1] Schmatz/Goetz/Matzke, § 6 1., S. 72.

3. Gleichwertige Leistung

Die Vergütung richtet sich nach dem für eine gleichwertige Leistung vorgesehenen Satz. Wie die Gleichwertigkeit zu ermitteln ist, wird vom Verordnungsgeber nicht näher bestimmt.

Von den wesentlichen Ausführungselementen ausgehend ist eine Leistung dann in etwa gleichwertig, wenn der erforderliche Zeitaufwand und Sacheinsatz (Material, Apparate) sowie der Schwierigkeitsgrad und die Art der Leistung als solche (Fachgebiet) ähnlich sind.[1] In Zweifelsfällen empfiehlt sich eine Nachfrage bei der zuständigen Ärztekammer.[2]

Die Bundesärztekammer hat Grundsätze für die Empfehlung analoger Bewertungen aufgestellt, um eine möglichst einheitliche Handhabung des § 6 im Bundesgebiet sicherzustellen.[3]

VII. Keine gesonderte Berechnung der Praxiskosten

Für die Gebührenbemessung auf der Grundlage der GOÄ soll der Arzt nach dem Willen des Verordnungsgebers nicht die für die Einrichtung und Aufrechterhaltung seiner Praxis entstehenden Kosten berücksichtigen. Dies ergibt sich aus § 4 Abs. 3, wonach die Praxiskosten mit den Gebühren abgegolten sind. Hierzu zählen beispielsweise die Aufwendungen für Raummiete, Mobiliar, Geräte und Instrumente sowie Personalkosten.[4]

---

[1] Wezel/Liebold, § 6, S. 57.

[2] Tiemann, Das Recht in der Arztpraxis, S. 190.

[3] Siehe die „Betriebsanleitung für die analoge Bewertung" in DtÄrzteBl 1984 [B] Heft 8, S. 485 o. V. Es handelt sich hierbei, wie die Bundesärztekammer herausstellt, nicht etwa um kartellrechtswidrige Preisempfehlungen, sondern um die Feststellung des Fehlens einer Leistung im Gebührenverzeichnis und der Gleichwertigkeit einer anderen ärztlichen Verrichtung.

[4] Zur Frage der Anwendbarkeit des § 4 Abs. 3 auf den im Krankenhaus tätigen Arzt wird auf die Regelung des § 6 a Abs. 1 verwiesen.

I. Anforderungen an die Rechnungslegung bei Gebührenbemessung nach der GOÄ

I. Fälligkeit des ärztlichen Vergütungsanspruchs, Verjährung

Als Ergebnis der Gebührenbemessung nach der Vorschrift des § 5 macht der Arzt seinen Honoraranspruch in einer Rechnung gegenüber dem Patienten geltend.
Für die Fälligkeit seiner Forderung ist von § 614 BGB auszugehen, aus dem sich ergibt, daß der Arzt als Dienstverpflichteter vorleistungspflichtig ist. Seine Vergütung kann er also erst nach Erbringung der ärztlichen Leistungen verlangen.
Darüberhinaus bestimmt § 12 Abs. 1 GOÄ, daß der Fälligkeitszeitpunkt bis zur Erteilung einer „dieser Verordnung entsprechenden Rechnung" an den Zahlungspflichtigen hinausgeschoben ist. Die Voraussetzungen hierfür ergeben sich insbesondere aus Abs. 2 der Vorschrift.
Regelmäßig wird die Rechnungslegung nach Abschluß der Behandlung erfolgen. Der Arzt ist jedoch nicht gehindert, eine Rechnung schon zu erteilen, bevor der Behandlungsvertrag voll erfüllt ist, wenn die einzelne ärztliche Leistung für sich betrachtet einen selbständigen Wert für den Patienten hat.[1] Ist nicht eine einheitliche Behandlung vereinbart, so entsteht der Honoraranspruch grundsätzlich nach jeder einzelnen Konsultation,[2] kann dann also jeweils in Rechnung gestellt werden. Bei länger andauernden Behandlungen werden üblicherweise in größeren Zeitabständen die für mehrere Konsultationen angefallenen Beträge liquidiert.
Fällig werden die Ansprüche nach der Regelung des § 12 GOÄ erst, wenn dem Zahlungspflichtigen vom Arzt eine Rechnung erteilt wird, die inhaltlich den Anforderungen des § 12 Abs. 2 entspricht.
Zu beachten ist in diesem Zusammenhang, daß die Bestimmung des Fälligkeitszeitpunktes maßgebend ist für den Beginn der Verjährung des Honoraranspruchs. Die Verjährungsfrist beträgt nach § 196 Abs. 1 Nr. 14 BGB zwei Jahre und beginnt gemäß § 201 mit Abschluß des Jahres, in dem die Fälligkeit eingetreten ist.[3]
Der Arzt hat es also in der Hand, mit der Rechnungslegung den Zeitpunkt des Beginns der Verjährungsfrist zu bestimmen. Dies kann für den Patienten beispielsweise nachteilig sein, wenn er Einwände gegen die Honorarforderung geltend machen will und durch verzögerte Rechnungslegung so viel Zeit vergangen ist, daß er sich nunmehr in Beweisschwierigkeiten befindet.

---

[1] Schmatz/Goetz/Matzke, § 12 1., S. 87.
[2] Laufs, Rn 69; Tiemann, Das Recht in der Arztpraxis, S. 186.
[3] Mit der „Entstehung des Anspruchs" nach § 198 BGB ist der Zeitpunkt der erstmaligen Möglichkeit klageweiser Geltendmachung gemeint, d. h. grundsätzlich der Fälligkeitszeitpunkt, Palandt-Heinrichs, § 198 1) a).

Ein Blick auf die entsprechende Regelung in der BRAGO zeigt, daß der Mandant besser gestellt ist als der Patient: Nach § 18 Abs. 1 Satz 2 BRAGO braucht er ebenfalls erst dann zu zahlen, wenn ihm vom Anwalt eine Rechnung mitgeteilt wird. Die BRAGO unterscheidet aber von diesem Zeitpunkt der Einforderbarkeit den der Fälligkeit. Fällig ist der Honoraranspruch nach § 16 BRAGO bereits mit Erledigung des Auftrags oder Beendigung der Angelegenheit. Hieran knüpft der Verjährungsbeginn an und nicht an die Mitteilung der Rechnung, wie § 18 Abs. 1 Satz 2 BRAGO ausdrücklich hervorhebt.

Das heißt, der Mandant braucht einerseits vor der Rechnungslegung nicht zu zahlen und verliert andererseits durch verzögerte Rechnungslegung nichts im Hinblick auf die Verjährung.

Eine solche spezielle Unterscheidung zwischen Fälligkeit und Einforderbarkeit kennt die GOÄ nicht.

Eine analoge Heranziehung des § 18 Abs. 1 Satz 2 BRAGO scheidet schon deshalb aus, weil die GOÄ im Hinblick auf die Fälligkeit und damit auch im Hinblick auf die Verjährung keine Regelungslücke enthält: Mit Rechnungslegung tritt Fälligkeit ein, mit Fälligkeit beginnt die Verjährung zu laufen. Allein die Tatsache, daß die GOÄ den Patienten nicht in derselben Weise begünstigt wie die BRAGO den Mandanten, begründet keine ausfüllungsbedürftige Regelungslücke.

Im übrigen läßt sich der Gedanke des § 18 Abs. 1 Satz 2 BRAGO auch nicht auf die GOÄ übertragen, da sie den Fälligkeitszeitpunkt anders bestimmt als § 16 BRAGO.

Eine Fälligkeitsregelung wie in § 12 Abs. 1 GOÄ findet sich in § 8 Abs. 1 HOAI: Das Architektenhonorar wird erst fällig, wenn eine prüffähige Schlußrechnung erteilt worden ist. Auch hier wird nicht in Zweifel gezogen, daß erst mit diesem Zeitpunkt die Verjährungsfrist zu laufen beginnt.[1]

Unbilligkeiten im Einzelfall infolge verzögerter Rechnungslegung durch den Arzt kann nach den allgemeinen Regelungen begegnet werden: Treten neben das Zeitmoment weitere Umstände, die einen Vertrauenstatbestand für den Patienten begründen, so kann der Honoraranspruch verwirkt sein. Welche Umstände dies sein können, ist eine Frage des jeweiligen Einzelfalles.

II. Mindestinhalt der Rechnung

Zum Zwecke der Transparenz und Nachprüfbarkeit ärztlicher Honorargestaltung sind in § 12 Abs. 2 verschiedene Angaben genannt, die die Rechnung enthalten muß. Aus dem Wort „insbesondere" kann entnommen werden, daß es sich nur um den formulierten Mindestinhalt handelt, nicht um eine abschließende Bestimmung.

---

[1] Siehe u. a. Hesse/Korbion/Mantscheff, § 8 Rn 17.

1. Das Datum der Leistungserbringung

Durch Angabe des Datums auf der Rechnung muß für jede einzelne Leistung[1] erkennbar sein, wann der Arzt sie erbracht hat. Aus Gründen der Übersichtlichkeit sollten die Positionen nach Datenfolge geordnet werden, d.h. sämtliche an einem Tage durchgeführten Leistungen sind dem Datum zuzuordnen. Nicht sollen umgekehrt die Daten den Leistungsnummern zugeordnet werden, wenn z.B. mehrmals die gleiche Leistung erbracht worden ist.[2] Die Systematik nach Daten entspricht eher dem Bild in der Erinnerung des Patienten.

Auch sich häufig wiederholende Leistungen, beispielsweise Visiten bei längerem Krankenhausaufenthalt des Patienten, sind einzeln dem jeweiligen Datum zuzuordnen – § 12 Abs.2 macht auch insofern keine Ausnahme. Eine Formulierung wie „Visiten vom ... bis ... täglich" würde die nach § 12 Abs.2 Satz 1 Nr.2 erforderliche Nennung des Steigerungssatzes für die jeweilige einzelne Leistung unmöglich machen, was wiederum darauf schließen ließe, daß der Arzt ihn auch nicht der Vorschrift des § 5 Abs.2 gemäß für jede einzelne Verrichtung nach billigem Ermessen bestimmt hat.

Die Visiten können, je nach Stadium der Behandlung des Patienten – z.B. kurz vor einer Operation, kurz danach und später – einen unterschiedlichen Multiplikator rechtfertigen. Wenn es dabei auch Phasen gibt, in denen es wegen der Gleichförmigkeit naheliegt, die Leistung nur einmal zu nennen und einen Zeitraum anzugeben, sollte doch, um dem Eindruck einer pauschalierenden Honorargestaltung entgegenzuwirken und wegen der keine Ausnahmen zulassenden Formulierung des § 12 Abs.2, jede einzelne Visite oder sonstige sich häufig wiederholende Verrichtung mit Angabe des Datums in der Rechnung aufgeführt werden.

2. Nummer und Bezeichnung der einzelnen erbrachten Leistung

Dem Datum ist bei Gebühren (in Abgrenzung zu Entschädigungen und Auslagen, § 3) die Nummer der einzelnen erbrachten Leistung zuzuordnen und darüberhinaus auch deren Bezeichnung, § 12 Abs.2 Satz 1 Nr.2, d.h. die Leistungsbeschreibung. Diese umfaßt aber im Gebührenverzeichnis häufig einen mehrzeiligen Text. Deshalb räumt schon die Amtliche Begründung[3] ein, daß statt der vollen Leistungsbeschreibung auch Kurzbezeichnungen angegeben werden können, wenn diese aus sich heraus verständlich sind und die Leistung umfassend beschreiben. Im übrigen läßt die Verordnung ausdrücklich anstelle der Bezeichnung der einzelnen Leistung auch zu, der Rechnung eine Zusammenstellung beizufügen, der die Bezeichnung für die abgerechneten Leistungsnummern entnommen werden kann, § 12 Abs.2 Satz 4. Es kann also ein Auszug aus dem Gebührenverzeichnis beigelegt oder auf der Rückseite der Rechnung abgedruckt werden. Dies ist eine erhebliche praktische Erleichterung, da bei den einzelnen Facharztgruppen ca. 90 v.H. aller Leistungen auf nur 50 Gebührenpositionen entfallen.[4]

---

[1] Siehe den Singular bei „*der* Erbringung *der* Leistung" (Hervorhebung durch die Verfasserin).
[2] Brück, § 12 Rn 3.
[3] BR-Drucksache 295/85, S.15.
[4] Zahlen aus der Amtlichen Begründung a.a.O.

3. Betrag und Steigerungssatz

Wenn § 12 Abs. 2 Satz 1 Nr. 2 verlangt, daß der „jeweilige Betrag" in der Rechnung angegeben wird, so ist damit für jede Leistung der tatsächlich berechnete Betrag gemeint, nicht die Punktzahl und auch nicht der Einfachsatz.[1]
Die Beziehung zum Einfachsatz wird dadurch hergestellt, daß der Steigerungssatz genannt werden muß. Dieser ist für jede einzelne Leistung anzugeben, wie er ja auch in materieller Hinsicht nach § 5 für die einzelne Verrichtung vom Arzt nach billigem Ermessen zu bestimmen ist.[2]

4. Schriftliche Begründung bei Überschreiten der Regelspanne

Liegen Besonderheiten vor, die den Arzt nach § 5 Abs. 2 Satz 4 zweiter Halbsatz, bzw. nach § 5 Abs. 3 Satz 2 berechtigen, eine Gebühr oberhalb des Regelhöchstsatzes zu bestimmen, so muß er hierfür eine schriftliche Begründung geben. In einer Honorarrechnung muß eine solche Begründung naturgemäß kurz sein. Insofern schreibt § 12 Abs. 2 Satz 3 auch vor, daß sie auf Verlangen des Patienten bzw. Zahlungspflichtigen näher zu erläutern ist. Daraus wird geschlossen, daß zunächst eine stichwortartige Kurzbegründung ausreicht.[3]

5. Bezeichnung auf Verlangen erbrachter Leistungen

Nach § 1 Abs. 3 hat der Arzt nur Leistungen zu berechnen, die nach den Regeln der ärztlichen Kunst für eine medizinisch notwendige ärztliche Versorgung erforderlich sind. Sofern sie im letzteren Sinne nicht erforderlich sind, kann er die Leistungen dann in Rechnung stellen, wenn er sie auf Verlangen des Patienten erbracht hat.
Dann sollen sie in der Rechnung als solche bezeichnet werden, § 12 Abs. 2 Satz 5.[4]

6. Nennung des Minderungsbetrages nach § 6a Abs. 1

Im Zuge der Harmonisierung von GOÄ und Bundespflegesatzverordnung ist durch die zweite Änderungsverordnung zur GOÄ ein § 6a geschaffen worden, der den Arzt verpflichtet, bei stationären und teilstationären privatärztlichen Leistun-

---

[1] Wezel/Liebold, § 12, S. 61.
[2] Näher zur Angabe des Steigerungssatzes weiter unten, S. 68 f.
[3] So schon die Amtliche Begründung a. a. O.; Hoffmann, § 12 4., S. 5; Schmatz/Goetz/Matzke, § 12 4., S. 89; Näheres zum Thema Begründungspflicht unten, S. 69 f.
[4] Grund für diese vom Bundesrat noch eingefügte Bestimmung ist nach BR-Drucksache 295/82 vom 29. 10. 1982 – Anlage – die Tatsache, daß solche Leistungen nicht beihilfefähig sind und auch von der privaten Krankenversicherung nicht erstattet werden. Zur fehlenden Beihilfefähigkeit siehe Bundesminister des Innern, RdSchr. vom 20. 12. 1982 GMBl 1982, S. 743 (744); Köhnen/Schröder/Krusemann/Amelungk A 74/3.

gen die nach der GOÄ berechneten Gebühren um 15 v. H. zu mindern.[1] Dieser Betrag ist nach § 12 Abs. 2 Satz 1 Nr. 5 in der Rechnung auszuweisen.

7. Angaben bei Entschädigungen und Auslagen

Liegen die Voraussetzungen für die Berechnung von Entschädigungen vor (Wegegeld nach § 8 oder Reiseentschädigung nach § 9), dann ist in der Rechnung neben dem Betrag auch anzugeben, ob es sich um Wegegeld oder Reiseeentschädigung handelt und wie der in Rechnung gestellte Betrag sich errechnet, § 12 Abs. 2 Satz 1 Nr. 3. Fordert der Arzt Ersatz von Auslagen nach § 10, dann muß er nach § 12 Abs. 2 Satz 1 Nr. 4 neben dem Betrag auch die Art der Auslage bezeichnen (z. B. Arznei- und Verbandmittel, sonstige Materialien, die der Patient zur weiteren Verwendung behalten hat oder die mit einmaliger Verwendung verbraucht sind, § 10 Abs. 1, oder Versand- und Portokosten nach § 10 Abs. 2).

8. Kennzeichnung bei Analogbewertung

Eine weitere Anforderung an die Rechnungslegung, die aber nur in Ausnahmefällen zum Tragen kommt, bestimmt § 6 Satz 2 für den Fall, daß die Gebühr für eine nicht im Leistungsverzeichnis genannte Verrichtung durch Analogbewertung ermittelt worden ist. In diesem Fall muß der Arzt in der Rechnung die entsprechend bewertete Leistung für den Zahlungspflichtigen verständlich beschreiben und mit dem Hinweis „entsprechend" sowie der Nummer und der Bezeichnung der als gleichwertig erachteten Leistung versehen.

III. Verfassungsrechtliche Bedenken

Die Anforderungen, die § 12 an die Rechnungslegung stellt, stießen vor allem in der Ärzteschaft auf heftige Kritik.[2]

1. Deckung durch die Ermächtigungsgrundlage

Soweit bezweifelt wird, daß die Bestimmung des § 12 über die inhaltliche Gestaltung der Arztliquidation von § 11 BÄrzteO gedeckt ist,[3] muß dem entgegengehalten werden, daß inhaltlich mit der Regelung der Entgelte auch die Rechnungslegung in einem engen Zusammenhang steht. Die Befugnis zur Regelung des ärztlichen Gebührenwesens umfaßt deshalb nicht nur den Erlaß von Bestimmungen über die Höhe, sondern auch von solchen über die Abrechnung der Gebüh-

---

[1] Näheres hierzu unter P), S. 129 ff.
[2] Siehe z. B. DtÄrztebl 1982 [A/B] Heft 24, S. 17 (21 f.) o. V.
[3] Hoffmann, § 12 2., S. 3; DtÄrztebl a. a. O., S. 22.

ren.[1] Deshalb haben die Bedenken hinsichtlich der Deckung durch die Ermächtigungsgrundlage keinen Bestand.

2. Einschränkung der Berufsausübungsfreiheit

Die Formalisierung des Rechnungswesens als Berufsausübungsregelung[2] müßte, um nicht einen unzulässigen Eingriff in das Grundrecht des Art. 12 GG darzustellen, in einem angemessenen Verhältnis zu den Interessen des Gemeinwohls stehen, deren Wahrung sie dienen soll. Die ärztlicherseits erhobenen Einwände könnten dies fraglich erscheinen lassen: Der Arzt werde mit einem Übermaß an bürokratischem Verwaltungsaufwand belastet, das ihn von seiner ärztlichen Tätigkeit abhalte. Insbesondere seien die zusätzliche Angabe des Steigerungssatzes neben dem geforderten DM-Betrag für jede einzelne Leistung, die Begründungspflicht bei Überschreiten des Schwellenwertes bei den einzelnen Leistungen und die Pflicht zur Kenntlichmachung von auf Verlangen erbrachten medizinisch nicht notwendigen Leistungen für den Arzt eine Zumutung. Ein derartiger Bürokratismus diene nicht dem Zahlungspflichtigen sondern nur dem Sachbearbeiter der Beihilfestelle oder privaten Krankenversicherung.[3] Die Angabe des Steigerungssatzes sei überflüssig, da er sich aus dem in Rechnung gestellten Betrag und dem Vergütungssatz des Gebührenverzeichnisses ergebe. Auch die Bezeichnung der einzelnen Leistung ergebe sich, wenn die Nummer angegeben ist, aus dem Gebührenverzeichnis und brauche deshalb nicht ausdrücklich in der Rechnung zu stehen. Die Begründung bei Überschreiten der Regelspanne bedeute für den Arzt einen so hohen Verwaltungsaufwand, daß er nicht in der Lage sei, diesem Erfordernis gerecht zu werden.[4]

Diesen Einwänden gegenüberzustellen ist der mit der Vorschrift des § 12 verfolgte Zweck: Die Bestimmungen sollen den Arzt veranlassen, die Rechnung so zu erstellen, daß sie für den Patienten transparent und nachprüfbar ist.[5]

Die von den Kritikern für ausreichend gehaltene Beschränkung der Angaben auf die Leistungsnummern, ohne die Bezeichnung der berechneten Leistung zu nennen, entspricht der Praxis unter Geltung der alten GOÄ. Hier konnte der Zahlungspflichtige eine Rechnung nur nachprüfen, wenn er sich einen Text der Gebührenordnung verschaffte. Seinerzeit enthielten die Rechnungen häufig auch nur globale Beträge, aus denen nicht zu entnehmen war, wie sich der Rechnungsbetrag im einzelnen zusammensetzte, welchen Steigerungssatz der Arzt bei der Gebührenbestimmung für die einzelne Leistung angewendet und ob er für sämtliche Leistungen unterschiedslos einen gleich hohen Multiplikator zugrunde gelegt

---

[1] So nunmehr auch BVerfG (Vorprüfungsausschuß) NJW 1985, 2187 = Arzt und Krankenhaus 1985, 239 zu einer nach Erschöpfung des Rechtswegs erhobenen Verfassungsbeschwerde. Sie wurde nach § 93 a BVerfGG nicht zur Entscheidung angenommen, weil keine hinreichende Aussicht auf Erfolg bestehe.

[2] Zur Einstufung des Gebührenrechts im Sinne der Schrankensystematik des Art. 12 GG siehe oben, S. 43 f.

[3] Nienhaus, DtÄrztebl 1982 [B] Heft 49, S. 56 (60); DtÄrztebl a. a. O.

[4] DtÄrztebl a. a. O.

[5] Siehe die Amtliche Begründung BR-Drucksache 295/82, S. 2, 9 und 15.

hat. Auch bei Berechnung des Höchstsatzes war der Rechnung nicht zu entnehmen, welcher Grund für den angewandten Steigerungssatz maßgebend war.

Bei dieser Art der Rechnungslegung ist dem Zahlungspflichtigen eine Nachprüfung weitgehend unmöglich.[1]

Dagegen schafft die Pflicht insbesondere zur Angabe der Leistungsbezeichnung, des jeweiligen Betrags und des Steigerungssatzes sowie auch zur schriftlichen Begründung der Schwellenwertüberschreitung in § 12 der neuen GOÄ eine erheblich größere Transparenz für den Zahlungspflichtigen.

Gegenüber dem legitimen Interesse des Patienten, im einzelnen zu erfahren, wofür er seine Gegenleistung erbringt – soweit dies mangels medizinischer Fachkenntnis möglich ist – tritt das Interesse des Arztes an möglichst geringem Verwaltungsaufwand bei der Rechnungserstellung zurück. Diese ist ihm nicht, wie von den Kritikern gerügt, unzumutbar – was eine unzulässige Einschränkung der Berufs- (ausübungs-) freiheit bedeuten würde.

Der Arzt kann sich zur Erstellung der Abrechnungen auch der Hilfe der privatärztlichen Verrechnungsstellen oder Honorarkassen und der Anlagen der elektronischen Datenverarbeitung bedienen.[2] Dieser Aufwand ist nicht unverhältnismäßig gemessen am Interesse sowohl der Patienten, die die Arztkosten selbst tragen müssen, als auch derjenigen, die Erstattungsansprüche gegen eine private Krankenversicherung oder gegenüber einer Beihilfestelle haben. Auch die versicherten und beihilfeberechtigten Patienten müssen die Möglichkeit haben, vor der Zahlung anhand der ihnen erteilten Rechnung zu überprüfen, inwieweit die geltend gemachte Honorarforderung den Bestimmungen der Gebührenordnung entspricht und inwieweit eine Erstattung durch die in Frage kommenden Stellen zu erwarten ist.[3]

Als sachlich gerechtfertigte, nicht unverhältnismäßige Regelungen stellen deshalb die Anforderungen des § 12 GOÄ an die ärztliche Rechnungslegung keinen Verstoß gegen Art. 12 GG dar.

IV. Einzelprobleme der Rechnungslegung

1. Anforderungen an die Angabe des Steigerungssatzes

Wenn § 12 Abs. 2 Satz 1 Nr. 2 verlangt, daß in der Rechnung außer dem jeweiligen zu zahlenden Betrag auch der Steigerungssatz anzugeben ist, so hat dies für den Patienten den Sinn, ihm erkennbar zu machen, das Wievielfache des im Gebührenverzeichnis aufgeführten Einfachsatzes berechnet wurde. Auf diese Weise wird für ihn transparent, wie der Arzt rechnerisch den Betrag für die einzelne Leistung durch Vervielfältigung des Gebühreneinfachsatzes bestimmt hat.

Dieser Zweck kann aber nur erreicht werden, wenn die Zahl, die als Steigerungssatz auf der Rechnung steht – meist wird dies 2,3, bzw. 1,8 sein, da zu einem

---

[1] Amtliche Begründung a. a. O., S. 9.
[2] Darauf weist BVerfG Vorprüfungsausschuß) a. a. O. hin.
[3] BVerfG (Vorprüfungsausschuß) a. a. O.

hohen Prozentsatz immer gleich der Regelhöchstsatz liquidiert wird,[1] – auch als solcher gekennzeichnet ist. Häufig ist die Spalte, in die die Multiplikatoren eingetragen werden, mit „Faktor" oder auch „Fakt" überschrieben, oder die entsprechende Zahl wird nur in Klammern hinter den DM-Betrag gesetzt. Auf diese Weise wird für den in ärztlichem Rechnungswesen nicht bewanderten Patienten nicht offenbar, daß es sich um eine Vervielfältigung des Gebührensatzes handelt.

Soll die Angabe des Steigerungssatzes nicht nur einer Arbeitserleichterung der Beihilfestellen und privaten Krankenkassen dienen, für die hierdurch die Prüfung der Erstattungsvoraussetzungen vereinfacht wird (diese verstehen die Zahlenangabe auch ohne genaue Bezeichnung), so muß verlangt werden, daß der Zahl ein Begriff hinzugefügt wird, aus dem sich ergibt, daß es sich um eine Vervielfältigung des Einfachsatzes handelt. Dieser Forderung wird vor allem die dem Verordnungstext entsprechende Bezeichnung als „Steigerungssatz" gerecht.[2]

Aber auch die Worte „Multiplikator" oder „Vervielfältiger" oder auch „1,8fach" kommen in Betracht.

2. Die formelle Begründungspflicht

§ 12 Abs. 2 Satz 2 verlangt, daß der Ansatz eines oberhalb der Regelspanne liegenden Multiplikators schriftlich in der Rechnung begründet wird. Es handelt sich hierbei um die formelle Entsprechung zur Vorschrift des § 5 Abs. 2 Satz 4 zweiter Halbsatz, wonach das Überschreiten der Regelspanne durch Besonderheiten der Bemessungskriterien gerechtfertigt sein muß.

Zur Art und Weise der Begründung sagt § 12 Abs. 2 Satz 2 weiter nichts. Allerdings läßt sich, wie schon erwähnt,[3] aus der Regelung des Satzes 3, der bestimmt, daß die Begründung auf Verlangen näher zu erläutern ist, schließen, daß sie zunächst nur kurz zu sein braucht. Auch aus praktischen Gründen kann nicht verlangt werden, daß auf einer Honorarrechnung für jede einzelne Leistung bei Überschreiten des Schwellenwertes etwa durchweg mehrere Sätze umfassende Begründungen gegeben werden.

Andererseits können Kürzel, mit denen nur der Arzt selber einen Inhalt verbindet, nicht ausreichen, da ja Transparenz für den Patienten erreicht werden soll.[4]

Auch genügt nicht das Anführen der in § 5 Abs. 2 genannten Bemessungskriterien. Es muß der konkrete Grund für die Steigerung angegeben werden. Hierfür ist in der Regel eine stichwortartige Kurzbegründung als ausreichend anzusehen.[5]

Zu beachten ist, daß als Begründung nicht angeführt werden kann, was bereits Inhalt der Leistungsbeschreibung ist. Z. B. kann „Leistung bei Nacht" nicht angeführt werden bei Nummer 3 des Gebührenverzeichnisses (Beratung bei Nacht, zwischen 20.00 und 8.00 Uhr).[6]

---

[1] Siehe oben, S. 57.
[2] Zu finden beispielsweise auf den vorgedruckten Rechnungsformularen des perimed-Verlags.
[3] Siehe oben, S. 65.
[4] So wohl auch Brück, der aber „Kürzel" und „Kurzbegründung" nicht voneinander trennt.
[5] Amtliche Begründung BR-Drucksache 295/82 S. 15; Schmatz/Goetz/Matzke, § 12 4. b), S. 89.
[6] Aumüller, ÄrzteZeitung 09. Februar 1984.

Häufig wird so verfahren, daß mehrere Kurzbegründungen unten auf dem Rechnungsformular vorgedruckt und mit Kennziffern oder Buchstaben versehen sind, die dann den einzelnen aufgeführten Leistungen zugeordnet werden. Allein die Angabe von Kennziffern vorformulierter und durchnumerierter Schlagwörter reicht jedoch nicht aus.[1] Eine solche Standardisierung genügt nicht dem Erfordernis des konkreten Bezugs zur einzelnen erbrachten Leistung. Vielmehr ist dann noch in einem gesonderten Feld auf dem Rechnungsvordruck eine stichwortartige Erläuterung zu geben.

Die Unterscheidung zwischen bloßem Schlagwort und hinreichender Kurzbegründung ist allerdings kaum exakt zu treffen. Zu hohe Anforderungen an die Ausführlichkeit dürfen jedenfalls nicht gestellt werden, da ansonsten der Rahmen einer Honorarrechnung gesprengt würde. Als ausreichende Begründungen können beispielsweise folgende Angaben angesehen werden: komplizierte Begleiterkrankung, Verwachsungen im Operationsgebiet, erhebliche plötzliche Störungen der Vitalfunktion während einer Verrichtung, Leistung bei Nacht (wenn nicht schon Bestandteil der Leistungsbeschreibung).

Fehlt eine hinreichende Begründung, so wird der geltend gemachte Honoraranspruch des Arztes nicht fällig.[2] In der Praxis ist es für den Patienten insbesondere von Bedeutung, welche Voraussetzungen die Beihilfestellen und privaten Krankenversicherungen aufstellen, um eine Überschreitung des Regelhöchstsatzes als hinreichend begründet im Sinne des § 12 Abs. 2 Satz 2 zu akzeptieren.

Die Erfahrung zeigt bisher, daß die Beihilfestellen diesbezüglich strenger sind als die privaten Krankenversicherungsunternehmen. Letzteren reicht eine „allgemeine Bemerkung mit einem konkreten Anhaltspunkt".[3] Für die Gewährung von Beihilfe formulierte der Bundesinnenminister,[4] es müsse „in der schriftlichen Begründung ... dargelegt" sein, „daß erheblich über das gewöhnliche Maß hinausgehende Umstände" die Überschreitung rechtfertigen. Die Kommentierung der Beihilfevorschriften unter Heranziehung der GOÄ verlangt als Begründung „die Darlegung eines substantiierten prüfungsfähigen Sachverhalts".[5]

Auch im Hinblick auf die sich hierin ausdrückende etwas strengere Handhabung sollte der Arzt nicht allzu knappe Begründungen verwenden.

3. Diagnoseangabe auf der Rechnung

Bei den durch § 12 GOÄ geforderten Angaben handelt es sich um den vom Verordnungsgeber gesetzten Mindestinhalt der ärztlichen Rechnung. Die Aufnahme

---

[1] AG Bad Homburg, Urt. v. 29.05. 1984 – 2 C 331/84 (in NJW 1984, 2637 ist die Stelle nicht mit abgedruckt).

[2] Brück, der bei zu knappen und zu wenig leistungsbezogenen Begründungen auf die Rechnung § 3 AGBG anwenden will (§ 5 Rn 9, s. auch Rn 1), ist sich offenbar nicht darüber im klaren, daß eine Rechnung, auch wenn sie formularmäßig erstellt ist, keine Allgemeine Geschäftsbedingung darstellt.

[3] Uleer (Verbandsdirektor des Verbands der Privaten Krankenversicherung), Arzt und Wirtschaft Nr. 4, 1983, S. 3.

[4] RdSchr. v. 20. 12. 1982 a. a. O.

[5] Köhnen/Schröder/Kusemann/Amelungk A 74/4.

weiterer Angaben richtet sich nach dem Behandlungsvertrag oder den jeweiligen Vereinbarungen.

Es fragt sich, ob insofern eine Verpflichtung des Arztes besteht, auf der Rechnung auch die Diagnose anzugeben, obwohl § 12 dies nicht verlangt.

Schon die alte GOÄ enthielt keine dahingehende Verpflichtung. Doch war es auch damals üblich, bei der Rechnungslegung die Diagnose zu benennen.[1]

Um zu beurteilen, ob eine dahingehende Verpflichtung besteht, muß zunächst gefragt werden, welches Interesse der Patient an dieser Angabe haben könnte. Sein legitimes Bedürfnis nach Information über die Beurteilung seines Falles durch den Arzt geht wohl kaum dahin, erst nach Abschluß der Behandlung durch kurze schriftliche Mitteilung auf der Rechnung die Diagnose hinsichtlich seiner Erkrankung zu erfahren. Dies ist Sache eines Gesprächs mit dem Arzt, nicht der Rechnungslegung.

Die Rechnung aber ist das Schriftstück, das Beihilfestelle und private Krankenversicherung vom Patienten zwecks Kostenerstattung erhalten. Die medizinische Notwendigkeit der ärztlichen Maßnahmen als Voraussetzung für die Kostenerstattung beurteilt sich wesentlich nach der gestellten Diagnose. Deshalb erstatten die genannten Stellen grundsätzlich nur, wenn auf der Rechnung die Krankheitsbezeichnung angegeben ist.

Aus dieser Tatsache wird gefolgert, daß den Arzt als Nebenpflicht aus dem Behandlungsvertrag die Verpflichtung treffe, die Diagnose bei der Rechnungslegung mit anzugeben.[2]

Gegenstimmen wenden ein, es widerspreche der ärztlichen Schweigepflicht, auf diese Weise der Beihilfe und der Versicherung Kenntnis von der Krankheit des Patienten zu verschaffen.[3]

Es muß jedoch darauf hingewiesen werden, daß der Versicherte im Versicherungsvertrag die behandelnden Ärzte gegenüber dem Versicherer von der Schweigepflicht entbindet und sie ermächtigt, Auskünfte einzuholen.[4]

Soweit in dem Zusammenhang weiter behauptet wird, die Angestellten der Krankenversicherung unterlägen keiner Schweigepflicht,[5] ist dem der § 203 Abs. 1 Nr. 6 des Strafgesetzbuches entgegenzuhalten: Ebenso wie für den Arzt selber ist für die Angehörigen der Unternehmen der privaten Krankenversicherung die Verletzung der Schweigepflicht unter Strafe gestellt, wobei zu den Angehörigen Bedienstete jeder Art gehören.[6]

Natürlich kann nicht ausgeschlossen werden, daß gegen die Strafgesetze verstoßen und mit den Angaben Mißbrauch getrieben wird. Steuerberater beispielsweise erfahren die Interna der Vermögensverhältnisse der Klienten und dürfen sie auch nicht weitergeben. Persönliche Verfehlungen kann man nicht generell verhindern. Diesem Risiko setzt sich jeder aus, der sich in ein solches Vertragsverhältnis

---

[1] Dies war eine Selbstverständlichkeit. Häufig wurde (und wird auch heute noch) fälschlicherweise angenommen, die GOÄ verlange es.

[2] Brück, § 12 Rn 13; Aumüller, Medical Tribune 22. Juli 1983; Rügner, Medical Tribune 16. Dezember 1983.

[3] Matthiass, ÄrzteZeitung 03. April 1984; Rentsch, Medical Tribune 10. Juni 1983.

[4] Aumüller, Medical Tribune 22. Juli 1983.

[5] Matthiass a. a. O.

[6] Dreher/Tröndle, § 203 Rn 20.

begibt, innerhalb dessen unweigerlich persönliche Daten zur Kenntnis des Vertragspartners gelangen.

Im übrigen ist dem Persönlichkeitsschutz dadurch entsprochen, daß die Diagnoseangabe nicht zum obligatorischen Inhalt der Rechnung gehört, also keine Fälligkeitsvoraussetzung ist. Ergibt sich diese Verpflichtung aber nur nach Treu und Glauben als Nebenpflicht aus dem Behandlungsvertrag, so kann sich der Patient mit dem Arzt über das Ob und Wie der Angabe verständigen.

Grundsätzlich jedenfalls läßt sich sagen, daß die berechtigten Interessen des Patienten am Erhalt einer erstattungsfähigen Rechnung die vertragliche Nebenpflicht des Arztes zur Angabe der Diagnose begründen.

Eine Einschränkung muß allerdings für Ärzte gelten, die gar nicht diagnostizieren. Der Laborarzt beispielsweise vermag bei Auftragsleistungen nicht stets eine Diagnose zu stellen. Ihn kann dann auch keine entsprechende Pflicht treffen.

4. Transparenz kontra Schonung des Patienten

Die von § 12 geforderte Bezeichnung der einzelnen erbrachten Leistung, die ebenfalls in der Vorschrift geforderte Begründung für das Überschreiten des Schwellenwerts sowie die aus dem Behandlungsvertrag abgeleitete Pflicht zur Angabe der Diagnose auf der Rechnung haben einen Aspekt gemeinsam: Sie führen nicht nur zu einer besseren Durchschaubarkeit der Rechnungslegung für den Patienten und Erstattungsfähigkeit durch Beihilfe und private Krankenversicherung – Gesichtspunkte, die in seinem Interesse liegen –, sondern konfrontieren ihn mit Tatsachen, die ihn im Einzelfall schockieren können. So kann er aus der Diagnose erfahren, wie schwer krank er ist. Auch die Leistungsbeschreibung sagt ihm dies möglicherweise, wenn daraus auf die Krankheit zu schließen ist, und die Begründung bei Überschreitung des Regelhöchstsatzes offenbart ihm möglicherweise Komplikationen bei der Leistungserbringung (z.B. bei Operationen in Vollnarkose), von denen er normalerweise nichts erfahren würde, weil sie noch in der Situation behoben werden können, und deren Kenntnis ihn eventuell noch nachträglich belastet.

Nun geht zwar grundsätzlich das Interesse des Patienten dahin, zu erfahren, wie es um ihn steht und was mit ihm geschehen ist. Der Verordnungsgeber der GOÄ sah dieses Interesse vor allem im Hinblick auf das Bedürfnis des Patienten, die Berechtigung der ärztlichen Liquidation im einzelnen nachvollziehen zu können. (Dies gilt nur für Leistungsbezeichnung und schriftliche Begründung, nicht für die Diagnoseangabe, die nicht durch die Verordnung gefordert ist. Hier müssen aber dieselben Grundsätze zur Relativierung der Offenbarungspflicht gelten.)

Dabei scheint aber übersehen zu werden, daß es schwere Leiden gibt, bei denen es mit dem ärztlichen Gewissen nicht zu vereinbaren ist, den Patienten nackt und schonungslos mit Erkenntnissen zu konfrontieren, die ihn schwer belasten und den Behandlungserfolg gefährden können.

Insbesondere gilt dies für die inkurablen Leiden. Hier offenbart sich ein möglicher Widerspruch zwischen der medizinischen Position, der als höchstes Gut die Gesundheit des Leidenden gilt, und der juristischen, die das Persönlichkeitsrecht, die freie Selbstbestimmung auch des kranken Menschen geachtet wissen will.

Es liegt nahe, in diesem Zusammenhang die Grundsätze zur Aufklärungspflicht bei ärztlichen Eingriffen heranzuziehen: Wenn der Patient sich in einer Gemütsverfassung befindet, in der er bei Kenntnis der Wahrheit Schaden erleiden würde, so hat in der Pflichtenkollision zwischen restloser Aufklärung des Patienten und seiner Schonung aus Gründen der Heilung der ärztliche Auftrag Vorrang. Der Arzt darf deshalb in diesen Fällen eine lebensgefährliche Diagnose verschweigen.[1] Zwar werden an die Einschränkung der Aufklärungspflicht strenge Anforderungen gestellt im Sinne einer ernsten und unbehebbaren Gefahr für die Gesundheit bei Mitteilung über die Krankheit.[2] Dies muß allerdings vor allem für die Aufklärung vor ärztlichen Eingriffen wie Operationen gelten. Bei unheilbaren Leiden alter Menschen wird aber häufig auf solche Eingriffe verzichtet. Die Anforderungen an die Rechnungslegung durch § 12 (Leistungsbeschreibung und schriftliche Begründung) oder als Nebenpflicht aus dem Behandlungsvertrag (Diagnoseangabe) werden jedoch ohne Rücksicht auf solche Begebenheiten gestellt.

Erfahrungen aus der Praxis zeigen, daß insbesondere alten Patienten mit unheilbaren Leiden, wenn sie nicht danach fragen, die Mitteilung der Diagnose nicht aufgedrängt wird, z. B. bei Krebsdiagnose, wenn keine Therapie mehr angebracht ist und dem Patienten nicht der letzte Lebensmut genommen werden soll.

Wenn diese Vorgehensweise, die vom Arzt unter Berücksichtigung des Gesamteindrucks vom Patienten bestimmt wird, bis zur Rechnungslegung aus medizinischer Sicht angebracht war, so darf er nicht jetzt noch gezwungen sein, den Patienten mit schockierenden Tatsachen zu konfrontieren, vor deren Kenntnis er bisher aus medizinischen Gründen bewahrt worden ist.

§ 12 GOÄ geht von einem generellen Transparenzinteresse des Patienten aus. Im Einzelfall kann aber die Schonung des Patienten wichtiger sein und auch in seinem wohlverstandenen Interesse liegen. In diesen Fällen muß dem Arzt zugestanden werden, anstelle der Leistungsbeschreibung nur Umschreibungen zu nennen oder medizinische Fachausdrücke zu verwenden, die für den Patienten nicht verständlich sind und deshalb gerade *keine* Transparenz bewirken. Entsprechendes muß für die Begründungspflicht des § 12 Abs. 2 Satz 2 gelten.

Schwieriger zu lösen ist das Problem hinsichtlich der Diagnoseangabe. Sie gibt dem Patienten direkteren Aufschluß über seinen Krankheitszustand. Hier muß der Arzt in eigener Verantwortung einen Weg finden, mit dem er beide Pflichten erfüllen kann: einerseits den Patienten aus medizinischen Gründen zu schonen, andererseits im Interesse des Patienten die Erstattungsfähigkeit der Rechnung im Hinblick auf Beihilfe und private Krankenversicherung herbeizuführen.

In Betracht kommt etwa die Angabe einer Mehrzahl von Symptomen oder die Nennung mehrerer medizinischer Begriffe, die eine Kausalkette ergeben, ohne Nennung des Ergebnisses. Auf diese Weise können die Erstattungsstellen, die solche Angaben zu deuten wissen, selber den Schluß auf die Diagnose ziehen oder doch jedenfalls die medizinische Notwendigkeit der ärztlichen Verrichtungen als Voraussetzung ihrer Leistungspflicht überprüfen. Auch ist ja eine Rückfrage beim Arzt möglich.

---

[1] Narr, Rn 828 mit weiteren Nachweisen.
[2] Laufs, Rn 130 mit Nachweisen aus der Rechtsprechung.

Es ist also festzuhalten, daß in gewissen besonders gelagerten Fällen die Transparenzvorschriften wegen des Vorrangs medizinischer Gesichtspunkte, die ein gegenteiliges Interesse des Patienten ergeben, einschränkend auszulegen sind.

Dasselbe gilt für die grundsätzlich als Nebenpflicht aus dem Behandlungsvertrag herzuleitende Verpflichtung des Arztes zur Angabe der Diagnose auf der Rechnung.

J. Möglichkeit und Grenzen der Honorarvereinbarung

Von den Regelungen der GOÄ zur Bemessung der Gebühren im einzelnen[1] können sich Arzt und Patient im gewissen Umfang durch vertragliche Vereinbarung lösen. Die entscheidende Vorschrift dazu ist § 2. Danach kann durch eine vor der Leistungserbringung schriftlich zu treffende Vereinbarung eine abweichende Höhe der Vergütung festgelegt werden.[2]

Die geltende Fassung des § 2 Abs. 1 ist auf den Bundesrat zurückzuführen. Während der Regierungsentwurf die volle Abdingbarkeit vorsah,[3] stimmte der Bundesrat am 29. Oktober 1982 der Verordnung nach Maßgabe einer Änderung u. a. dahingehend zu, daß Abweichungen nur noch hinsichtlich der „Höhe" der Vergütung möglich sein sollten. Dabei wurde er insbesondere von Gesichtspunkten des Patientenschutzes geleitet.[4]

I. Keine Vereinbarung eines anderen Gebührenverzeichnisses

Nur eine abweichende „Höhe" der Vergütung kann durch Vereinbarung festgelegt werden § 2 Abs. 1. Der Inhalt der abweichenden Vereinbarung darf daher die Gebührenordnung abändernde Regelungen enthalten, die sich *allein* auf die *Höhe* der Vergütung beziehen.

Ohne bereits darauf einzugehen, wann im einzelnen eine Abdingung lediglich der Höhe der Vergütung vorliegt, läßt sich jedenfalls sagen, daß damit die Vereinbarung einer anderen Grundlage für die Honorarbemessung, nämlich eines anderen Gebührenverzeichnisses ausgeschlossen werden sollte.

Dies ergibt sich bereits aus der Entstehungsgeschichte der GOÄ. Der Regierungsentwurf sah in dem mit § 1 Satz 2 der 1965er GOÄ wortgleichen § 2 Abs. 1 volle Abdingbarkeit vor. Demgegenüber hat die Änderung durch den Bundesrat, die dann auch zur endgültigen Fassung wurde, den Sinn, die Abdingung der gesamten GOÄ, insbesondere des Gebührenverzeichnisses auszuschließen. Der Arzt soll der Liquidation das neue Gebührenverzeichnis zugrunde legen.[5]

---

[1] Siehe oben, S. 45 ff.

[2] Genauer Wortlaut s. Anhang.

[3] „Durch Vereinbarung kann eine von dieser Verordnung abweichende Regelung getroffen werden", § 2 Abs. 1 im Regierungsentwurf, BR-Drucksache 295/82 vom 19. 07. 1982.

[4] Siehe den Beschluß des Bundesrates in BR-Drucksache 295/82 vom 29. 10. 1982, Anlage; zur Entstehungsgeschichte der GOÄ 1982 s. oben, S. 16 f.

[5] BR-Drucksache 295/82 vom 20. 10. 1982, Anlage; Schmatz/Goetz/Matzke, § 2 2. b), S. 52.

Eine Abrechnung nach anderen Gebührenregelungen, z. B. der Privat-Adgo oder der Preugo, ist unzulässig.[1,2]

II. Vereinbarung eines Pauschalhonorars?

Insbesondere im Bereich der plastischen und Widerherstellungschirurgie wurde bisher nicht selten die Vereinbarung eines Pauschalhonorars zwischen Arzt und Patient praktiziert.[3]

Bevor einer näheren Prüfung unterzogen wird, ob die 1982er GOÄ dies weiterhin zuläßt, muß zunächst der Begriff des Pauschalhonorars näher umrissen werden.

1. Begriffsbestimmung

Die Bezeichnung als Pauschalvergütung ist mit zwei verschiedenen Begriffsinhalten in Literatur und Rechtsprechung zur neuen GOÄ zu finden: Einmal wird darunter - zumindest auch - ein in der Honorarvereinbarung bestimmter Festbetrag für jeweils einzelne Leistungen aus dem Gebührenverzeichnis verstanden.[4] Zum anderen wird der Begriff gebraucht für einen vereinbarten Geldbetrag als Gegenleistung für die ärztliche Behandlung ohne Rücksicht auf die Zahl der erbrachten Einzelleistungen und die Steigerungssätze der GOÄ.[5]

Als Pauschalhonorar auch vereinbarte Fixbeträge für einzelne Leistungen des Gebührenverzeichnisses anzusehen, entspricht nicht dem allgemeinen Sprachgebrauch. Eine Pauschale ist ein Geldbetrag, durch den eine Leistung, die sich aus verschiedenen einzelnen Posten zusammensetzt, ohne Spezifizierung (nach ihrem Durchschnittswert) abgegolten wird.[6] Als Pauschalpreis wird ein ohne Rücksicht auf Einzelheiten nach überschlägiger Rechnung vereinbarter Preis bezeichnet.[7]

Das Wesen der Pauschale muß also auch im gebührenrechtlichen Sinne darin liegen, daß sie ohne Bezugnahme auf die konkreten Einzelleistungen festgelegt wird. Deshalb wird im folgenden der Begriff der ärztlichen Pauschalvergütung nicht im Sinne vereinbarter Festbeträge für einzelne Leistungen gebraucht.[8] Er wird viel-

---

[1] Wezel/Liebold, § 2, S. 51; Kölsch, MedR 1983, 95 (97).

[2] Wenn Weißauer entgegen ganz überwiegender Ansicht auf dem Standpunkt steht, auch die geltende Fassung des § 2 Abs. 1 lasse die Vereinbarung anderer Gebührenordnungen zu, und erst bei der Rechnungslegung nach § 12 sei das Leistungsverzeichnis des GOÄ 1982 zugrundezulegen, so erkennt er nicht den Schritt, der sich in der Änderung der Fassung des § 2 Abs. 1 gegenüber dem Regierungsentwurf ausdrückt. Mit dieser Auslegung spricht er, ohne dies ausdrücklich zu sagen, dem gegenüber dem Regierungsentwurf und der alten GOÄ geänderten Wortlaut jede rechtliche Bedeutung ab. Der neue § 2 Abs. 1 hat nun mal eine andere Fassung als § 1 Satz 2 der GOÄ 1965. Dem muß auch bei der Auslegung Rechnung getragen werden.

[3] Brück, § 2 Rn 1 f; Speth/Koch, Westfälisches Ärzteblatt 2/83, 119 (126).

[4] Hoffmann, § 2 10., S. 10.

[5] LG Stuttgart, Urt. v. 12. Oktober 1984 - 6 S 16/84 = KrankenhausArzt 58, 10 (1985), S. 825 = Krankenhaus-Umschau 1985, 556.

[6] Brück, § 2 Rn 1 f mit Nachweis aus dem Duden-Wörterbuch der Deutschen Sprache Band 5, S. 1963.

[7] Brockhaus Enzyklopädie, 14. Band, S. 319.

[8] Zur Möglichkeit dieser Gestaltung s. unten S. 81.

mehr definiert als betragsmäßig feste Vergütung für einen nicht nach Einzelleistungen aufgeschlüsselten Behandlungskomplex.

2. Bedeutung für den Patienten

Zunächst soll vor Erörterung anhand der konkreten Vorschriften der GOÄ unter dem Gesichtspunkt der Patienteninteressen die Vereinbarung von Pauschalhonoraren betrachtet werden.

Es ist nicht zu verkennen, daß im Vergleich zur Vereinbarung eines von der GOÄ abweichenden Steigerungssatzes – wenn in dem Schriftstück (§ 2 Abs. 2) also kein bestimmter DM-Betrag sondern eben nur ein Multiplikator steht – das Pauschalhonorar eine klarere Aussage macht. Hier weiß der Patient, ohne das Gebührenverzeichnis heranziehen und die Sätze mit dem Vervielfältiger multiplizieren zu müssen, was auf ihn kostenmäßig zukommt.

Dieser Kalkulierbarkeit steht aber der Nachteil gegenüber, daß er so nicht erkennen kann, ob und inwieweit das Honorar, mit dem er sich einverstanden erklärt, von dem abweicht, was die amtliche Gebührenordnung für die konkreten Leistungen vorsieht. Von der Höhe der Steigerung gegenüber dem Gebühreneinfachsatz hängt meist sein Versicherungsschutz ab. Dies gilt erst recht für die Erstattungsvoraussetzungen der Beihilfestellen.

Der Patient kann deshalb aus einem Pauschalhonorar nicht ersehen, ob er möglicherweise einen Teil der Kosten selber tragen muß.

Wird dagegen in der Honorarvereinbarung ein Steigerungssatz angegeben, so kann der Patient vergleichen, bis zu welchem Satz aufgrund seines Versicherungsvertrages die private Krankenversicherung und/oder aufgrund der Beihilfebestimmungen die staatlichen Beihilfestellen ihm Erstattung leisten werden. Diese Überlegungen können ihn möglicherweise veranlassen, die Honorarvereinbarung nicht zu unterschreiben und sich an einen anderen Arzt zu wenden.

Das Transparenzinteresse des Patienten hinsichtlich des Multiplikators und damit des Grades der Abweichung der vereinbarten Vergütung von der durch die GOÄ vorgesehenen spricht also gegen die Vereinbarung von Pauschalhonoraren.

3. Herleitung der Unzulässigkeit aus dem Zusammenspiel zwischen § 2 und § 12

Läßt § 2 Abs. 1 der GOÄ eine abweichende Vereinbarung nur hinsichtlich der Höhe der Vergütung zu, so ergibt sich daraus die Unabdingbarkeit aller derjenigen Vorschriften der Gebührenordnung, nach denen sich nicht konkret die Höhe der Vergütung bestimmt.[1] Zu diesen gehört jedenfalls der die Fälligkeit und Abrechnung des Honorars regelnde § 12.

Wenn nun die Vorschrift des § 12 nicht im Wege der Vereinbarung abdingbar ist, so bedeutet dies, daß auch bei Vorliegen einer Honorarvereinbarung später in der Rechnung des Arztes die Abrechnungsbestandteile in jedem Falle auftreten müssen.

---

[1] So auch die Begründung des Bundesrates a. a. O.

Nun ist zwar das unabdingbare Erfordernis der Abrechnung nach Einzelleistungen und Steigerungssätzen zunächst einmal Bestandteil der Fälligkeitsregelung des § 12. Durch Rückschluß von dieser Vorschrift ergeben sich aber auch Anhaltspunkte für die Auslegung des § 2: Um bei der Rechnungslegung dem Transparenzgebot entsprechen zu können, muß der Arzt die Honorarvereinbarung so gestalten, daß sie die verschiedenen Angaben, die § 12 für die Rechnung verlangt, ermöglicht – also insbesondere die Nennung der Datums der Leistungserbringung, der Gebührennummer und Leistungsbezeichnung, des Betrags und des Steigerungssatzes.

Deshalb wird die Ansicht vertreten, schon aus dieser Wechselwirkung zwischen § 2 und § 12 ergebe sich, daß eine Pauschalvergütung für ärztliche Behandlung ohne Rücksicht auf die Zahl der erbrachten Einzelleistungen (nach dem Gebührenverzeichnis) und die Steigerungssätze der GOÄ nicht wirksam vereinbart werden könne. Denn ein derartiges Pauschalhonorar könne nicht nach § 12 wirksam in Rechnung gestellt werden.[1]

Wenn man allerdings in stärkerem Maße die beiden Vorschriften als selbständig nebeneinander stehend betrachtet und sich vor Augen führt, daß es sich bei Honorarvereinbarung und Rechnung um zwei verschiedene Schriftstücke handelt, die der Patient notwendigerweise zu unterschiedlichen Zeitpunkten in die Hände bekommt (die Vereinbarung vor der Behandlung, § 2 Abs. 2, und die Rechnung hinterher, § 614 BGB), so könnte man auch dahin kommen, für die Vergütungsvereinbarung ein Pauschalhonorar zuzulassen und nur für die Rechnung eine dem § 12 genügende Aufschlüsselung zu verlangen.[2]

Richtig ist sicher, daß zwischen der Vereinbarung eines Pauschalhonorars und – auf jeden Fall unzulässiger – pauschaler Abrechnung unterschieden werden muß. Insbesondere in der Begründung des Bundesrates wird nicht deutlich, daß eine Wechselwirkung zwischen Vorschriften gemeint ist, die Voraussetzungen für zwei unterschiedliche Schriftstücke aufstellen.

Aber ein Pauschalhonorar als vereinbar anzusehen, das jedoch nicht als solches abgerechnet werden kann, würde dem erklärten Ziel der GOÄ, Transparenz für den Zahlungspflichtigen zu gewährleisten, zuwiderlaufen. Immerhin ist die Honorarvereinbarung als zweiseitiges Rechtsgeschäft vorgesehen. Der Arzt soll sich nicht in bestimmten Fällen einseitig vom durch die GOÄ vorgesehenen Gebührenrahmen lösen können, sondern nur im Einverständnis mit dem Patienten. Dann muß letzterer aber zumindest die Möglichkeit haben, schon bevor er seine Willenserklärung abgibt und nicht erst wenn er die Rechnung bekommt, anhand des Steigerungssatzes in etwa zu beurteilen, ob es sich um ein besonders hohes Honorar handelt und ob er mit einer Erstattung durch Beihilfe und/oder private Krankenkasse rechnen kann.

Sein berechtigtes Transparenzinteresse geht also im Falle einer abweichenden Vereinbarung nach § 2 auch dahin, schon bevor er seine Unterschrift leistet, sich über

---

[1] LG Stuttgart, Urt. v. 12. Oktober 1984 a. a. O.; Hoffmann, § 2 10., S. 10; Schmatz/Goetz/Matzke, § 2 2. b).

[2] So Weißauer, Anästhesiologie und Intensivmedizin 2/83, 51. Auch Schlauß, Der Deutsche Arzt 1 1983, S. 23 und Tiemann, Das Recht in der Arztpraxis, S. 191 halten Pauschalhonorarvereinbarungen für zulässig, allerdings ohne nähere Erörterung.

die wirtschaftliche Bedeutung klar werden zu können. Dies ist ihm bei Nennung lediglich eines Pauschalbetrages in der Honorarvereinbarung nicht möglich.
Als Ergebnis der Erwägungen ist deshalb festzuhalten, daß die Vereinbarung über die Höhe der ärztlichen Vergütung einen Steigerungssatz nennen muß[1] und sich nicht auf einen pauschalen DM-Betrag beschränken kann.[2]

4. Herleitung durch Beleuchtung des Verhältnisses zwischen § 2 und § 5, Begriff der „Höhe der Vergütung"

Soweit die Frage nach der Zulässigkeit von Pauschalhonorarvereinbarungen in Rechtsprechung und Literatur erörtert und ablehnend beantwortet wird, ist in erster Linie eine Herleitung aus dem Transparenzgebot und dem Zusammenspiel zwischen § 2 und 12 zu finden.
Es wird aber die – an sich vorrangige, weil am Wortlaut des § 2 Abs. 2 orientierte – Auseinandersetzung mit dem Begriff „Höhe der Vergütung", für die die Möglichkeit der abweichenden Vereinbarung bestehen soll, vermißt. Statt dessen wird allenfalls hervorgehoben, daß eben nur der Höhe nach eine Abdingungsmöglichkeit besteht, ohne auf den Aussagewert der Formulierung näher einzugehen.[3]
Zunächst ist festzustellen, daß der Begriff der „Höhe" in § 5 Abs. 1 wieder auftaucht. Unschädlich ist, daß hier von der „Höhe der einzelnen Gebühr" und in § 2 von der „Höhe der Vergütung" die Rede ist, da die Begriffe sich nicht ausschließen, sondern, wie sich aus § 3 ergibt, „Vergütung" der Oberbegriff für Gebühren, Entschädigungen und Ersatz von Auslagen ist.
§ 5 Abs. 1 beschreibt das Verfahren der Ermittlung der Gebührenhöhe im Einzelfall, wenn die Bemessung nach der GOÄ erfolgt, also keine Vereinbarung vorliegt. Danach ist die Gebührenhöhe keine von der Verordnung vorgegebene feststehende Größe, sondern ergibt sich aus einer Vervielfältigung des sogenannten Gebührensatzes – der seinerseits durch Multiplikation der Punktzahl im Gebührenverzeichnis mit 0,10 DM ermittelt wird – mit dem im Einzelfall angebrachten Steigerungssatz.
Der Gebührensatz ist eine feststehende Zahl. Er allein bestimmt nach dem Wortlaut des § 5 Abs. 1 nicht die Höhe der Gebühr, sondern hierfür ist die Multiplikation mit einem Steigerungssatz zwischen 1 und 3,5 erforderlich und sei es, daß dieser mit 1 angesetzt würde.
Erst aus der Vervielfachung des Gebührensatzes – innerhalb des vorgegebenen Rahmens – ergibt sich die Gebührenhöhe.

---

[1] Zunächst einmal abgesehen von der Frage nach der Möglichkeit einer Abdingung des Punktwertes.

[2] So außer LG Stuttgart, Hoffmann und Schmatz/Goetz/Matzke, jeweils a.a.O. auch Wezel/Liebold, § 2, S. 51; Hess, DtÄrzteBl 1982 [B] Heft 48, S. 19 (20) sowie – jeweils ohne genaue Herleitung – der Vorstand der Landesärztekammer Baden-Württemberg, Ärzteblatt Baden-Württemberg Heft 9/83, S. 374 = Der Beamte im Ruhestand Nr. 8–9/1984; aus den Fünten, f & w 2/84 S. 10ff. (11); Kölsch, NJW 1985, 2172 (2174) – offenbar in Abkehr von Kölsch, MedR 1983, 95 (97); Speth/Koch, Westfälisches Ärzteblatt 2/83, S. 119 (126).

[3] So z. B. Hoffmann, § 2 10., S. 9; Schmatz/Goetz/Matzke § 2 2., S. 51.

Dies bedeutet für die Auslegung des § 2 Abs. 1, daß unter dem Abweichen lediglich hinsichtlich der Höhe nur ein Abweichen bezüglich des Steigerungssatzes verstanden werden kann.
Auch diese Betrachtung führt also zu dem Ergebnis, daß nach § 2 GOÄ ein Pauschalhonorar nicht wirksam vereinbart werden kann.

5. Blick auf die BRAGO und die StBGebV

In der Begründung zu seinem Änderungsvorschlag für § 2 verweist der Bundesrat auf die BRAGO und die Steuerberatergebührenverordnung.[1] Der Hinweis geht allerdings dahin, die Beschränkung der Abdingbarkeit auf die Höhe der Vergütung in § 2 Abs. 1 und der damit zwingende Charakter der übrigen Vorschriften seien eine Entsprechung zu den in den genannten Gebührenordnungen getroffenen Regelungen. Diese Aussage wurde verschiedentlich übernommen, sei es, daß von einer Annäherung gesprochen wird – „Die GOÄ wird damit vom subsidiären (dispositiven) zum zwingenden Recht und insoweit der Bundesrechtsanwaltsgebührenordnung und der Steuerberatergebührenverordnung angeglichen"[2] – sei es, daß konkret behauptet wird, auch nach diesen Gebührenordnungen sei die Abdingung nur hinsichtlich der Vergütungshöhe zulässig.[3]
Dies ist aber nicht richtig.

a. Steuerberatergebührenverordnung

§ 4 der StBGebV,[4] der dem § 2 der GOÄ entspricht, fordert die Erfüllung eines Formerfordernisses für eine Vereinbarung, aus der eine höhere als die sich aus der Verordnung ergebende Vergütung gefordert wird. Die Vorschrift findet auch Anwendung bei Pauschalvergütungen.[5] Der entscheidende Unterschied zur GOÄ ist, daß die Verordnung selber Pauschalhonorare zuläßt und deren Voraussetzungen auch näher bestimmt, § 14 StBGebV. Von einer Beschränkung der Vereinbarungsmöglichkeiten auf eine abweichende Höhe der Vergütung wie durch § 2 GOÄ kann deshalb keine Rede sein.

b. Bundesrechtsanwaltsgebührenordnung

Auch im Hinblick auf die BRAGO geht der vom Bundesrat und den sich wohl hierauf stützenden Autoren angestellte Vergleich fehl. § 3 BRAGO enthält keine dem § 2 Abs. 1 GOÄ entsprechende Formulierung. Deshalb wird auch seit jeher die Vereinbarung einer Pauschalvergütung für die Abgeltung von Beratungen für

---

[1] BR-Drucksache 295/82 vom 29. 10. 1982, Anlage.
[2] Kölsch, MedR 1983, 95 (99); Weißauer, MedR 1982, 2; ders., Anästhesiologie und Intensivmedizin 3/83, 84.
[3] So z. B. die Begründung des Bundesrates a. a. O.
[4] BGBl I, 1981, S. 1442 f.
[5] Eckert/Böttcher, § 4 Rn 7.

zulässig gehalten.[1] Die für Gebührenvereinbarungen aller Art geltenden[2] Richtlinien der Bundesrechtsanwaltskammer für die Ausübung des Anwaltsberufs (v. 21.06. 1973) bestimmen in § 53, daß die Vereinbarung einer Pauschalvergütung für die laufende Beratungstätigkeit standesrechtlich zulässig ist.

Die BRAGO beläßt der Parteivereinbarung einen größeren Spielraum als die GOÄ. Der gewissermaßen als Legitimation formulierte Hinweis auf eine entsprechende Regelung auch in der BRAGO[3] geht deshalb ins Leere.

III. DM-Betrag für Einzelleistungen

Um ein Pauschalhonorar handelt es sich nach der oben gegebenen Definition[4] nicht, wenn der Arzt mit dem Patienten für eine bestimmte einzelne Leistung einen festen DM-Betrag vereinbart. Teilweise wird dies im Sinne der GOÄ für zulässig erachtet.[5]

Für diese Ansicht spricht zwar, daß in diesem Falle sich der Steigerungssatz für die einzelne Leistung durch Rückrechnung ermitteln läßt. Der Patient befindet sich aber doch in einer anderen Situation als bei Angabe des Steigerungssatzes. Er kann diesen nur ermitteln, wenn er ein Gebührenverzeichnis der GOÄ hat und dort den Gebührensatz (bzw. die Punktzahl) findet, um ihn dann zum vereinbarten Honorar in Relation zu setzen. Deshalb muß auch diese Art der Gebührenvereinbarung als mit § 2 unvereinbar bezeichnet werden.[6]

Nicht ausgeschlossen ist selbstverständlich, da dies einer noch größeren Transparenz und Vorhersehbarkeit dient, daß der Arzt nach der Angabe des zu vereinbarenden Steigerungssatzes bei der einzelnen Leistung zusätzlich noch den sich aus der Anwendung des Multiplikators ergebenden DM-Betrag nennt.

IV. Abdingung von Punktzahl oder Punktwert?

Gelegentlich ist die Ansicht zu finden, eine Vereinbarung über eine abweichende Höhe im Sinne des § 2 Abs. 1 liege auch vor, wenn ein höherer Punktwert festgelegt wird.[7]

Würde man auf diese Weise jedoch auch die Ausgangsbasis für die Honorarbemessung für variabel erklären, so wäre die Transparenz für den Zahlungspflichtigen stark herabgesenkt. Eine Änderung des Punktwertes ergäbe ein verzerrtes Bild, da auf diese Weise auch bei sehr niedrigem Multiplikator eine hohe Vergütungssumme herauskommen kann. Dem Patienten wäre so nicht mehr möglich, die Honorarvereinbarung auf ihre Erstattungsfähigkeit zu überprüfen.

---

[1] Gerold/Schmidt, § 3 Rn 3; Göttlich/Mümmler, S. 1532.

[2] Swolana, § 3 2., S. 101.

[3] In BR-Drucksache a. a. O.

[4] S. 76 f.

[5] Hoffmann, § 2 10., S. 10.

[6] In diesem Sinne auch LG Stuttgart a. a. O.

[7] So wohl Hess, zitiert in Ärztliche Praxis 09. April 83, S. 848 o. V.; Speth/Koch, Westfälisches Ärzteblatt 2/83, S. 119 (126).

§ 12 nennt nur den Steigerungssatz als anzugebende variable Größe. Das zeigt, daß der Verordnungsgeber beim Punktwert oder bei der Punktzahl keine Variationsmöglichkeit einräumen wollte, auch nicht für die Honorarvereinbarung, die ja nicht von der Pflicht zur Rechnungslegung nach § 12 entbindet.

Es muß deshalb festgestellt werden, daß sich auf Punktwert oder -zahl keine wirksame Abdingungsvereinbarung nach § 2 beziehen kann.[1] Im übrigen ist fraglich, ob nicht auch die Tatsache entgegensteht, daß bei Abdingung von Punktwert oder -zahl ein Gebührenrahmen für den Arzt verbleibt, nämlich genau der des § 5 – was möglicherweise für eine Honorarvereinbarung keine hinreichende Bestimmtheit bedeutet. Dazu näher im folgenden.

V. Vereinbarung eines Gebührenrahmens?

Die Regelung, die die GOÄ in § 5 Abs. 2 für die Honorarbemessung trifft und die immer dann zur Anwendung kommt, wenn keine Vergütungsvereinbarung vorliegt, berücksichtigt die Komplexität medizinischer Sachverhalte und sieht deshalb keine Festgebühr für die jeweilige Leistung, sondern einen Gebührenrahmen vor. Damit kann der Tatsache Rechnung getragen werden, daß dieselbe ärztliche Verrichtung im Einzelfall unterschiedlich schwierig usw. sein kann.

Vor dem Hintergrund des Sinnes dieser Regelung erscheint es nicht abwegig, auch für Honorarvereinbarungen eine dem § 5 entsprechende Gestaltung zuzulassen. Das würde bedeuten, als möglichen Inhalt einer Vereinbarung nach § 2 – zumindest auch – eine Abdingung des Gebührenrahmens zu akzeptieren.

In diesem Sinne ist häufig die Auffassung anzutreffen, nach § 2 sei auch die Vereinbarung eines Honorarspielraums zulässig („x-facher bis x-facher Gebührensatz" oder „bis zum x-fachen des Gebührensatzes").[2] Arzt und Patient könnten ein berechtigtes Interesse daran haben, die endgültige Gebühr[3] für im voraus noch nicht ganz abzuschätzende Leistungen (z. B. im Hinblick auf die Schwierigkeit) der nachträglichen Bestimmung durch den Arzt innerhalb eines durch die Honorarvereinbarung vorgegebenen Rahmens zu überlassen. Auf das einseitige Leistungsbestimmungsrecht fände § 315 BGB Anwendung, d. h. es müßte nach billigem Ermessen ausgeübt werden.[4] Da die Reaktionen des menschlichen Organismus auf die Behandlung nie voraussehbar und beherrschbar seien, sei es gerechtfertigt, dem Arzt die einseitige Festlegung des endgültigen Steigerungssatzes bis zum Abschluß der Behandlung vorzubehalten.[5]

---

[1] Im Ergebnis so auch Brück, § 2 Rn 1h; Schmatz/Goetz/Matzke, § 2 2. b), S. 52; Narr, Arzt und Wirtschaft 13/83, S. 12 (18).

[2] OLG Köln, Urt. v. 13. Juni 1985 – 5 U 41/85 in einem obiter dictum; Hoffmann, § 2 8., S. 7; Kölsch, MedR 1983, 95 (97, 99); Krause, Rechtsgutachten, zit. in Rheinisches Ärzteblatt 1983 Heft 14, S. 717 (718); wohl auch Schlauß/Hollmann, Niedersächsisches Ärzteblatt 13/83, 451; Vieß, Arztrecht 10/1984, 263 (265).

[3] OLG Köln a. a. O. spricht vom „endgültigen Gebührensatz". Der Terminus ist aber falsch, denn Gebührensatz ist nach der eindeutigen Definition des § 5 Abs. 1 Satz 2 der sich aus der Multiplikation der Punktzahl mit dem Punktwert ergebende Gebühreneinfachsatz. Das Gericht meint die „Gebühr" die sich aus der Vervielfältigung des Gebührensatzes mit dem Steigerungsatz ergibt, § 5 Abs. 1 Satz 1.

[4] OLG Köln a. a. O.

[5] Kölsch a. a. O., S. 99 (im Rahmen einer Überprüfung anhand des AGB-Gesetzes).

Den Vertretern dieser Auffassung stehen diejenigen gegenüber, die der Vereinbarung eines Gebührenrahmens die rechtliche Zulässigkeit und Wirksamkeit absprechen.[1] Sie leiten, soweit die Ansicht begründet wird, aus dem Wort „festgelegt" in § 2 Abs. 1 ein Bestimmtheitsgebot dahingehend her, daß nur ein konkreter Steigerungssatz vereinbart werden könne. Verbliebe dem Arzt ein Spielraum, so wäre nicht im Sinne des § 2 Abs. 1 die „abweichende Höhe der Vergütung festgelegt". Bei einer solchen Gestaltung könne der Zahlungspflichtige nicht erkennen, welche Belastungen auf ihn zukommen, da unklar bliebe, welchen Satz der Arzt schließlich berechnen würde. Bei derart unbestimmten Vergütungsregelungen seien die finanziellen Auswirkungen für den Zahlungspflichtigen nicht überschaubar.[2] Wegen Verstoßes gegen zwingende Bestimmungen der GOÄ sei eine solche Vereinbarung nichtig.[3]

Für die Entscheidung der Frage, welcher der beiden Ansichten der Vorzug zu geben ist, muß zunächst die genaue Fassung des § 2, und zwar sowohl des Absatzes 1 wie des Absatzes 2 auf ihren Aussagewert für die Fragestellung untersucht werden, wobei zur Auslegung auch die Vorschrift des § 5 heranzuziehen ist.

1. Aussagewert des § 2 Abs. 1

Nach § 2 Abs. 1 kann eine „abweichende Höhe der Vergütung festgelegt" werden. Aus dem Begriff „festgelegt" scheint bereits ein Bestimmtheitserfordernis für den Inhalt der Vereinbarung zu sprechen. Festlegen bedeutet nicht nur das Abstecken eines Rahmens, sondern eine konkrete Bestimmung. Hieraus wird denn auch die Auffassung hergeleitet, daß eine nach § 2 getroffene Honorarvereinbarung nur einen festen Steigerungssatz enthalten könne, nicht aber eine von der GOÄ abweichende Gebührenspanne.[4]

Jedoch reicht das Wort „festgelegt" in § 2 Abs. 1 alleine nicht aus, um eine solche Auslegung zu stützen. Es kommt nämlich entscheidend darauf an, was festgelegt werden kann: Auch ein abweichender Gebührenrahmen könnte „festgelegt" werden und müßte dann nur seinerseits hinreichend konkret bestimmt sein.

§ 2 Abs. 1 spricht aber von einer abweichenden „Höhe der Vergütung", die festgelegt werden könne. Was dies bedeutet, ergibt sich wiederum aus § 5 Abs. 1 und 2, der hier zur Auslegung heranzuziehen ist. Die Höhe der Gebühr ergibt sich danach durch Anwendung des Multiplikators auf den Gebührensatz. Nicht schon durch die Existenz des Gebührenrahmens ist die Höhe der einzelnen Gebühr bestimmt, sondern dies geschieht erst dadurch, daß der Arzt auf der Grundlage der Bemessungskriterien des § 5 Abs. 2 innerhalb des Rahmens einen bestimmten Steigerungssatz herausgreift, den er für angemessen hält und mit dem Gebührensatz multipliziert.

---

[1] LG Berlin, Urt. v. 22. November 1984 – 57 S 44/84, ebenso schon das erstinstanzliche Urteil des AG Tempelhof-Kreuzberg vom 24.05. 1984 – 2 C 73/84; wohl auch LG Stuttgart a.a.O. (siehe Fußnote 5, S. 76); Brück, § 2 Rn 1a, 1d; Schmatz/Goetz/Matzke, § 2 3., S. 54; Farthmann, Rheinisches Ärzteblatt Heft 18/83, 910; aus den Fünten, f & w 2/84, S. 10 (11); Vogt/Lübbers, Rheinisches Ärzteblatt Heft 18/1983, 907 (913).

[2] LG Berlin a.a.O.; Schmatz/Goetz/Matzke a.a.O.

[3] LG Berlin a.a.O.; Brück, § 2 Rn 1a, 1d.

[4] LG Berlin a.a.O.; Schmatz/Goetz/Matzke a.a.O.

Die „Höhe der Vergütung" muß also unterschieden werden vom Gebührenspielraum. Zur Einräumung des Rechts, eine Gebührenspanne zu vereinbaren, hätte § 2 Abs. 1 beispielsweise so formuliert werden können: „Durch Vereinbarung kann der durch diese Verordnung vorgesehene Gebührenrahmen erweitert werden." Hingegen kann der Begriff des Festlegens der Höhe in § 2 Abs. 1 nur so gedeutet werden, daß darunter die Vereinbarung eines bestimmten Steigerungssatzes zu verstehen ist, nicht die Einräumung eines Spielraums.

2. Heranziehung des § 2 Abs. 2

Verschiedentlich wird, wie schon erwähnt,[1] zur Stützung der Ansicht, die Vereinbarung eines Gebührenrahmens sei zulässig, auf die Unvorhersehbarkeit von Faktoren verwiesen, die bei der Gebührenbemessung nach § 5 zu berücksichtigen seien und deshalb auch bei Vorliegen einer Honorarvereinbarung im Zuge einer erst nach Leistungserbringung vorzunehmenden konkreten Gebührenbestimmung zum Tragen kommen müßten.

Hierbei wird aber eine entscheidende Tatsache nicht hinreichend gewürdigt: Der Verordnungsgeber verlangt in § 2 Abs. 2 uneingeschränkt, daß die Vereinbarung nach Abs. 1 – also die Festlegung einer abweichenden Vergütungshöhe – *vor* Erbringung der ärztlichen Leistung zu schließen ist. Die Gebührenbemessung nach § 5 Abs. 2, also ohne Honorarvereinbarung, hingegen nimmt der Arzt *nach* der Leistungserbringung unter Berücksichtigung von deren Verlauf vor.

Daraus folgt, daß der Entscheidungsprozeß beim Arzt hinsichtlich der Gebührenbestimmung unterschiedlich sein muß, je nachdem, ob er sie in einer Honorarvereinbarung vornimmt oder nach den Regelungen in der GOÄ. Die leistungsbezogenen Kriterien der Schwierigkeit, des Zeitaufwands und der Umstände bei der Ausführung können zur Gebührenbemessung erst herangezogen werden, wenn die Leistung bereits erbracht worden ist. Vorher ist nur eine Prognose möglich.

Wenn der Verordnungsgeber also fordert, daß die Festlegung der von der GOÄ abweichenden Vergütungshöhe in einer Honorarvereinbarung vor Leistungserbringung geschehen soll, so ist daraus zu schließen, daß durch § 2 dem Arzt die Möglichkeit eingeräumt werden sollte, unabhängig von den Kriterien des § 5 Abs. 2 die Gebührenhöhe zu bestimmen. § 5 Abs. 2 wird eben durch die abweichende Vereinbarung abbedungen.[2] Insoweit befindet sich die Honorarvereinbarung außerhalb des Anwendungskomplexes der GOÄ. Hier gilt der Grundsatz der Vertragsfreiheit.

Dem steht auch nicht entgegen, daß die Honorarvereinbarung die Angabe eines Steigerungssatzes enthalten muß.[3] Frei vereinbart werden kann nur in dem Bereich, den § 2 Abs. 1 dispositiv stellt. Hierzu gehören aber nicht die Transparenz- und Durchschaubarkeitserfordernisse.

---

[1] Siehe S. 82.

[2] In diesem Sinne auch die Bundesregierung in der Antwort auf eine Kleine Anfrage, BR-Drucksache 10/186 vom 22.06. 1983; aus den Fünten, f & w 1984 Heft 4, S. 62 (63); v. Maydell, Arztrecht 10/1983, 265 (266f.).

[3] Siehe oben, S. 79.

Die genaue Betrachtung der Vorschrift des § 2 führt also zu dem Ergebnis, daß nur ein fester Steigerungssatz und nicht ein Spielraum vereinbart werden kann.

3. Interessenlage bei Patient und Arzt

Den Interessen des Patienten wird diese Auslegung gerecht. Die Konkretisierung durch Festlegung des Steigerungssatzes versetzt ihn in die Lage, schon in dem Zeitpunkt, in dem er entscheidet, ob er sein Einverständnis durch Unterschrift erklärt, zu erkennen, welche Belastung auf ihn zukommt und ob er mit einer Erstattung der Kosten durch Beihilfe und/oder private Krankenversicherung rechnen kann.

Der Arzt hat möglicherweise ein Interesse daran, sich bei Abschluß der Honorarvereinbarung noch nicht mit dem Steigerungssatz festzulegen. Es ist aber zu bedenken, daß die Vereinbarung jeweils auf einem Entschluß des Arztes beruht. Die GOÄ regelt die Gebührenbemessung auch für Fälle hohen Schwierigkeitsgrades. Will sich der Arzt aber trotzdem von ihr lösen - aus Gründen, die nicht an den Bemessungskriterien des § 5 Abs. 2 orientiert sein müssen - so ist es ihm zuzumuten, von vornherein zu bestimmen, inwieweit er von der durch die GOÄ vorgesehenen Gebührenhöhe abweichen will.

Zusammenfassend kann also gesagt werden, daß als Festlegung einer abweichenden Vergütungshöhe im Sinne des § 2 Abs. 1 nur die Vereinbarung eines bestimmten Steigerungssatzes und nicht eines neuen Gebührenrahmens wirksam möglich ist.

VI. Bedeutung der Berufsordnung

Zwar nicht direkt dem Themenkomplex GOÄ zugehörig, aber - gerade deshalb - für die inhaltlichen Gestaltungsmöglichkeiten der sich von der GOÄ lösenden Honorarvereinbarung bedeutsam sind die Anforderungen, die die Berufsordnung für die ärztliche Honorargestaltung aufstellt. Die jeweiligen Berufsordnungen sind auf Gesetz beruhende, autonome Satzungen der Ärztekammern. Sie stellen berufsgerichtlich erzwingbare Berufspflichten für den Arzt auf.[1]

1. Angemessenheit

Nach § 14 der Musterberufsordnung für deutsche Ärzte von 1977 muß die Honorarforderung des Arztes „angemessen" sein. Der Arzt hat nach § 14 Abs. 1 Satz 3 die besonderen Umstände des einzelnen Falles, insbesondere die Schwierigkeit der Leistung, den Zeitaufwand, die Vermögens- und Einkommensverhältnisse des Zahlungspflichtigen sowie die örtlichen Verhältnisse nach billigem Ermessen zu berücksichtigen.[2]

---

[1] Siehe oben, S. 25.

[2] Ebenso § 14 Abs. 1 der Berufsordnung für die nordrheinischen Ärzte vom 30. April 1977/23. April 1983, abgedruckt in Rheinisches Ärzteblatt Heft 18/1983, S. 914.

Diese standesrechtliche Vorschrift erlangt eine besondere Bedeutung bei der Honorarvereinbarung nach § 2 GOÄ, da hier, wie dargelegt, der Arzt nicht der unmittelbaren Bindung an die Kriterien des § 5 Abs. 2 unterliegt. Aus diesem Grunde ist es ihm auch möglich, sich bei der Bestimmung des Steigerungssatzes in der Vereinbarung an den Vermögens- und Einkommensverhältnissen des Zahlungspflichtigen zu orientieren, was bei Gebührenbemessung nach der GOÄ nicht zulässig ist, da sie dort nicht als Kriterium genannt sind.[1]

Für die Auslegung des Begriffs der Angemessenheit im Sinne des § 14 Abs. 1 Satz 2 BerO kann allerdings wiederum auf die Regelung des § 5 GOÄ zurückgegriffen werden. Soweit die Honorarforderung aufgrund einer Vereinbarung den durch die Gebührenordnung gesetzten Rahmen deutlich übersteigt, kann eine Verletzung standesrechtlicher Pflichten angenommen werden.[2]

Konkret kann dies also immer nur im jeweiligen Einzelfall festgestellt werden.

2. Keine generelle Vereinbarung eines einheitlichen Steigerungssatzes

Nach § 14 Abs. 1 Satz 3 BerO wird die individuelle Honorargestaltung vorgeschrieben („... die besonderen Umstände des einzelnen Falles ..."), womit eine einheitliche Abdingungspraxis nicht zu vereinbaren ist. So formulierte der Vorstand der Landesärztekammer Baden-Württemberg,[3] daß die schematische Verwendung vorgedruckter Vereinbarungstexte mit bereits eingedrucktem Steigerungssatz ebensowenig zulässig sei wie die Vereinbarung ein und desselben Satzes in allen oder doch nahezu allen Fällen einer Vereinbarung. Die regelmäßige Berechnung beispielsweise des Höchstsatzes der Gebührenordnung in allen Behandlungsfällen ist nach der Berufsordnung nicht zulässig, da hierbei die Umstände des Einzelfalles nicht hinreichend gewürdigt werden.[4]

Auch Klinikchefärzte und Spezialisten sind an diese Grundsätze gebunden. Das Kriterium der besonderen ärztlichen Qualifikation im Zusammenhang mit Honorarbemessung und Honorarvereinbarung ist der Berufsordnung fremd.

Die Folgen eines Verstoßes gegen § 14 der BerO sind standesrechtlicher Art. Gegebenenfalls kann es zu einem standesgerichtlichen Verfahren kommen.

VII. Abdingung bei dringenden Behandlungsfällen?

Der berufliche Tätigkeitskreis eines Arztes bringt es mit sich, daß er gelegentlich Patienten in außergewöhnlichem, evtl. lebensbedrohenden Zustand vor sich hat.

Für Fälle solcher Art muß eine Grenze der Honorarvereinbarungsmöglichkeit gezogen werden.

In Notfällen, in denen ein Untätigbleiben für den Arzt strafrechtlich sanktioniert ist, darf er eine Behandlung nicht vom Abschluß einer Vergütungsvereinbarung

---

[1] Anders die GOÄ 1965, die in § 2 Satz 2 die Vermögens- und Einkommensverhältnisse des Zahlungspflichtigen ausdrücklich als Kriterium nannte.

[2] Brück, § 2 Rn 1 e; Hoffmann, § 2 8., S. 8.

[3] Rheinisches Ärzteblatt Heft 18/1983, 910.

[4] So auch die Ärztekammer Nordrhein, zit. bei aus den Fünten, f & w 2/84, 10 (11 f.).

abhängig machen. Das gilt auch für sonstige Situationen, in denen sich der Patient in einer Lage befindet, die seine freie Willensentscheidung beeinträchtigt.[1]

Es darf nicht darauf abgestellt werden, ob die Voraussetzungen des § 105 Abs. 2 BGB - vorübergehende Störung der Geistestätigkeit - beim Patienten vorlagen, um dann festzustellen, daß eine durch Todesangst hervorgerufene mögliche Störung der Willensfreiheit hierfür nicht ausreiche.[2] Vielmehr muß in dringenden Behandlungsfällen und auch unmittelbar vor einer Operation einer auf Wunsch des Arztes abgeschlossenen Honorarvereinbarung aus dem Gesichtspunkt der Sittenwidrigkeit nach § 138 Abs. 1 BGB die Wirksamkeit abgesprochen werden. Der Verstoß gegen die herrschende Rechts- und Sozialmoral ergibt sich hier aus dem Gesamtcharakter des Rechtsgeschäfts - nämlich unter Würdigung der Umstände, unter denen es geschlossen wird.[3]

VIII. Honorarvereinbarung und AGB-Gesetz

Häufig werden Honorarvereinbarungen nach § 2 GOÄ zwischen Arzt und Patient nicht im Einzelfall individuell ausgehandelt, sondern der Arzt präsentiert dem Patienten ein vorformuliertes Vertragsformular, das dieser nur unterschreiben soll.

Für diese Fälle stellt sich die Frage nach der Anwendbarkeit des AGB-Gesetzes und eventuellen sich daraus ergebenden Einschränkungen der Vereinbarungsmöglichkeiten.

1. Allgemeine Geschäftsbedingung im Sinne des § 1 AGB-Gesetz

Verwendet der Arzt einseitig bereits im voraus formulierte Vertragsformulare, die er den Patienten ohne ein Aushandeln im Einzelfall stellt, so handelt es sich um Allgemeine Geschäftsbedingungen, und zwar in Form von Formularverträgen.

Da es für diesen Begriff nicht darauf ankommt, ob der Verwender selbst oder ein Dritter die Vorformulierung vorgenommen hat, liegen Allgemeine Geschäftsbedingungen auch vor, wenn der Arzt sich der von privatärztlichen Abrechnungsgesellschaften herausgegebenen Muster bedient.

Sind die Voraussetzungen des Absatzes 2 nicht gegeben, wird also nicht individuell ausgehandelt, so ändert auch ein handschriftliches Einsetzen der Gebührensätze nichts am AGB-Charakter der Vereinbarung.[4]

---

[1] Landesärztekammer Baden-Württemberg, Ärzteblatt Baden-Württemberg Heft 9/83, 374; Farthmann, Rheinisches Ärzteblatt Heft 18/1983, 910.

[2] So aber AG Lechenich, Urt. v. 16. 12. 1983 - 2 C 675/83.

[3] Linzbach, „das Krankenhaus" 3/1985, S. 86, hält bei stationären Krankenhauspatienten Honorarvereinbarungen nur dann für zulässig, wenn die völlige Freiheit der Ablehnung gewährleistet sei, wovon man bei einem bettlägerigen Patienten nicht unbedingt ausgehen könne. Die rechtliche Herleitung fehlt allerdings.

[4] LG Berlin, Urt. v. 22. November 1984 - 57 S 44/84; LG München, NJW 1982, 2130; zu handschriftlichen Zusätzen in AGB, bzw. Formularverträgen s. Löwe/Graf von Westphalen/Trinkner, § 1 Rn 15.

2. Bedeutung der Anwendbarkeit des AGB-Gesetzes auf Honorarvereinbarungen unter Geltung der GOÄ 1982

Unter Geltung der GOÄ 1965 war der Freiraum ärztlicher Honorargestaltung wegen der vollen Abdingbarkeit, die § 1 Satz 2 der Gebührenordnung vorsah, größer als dies heute der Fall ist. Dementsprechend stärker war das Bedürfnis nach einer Kontrollmöglichkeit, insbesondere wenn die Abdingung in Gestalt Allgemeiner Geschäftsbedingungen erfolgte. Die GOÄ 1965 selber formulierte keine Schranken für die Vereinbarungsmöglichkeiten. Deshalb konnte es leicht zu Klauseln kommen, die im Sinne des § 3 AGB-Gesetz für den Patienten „überraschend" waren oder im Sinne des § 9 für ihn eine „unangemessene Benachteiligung" darstellten. Unter Anwendung des AGB-Gesetzes waren sie demnach als nicht wirksam einbezogen, bzw. als unwirksam zu bezeichnen.

Bei Betrachtung der GOÄ 1982 jedoch drängt sich der Eindruck auf, daß dieses Regulativ an Bedeutung verloren hat.

Da die GOÄ 1982 in ihrer Eigenschaft als nur noch teilweise dispositive Gebührenordnung gegenüber ihrer noch voll abdingbaren Vorgängerin den Arzt stärker in seinen Möglichkeiten der abweichenden Vereinbarung einschränkt, muß die Überprüfung etwaiger – formularmäßiger oder nicht formularmäßiger – Honorarvereinbarungen schon in einem früheren Punkte beginnen: Haben sie einen Inhalt, den schon die GOÄ selber nicht zuläßt, so ergibt sich die Unwirksamkeit bereits aus dem Verstoß gegen zwingendes Recht.

Erst wenn festgestellt ist, daß den sich aus der Gebührenordnung ergebenden Anforderungen genügt ist, daß also in einem Punkt von ihren Regelungen abgewichen wird, in dem sie eine Abdingung zuläßt, stellt sich die weitere Frage, ob Bedenken gegen die Wirksamkeit bestehen, weil es sich nicht um individuell ausgehandelte Vereinbarungen handelt, sondern um im voraus für künftige Behandlungsfälle einseitig festgelegte Formularvereinbarungen.

Wegen der strengen Voraussetzungen, die die GOÄ ihrerseits für die Zulässigkeit einer Honorarvereinbarung aufstellt, kann man von einem Spezialitätsverhältnis ihrer Anforderungen gegenüber denen des AGB-Gesetzes sprechen.[1]

Vor diesem Hintergrund muß die Rechtsprechung betrachtet werden, die sich noch auf der Grundlage der 1965er GOÄ mit der Anwendung des AGB-Gesetzes auf formularmäßige ärztliche Honorarvereinbarungen beschäftigte.[2] Wenn auch diese Schlußfolgerung bisher kaum gezogen wurde,[3] so muß doch festgestellt werden, daß diese Rechtsprechung nur unter Einschränkungen auf die heutige Rechtslage übertragen werden kann.

---

[1] Auch LG Berlin a. a. O. sieht von einer Überprüfung anhand des AGB-Gesetzes ab, da bereits ein Verstoß gegen zwingende Bestimmungen der GOÄ vorliege, ohne allerdings näher auf das Verhältnis einzugehen.

[2] Insbesondere LG München I a. a. O. und OLG Düsseldorf, MedR 1984, 197 = VersR 1984, Heft 15, 370.

[3] Nur Kölsch, MedR 1983, 95, (98 f.) und NJW 1985, 2172 weist in dieselbe Richtung, jedoch erkennt er zu weite Gestaltungsmöglichkeiten für Honorarvereinbarungen an (Vereinbarung eines Gebührenrahmens anstelle eines festen Steigerungssatzes) und kommt deshalb noch zu einem zu ausgedehnten Anwendungsbereich des AGB-Gesetzes.

3. Einbeziehungsvoraussetzungen nach dem AGB-Gesetz

a. Die Voraussetzungen nach § 2 Abs. 1 AGB-Gesetz

Wird dem Patienten die gemäß § 2 Abs. 2 GOÄ schriftlich zu treffende Honorarvereinbarung, die keine anderen Erklärungen enthalten darf, vorschriftsgemäß ausgehändigt, wie § 2 Abs. 2 es verlangt, so kann man damit auch das Erfordernis des § 2 Abs. 1 Nr. 1 AGB-Gesetz als erfüllt ansehen.

Hinsichtlich der Möglichkeit der Kenntnisnahme als Einbeziehungsvoraussetzung nach § 2 Abs. 1 Nr. 2 AGB-Gesetz wird allerdings die Ansicht vertreten, diese sei dem Patienten nur dann gegeben, wenn auch die einschlägigen Gebührenpositionen aus dem Leistungsverzeichnis der Gebührenordnung Bestandteil der Vereinbarungen seien, etwa durch Abdruck auf der Rückseite.[1] Dies würde den Patienten aber eher verwirren als ihm genaue Kenntnis vom Inhalt der Honorarvereinbarung zu verschaffen. Das Entscheidende ist ja, daß die Honorarvereinbarung von dem Steigerungssatz abweicht, den die GOÄ vorsieht, und nicht von den Leistungspositionen des Gebührenverzeichnisses.

Eine Aufnahme des Gebührenverzeichnisses oder eines entsprechenden Auszugs in die Honorarvereinbarung würde dem Sinn des § 2 Abs. 2 GOÄ zuwiderlaufen, der die Aufnahme anderer Erklärungen in die Honoarvereinbarung – außer der Einigung über den Steigerungssatz – für unzulässig erklärt. Dies dient einer möglichst großen Klarheit und Überschaubarkeit für den Zahlungspflichtigen.

Mit der Angabe des vereinbarten festen Steigerungssatzes in dem Schriftstück, das der Patient ausgehändigt bekommen muß (§ 2 Abs. 2 GOÄ), wird ihm der Inhalt der Abdingungsvereinbarung auch im Sinne des § 2 Abs. 1 Nr. 2 AGB-Gesetz in hinreichendem Maße erkennbar.

b. Die negative Einbeziehungsvoraussetzung des § 3 AGB-Gesetz

Formularmäßige Honorarvereinbarungen werden in Rechtsprechung und Literatur gelegentlich unter dem Gesichtspunkt des § 3 AGB-Gesetz gesehen.[2] Allgemein zu vermissen sind jedoch Aussagen über das Verhältnis dieser Vorschrift zu den zwingenden Bestimmungen der GOÄ.[3]

Die Aussage des § 3 AGB-Gesetz. § 3 AGB-Gesetz enthält eine die generellen Einbeziehungsvoraussetzungen des § 2 ergänzende Sonderregelung für ungewöhnliche AGB-Klauseln. Diese werden, auch wenn sie an sich nach § 2 AGB-Gesetz wirksam einbezogen sind, dann nicht Vertragsbestandteil, wenn der redliche Kunde nach den Gesamtumständen des konkreten Vertrages mit Bestimmungen dieser Art in den AGB des Verwenders nicht zu rechnen brauchte.[4]

---

[1] AG Bad Homburg, NJW 1984, 2637 (2638) = Krankenhaus-Umschau 10/84, 787.

[2] LG München I, NJW 1982, 2130 (2131); OLG Düsseldorf, MedR 1984, 197 = VersR 1984 Heft 15, 370; BundesÄrztekammer, DtÄrzteBl 1983 [C] Heft 4, S. 17 (19); aus den Fünten, f & w 2/84 S. 10 (11); Kölsch MedR 1983, 95 (98); ders. NJW 1985, 2172 (2173); Vieß, Arztrecht 10/1984, 263 (264 f.).

[3] Nur Kölsch, NJW 1985, 2172 (2173) äußert sich in gewisser Hinsicht hierzu.

[4] Ulmer/Brandner/Hensen, § 3 Rn 1; Löwe/Graf von Westphalen/Trinkner, § 3 Rn 10.

Man könnte daran denken, bei ärztlichen Honorarvereinbarungen regelmäßig, wenn sie formularmäßig verwendet werden, die Steigerungssätze anhand des § 3 AGB-Gesetz darauf zu überprüfen, in welchem Grade die Honorarhöhe von der GOÄ abweicht.[1]

Es muß jedoch unterschieden werden zwischen „überraschenden" (§ 3) und inhaltlich unangemessenen Klauseln im Sinne des § 9 AGB-Gesetz.

Häufig halten Klauseln, durch die der Kunde überrascht wird, ihrem Inhalt nach auch nicht den Anforderungen des § 9 vollen Umfangs stand. Umgekehrt wohnt regelmäßig AGB-Klauseln, die den Kunden unangemessen benachteiligen, auch ein Überraschungsmoment inne.[2]

Zur Abgrenzung muß jedoch festgestellt werden, daß die inhaltliche Unangemessenheit allein weder ausreicht noch erforderlich ist, um eine überraschende Klausel anzunehmen. Sie ist Gegenstand der Inhaltskontrolle. Das entscheidende Einbeziehungshindernis nach § 3 AGB-Gesetz ist nicht die Unbilligkeit sondern das Ungewöhnliche der Klausel im komkreten Vertrag und das darauf beruhende Überraschungsmoment auf seiten des Kunden.[3]

Damit sind auch schon die beiden Tatbestandsvoraussetzungen genannt, deren Vorliegen nach § 3 die Einbeziehung einer AGB-Klausel verhindert: einmal das *Ungewöhnliche* der Klausel nach dem Gesamtbild des konkreten Vertrages als objektive Voraussetzung und zum zweiten subjektiv das *Überraschungsmoment* auf seiten des Kunden, der angesichts der Umstände nicht mit ihr zu rechnen brauchte.

Zur Feststellung des objektiv ungewöhnlichen Charakters der jeweiligen Klausel ist auf die Gesamtheit der konkreten Umstände des Vertragsschlusses abzustellen und zu fragen, ob danach der redliche Kunde mit ihr rechnen mußte oder nicht. Entscheidend ist, ob der Regelungsinhalt der AGB in zentralen Punkten von dem abweicht, was nach den Umständen als Vertragsinhalt zu erwarten war.[4]

Das Überraschungsmoment als subjektive Komponente des § 3 AGB-Gesetz richtet sich nach Information und Geschäftserfahrung des für derartige Verträge typischerweise zu erwartenden Kundenkreises. Es ist gegeben, wenn dem Kunden im Einzelfall nach dem typischen Verständnis der Personengruppe, der er zugehört, der Widerspruch des Vertragsinhalts zu den Umständen des Vertrages und seines Abschlusses nicht erkennbar war, so daß er die Tragweite des Textes nicht verstanden hat.[5]

Wichtig ist noch zu erwähnen, daß der überraschende Charakter der objektiv ungewöhnlichen Klausel dann zu verneinen ist, wenn der Verwender den Kunden ausdrücklich auf die betreffende Klausel hinweist oder sie in geeigneter Weise in dem dem Kunden überlassenen Text hervorhebt, so daß ihre Kenntnisnahme durch den Kunden zu erwarten ist.[6]

---

[1] So verfährt OLG Düsseldorf, MedR 1984, 197; auch Hoffmann, § 2, S.10f. stellt für § 3 AGB-Gesetz auf den Umfang der Abweichung von der GOÄ ab.

[2] MünchKomm-Kötz, § 3 AGB-Gesetz Rn 2.

[3] In diesem Sinne Löwe/Graf von Westphalen/Trinkner, § 3 Rn 10f.; MünchKomm-Kötz, § 3 AGB-Gesetz Rn 2ff.; Ulmer/Brandner/Hensen, § 3 Rn 1.

[4] Löwe/Graf von Westphalen/Trinkner, a.a.O.; Ulmer/Brandner/Hensen, § 3 Rn 18.

[5] Löwe/Graf von Westphalen/Trinkner, § 3 Rn 13.

[6] MünchKomm-Kötz, § 3 AGB-Gesetz Rn 6; Palandt-Heinrichs, § 3 AGB-Gesetz 2) 2b; Ulmer/Brandner/Hensen, § 3 Rn 23.

Zurückkommend auf den Ausgangspunkt der Überlegungen, welchen Anwendungsbereich § 3 AGB-Gesetz bei ärztlichen Honorarvereinbarungen hat, muß gefragt werden, ob nicht eine Vereinbarung, die den zwingenden Bestimmungen der GOÄ mit dem Formerfordernis des § 2 Abs. 2 entspricht, naturgemäß so klar und deutlich sein muß, daß für eine Anwendung des § 3 AGB-Gesetz kein Raum mehr bleibt.

Die zwingenden Anforderungen der GOÄ in Beziehung zum Tatbestand des § 3 AGB-Gesetz. Bei den Erörterungen zum zulässigen Inhalt von Honorarvereinbarungen wurde bereits herausgestellt, daß hier Gesichtspunkte der Transparenz und Vorhersehbarkeit eine wichtige Rolle spielen. Die Vereinbarung muß so beschaffen sein, daß sie eine Abrechnung nach § 12 GOÄ ermöglicht.[1] Sie muß geschlossen werden, bevor der Arzt seine Leistungen erbringt (§ 2 Abs. 2 GOÄ) und darf keinen neuen Gebührenrahmen festlegen, sondern nur einen festen Steigerungssatz, so daß der Patient ermessen kann, was auf ihn zukommt.[2] Ein Pauschalhonorar, das ihn nicht die Steigerung gegenüber dem Gebühreneinfachsatz erkennen ließe, kann nicht wirksam vereinbart werden.[3] Dem Schriftformerfordernis des § 2 Abs. 2 GOÄ genügt nur eine Vereinbarung, die sich in den gesetzten Grenzen hält. Entspricht sie nicht dem § 2 Abs. 1, so ist gleichzeitig ein Verstoß gegen das Schriftformerfordernis des Absatzes 2 der Vorschrift gegeben, da die Schriftform sich auf eine „nach Absatz 1" getroffene Vereinbarung beziehen muß, § 2 Abs. 2 Satz 1. Dann ist die Honorarvereinbarung nach § 2 Abs. 2 GOÄ in Verbindung mit § 125 BGB unwirksam.[4]

Das Erfordernis der Schriftform und die Unzulässigkeit der Aufnahme anderer Erklärungen in die Vereinbarung (z. B. Honorarvereinbarung zusammen mit Krankenhausaufnahme- oder Wahlleistungsvertrag) nach § 2 Abs. 2 sind Schutzregelungen zugunsten des Patienten, die für ihn eine möglichst große Sicherheit und Klarheit darüber schaffen sollen, womit er sich durch seine Unterschrift einverstanden erklärt.

Durch die begrenzten Möglichkeiten, die die GOÄ für die Gestaltung von Honorarvereinbarungen offenläßt, – gleich, ob es sich um vorformulierte Abdingungen oder Individualvereinbarungen handelt – wird der Gefahr einer Überraschungswirkung bereits erheblich vorgebeugt. Es besteht damit eine Überschneidung mit dem Schutzzweck des § 3 AGB-Gesetz, der allerdings nur die Überraschungsgefahr bei vorformulierten Vereinbarungen im Auge hat. Deren Eigenart wird eben darin gesehen, daß sie auch bei einer Einbeziehung, die den Anforderungen des § 2 AGB-Gesetz entspricht, nicht im einzelnen ausgehandelt, sondern nur global zum Vertragsbestandteil gemacht werden. Der Vertragspartner des Verwenders wäre in seiner Verantwortungsfähigkeit überfordert, würde man seiner auf globale Unterwerfung gerichteten Erklärung die gleiche Bindungswirkung beimessen wie einer Individualvereinbarung.[5]

---

[1] Siehe oben, S. 77 ff.
[2] Siehe oben, S. 82 ff.
[3] Siehe oben, S. 76 ff.
[4] In diesem Sinne auch LG Stuttgart, Urt. v. 12. Oktober 1984 – 6 S 16/84.
[5] Palandt-Heinrichs § 3 AGB-Gesetz 1).

Ein Schriftstück, das den Anforderungen des § 2 Abs. 1 und 2 GOÄ entspricht und dem Zahlungspflichtigen, wie § 2 Abs. 2 es fordert, im Abdruck ausgehändigt wird, birgt aber nicht die Überraschungsgefahr für den Vertragspartner, die bei nicht nach solch strengen Vorschriften gestalteten AGB gegeben sein kann.
Die zwingenden Vorschriften der GOÄ stellen insofern gegenüber dem AGB-Gesetz einen vorrangigen Prüfungsmaßstab dar. Ist ihm nicht genügt, so ist die Honorarvereinbarung nach §§ 2 Abs. 1, 2 Abs. 2 GOÄ, 125 BGB nichtig.
Es muß deshalb untersucht werden, welcher eigenständige Anwendungsbereich für § 3 AGB-Gesetz verbleibt.

Eigenständige Auswirkungen des § 3 AGB-Gesetz auf ärztliche Honorarvereinbarungen. In der Rechtsprechung finden sich Anwendungsfälle des § 3 AGB-Gesetz auf Honorarvereinbarungen, die wegen ihres ungewöhnlichen und überraschenden Charakters für nicht wirksam in den Behandlungsvertrag einbezogen erklärt werden. In den Entscheidungen[1] werden die Merkmale des § 3 AGB-Gesetz als dann erfüllt angesehen, wenn die Honorarvereinbarung zu einer von der GOÄ erheblich abweichenden Honorarhöhe führe und sich in Widerspruch zu den Berechnungsmodalitäten der – an sich als geltend vereinbarten Privat-Adgo – setze. Wichtig ist hervorzuheben, daß die Urteile auf der Grundlage der GOÄ 1965 ergingen (weshalb auch die Vereinbarung der Privat-Adgo als Abrechnungsgrundlage für sich genommen nicht beanstandet wird).
Es liegen ihnen ähnliche Sachverhalte zugrunde. Soweit die Erörterungen auf der Voraussetzung basieren, daß die Vereinbarung eines von der GOÄ abweichenden Gebührenrahmens zulässig ist (also auch Vereinbarung der Privat-Adgo), sind sie auf die heutige Rechtslage nicht übertragbar, da die GOÄ 1982 dies nicht zuläßt.
Jedoch kann den Entscheidungen insoweit gefolgt werden, als sie für den objektiv ungewöhnlichen Charakter darauf abstellen, in welchem Grad die Honorarvereinbarungsklausel von dem dispositiv-gesetzlichen Vertragsleitbild abweicht sowie von dem, was typischerweise zwischen Arzt und Patient vereinbart wird. Danach wäre die Vereinbarung eines Steigerungssatzes, der erheblich über dem liegt, was § 5 Abs. 1 und 2 GOÄ vorsehen (1- bis höchstens 3,5facher Satz, in der Regel nur bis 2,3), im Sinne des § 3 AGB-Gesetz als ungewöhnlich zu bezeichnen.
Für das (subjektive) Überraschungsmoment beim Patienten ließ aber die Rechtslage nach der alten GOÄ erheblich mehr Raum. Durch die Anforderung des § 2 Abs. 2 der 1982er GOÄ, die Honorarvereinbarung in einem Schriftstück zu treffen, das keine anderen Erklärungen enthält und dem Patienten in Abdruck auszuhändigen ist, wird bereits für die nötige Erkennbarkeit des Vereinbarungsinhalts für den Patienten gesorgt. Überraschend kann er im Sinne des § 3 AGB-Gesetz nunmehr lediglich insofern sein, als der Patient möglicherweise trotz der klaren Angaben die Bedeutung nicht zu ermessen vermag. Der durchschnittliche Patient hat in aller Regel keine Erfahrungen im ärztlichen Gebührenrecht. Durch die Angabe eines festen Steigerungssatzes kennt er zwar die Relation dessen, was der Arzt aus der Honorarvereinbarung fordern wird, zum Gebühreneinfachsatz der GOÄ. Er

---

[1] LG München I, NJW 1982, 2130 (2132) und OLG Düsseldorf, MedR 1984, 197 (198) = VersR 1984 Heft 15, 370 f.

ersieht daraus aber nicht, daß diese dem Arzt einen Spielraum für die Bemessung im Einzelfall einräumt und wie weit dieser reicht. Insofern stellt die Abdingungsvorschrift des § 2 GOÄ keine Anforderungen auf.

Dies bedeutet, daß formularmäßigen Vereinbarungen, die nach der GOÄ wirksam getroffen sind, trotz der strengen Wirksamkeitserfordernisse des § 2 noch ein Überraschungsmoment innewohnen kann, das zur Anwendung des § 3 AGB-Gesetz führt. Dies ist der Fall, wenn der Patient nicht auf die betragsmäßigen Auswirkungen der Honorarvereinbarung hingewiesen wird.

Deshalb muß verlangt werden, daß die Vereinbarung einen Hinweis darauf enthält, *daß* das vereinbarte Honorar und *in welcher Weise* es von der Gebührenordnung abweicht. Der Hinweis muß eindeutig und mit Zahlen veranschaulicht sein.[1]

Da es im Einzelfall für den Arzt nicht immer möglich sein wird, bei Abschluß der vorformulierten Honorarvereinbarung zu ermessen, ob der Inhalt eine erhebliche Abweichung gegenüber der nach der GOÄ zu bestimmenden Gebührenhöhe darstellt, ob also die objektive Voraussetzung des § 3 AGB-Gesetz möglicherweise erfüllt ist, sollte die abweichende Honorarvereinbarung in diesen Fällen immer den Umfang der Abweichung von der GOÄ ausdrücklich und erkennbar angeben.

Dies kann, da nicht zu den Anforderungen des § 2 GOÄ gehörend, auch in einem Begleitschreiben erfolgen. Sinnvoll ist es, auf den normalen Gebührenrahmen durch Wiedergabe des Textes des § 5 GOÄ hinzuweisen,[2] da auf diese Weise der Patient auch von der Regelspanne und der Berechtigung ihres Überschreitens sowie von der unterschiedlichen Bewertung persönlicher ärztlicher und medizinisch-technischer Leistungen erfährt. In der Honorarvereinbarung muß allerdings auch gekennzeichnet sein, ob es sich bei der jeweiligen Leistung, für die die Vergütungsvereinbarung getroffen wird, um eine persönliche oder technische handelt, damit der Patient tatsächlich in etwa den Grad der Abweichung des in dem Abdingungsformular vereinbarten Steigerungssatzes von dem erkennen kann, was die Gebührenordnung vorsieht.[3]

Im Hinblick auf die Ausgangsfrage, welcher eigenständige Anwendungsbereich für § 3 AGB-Gesetz angesicht der eingeschränkten Möglichkeiten verbleibt, die bereits die GOÄ nur zuläßt, kann also festgestellt werden, daß dieser bei formularmäßigen Vereinbarungen liegt, die den Umfang der Abweichung von der GOÄ nicht erkennen lassen.

Ist der vereinbarte Steigerungssatz in diesen Fällen als ungewöhnlich zu bezeichnen, so wird die Honorarvereinbarung nach § 3 AGB-Gesetz nicht zum Bestandteil des Behandlungsvertrages.

---

[1] LG München I, a. a. O.; OLG Düsseldorf a. a. O.

[2] Hoffmann, § 2 12., S. 10 f.; Bundesärztekammer, DtÄrzteBl 1983 [C] Heft 4, 17 (19); aus den Fünten, f & w 2/84, 10 (11).

[3] So auch aus den Fünten a. a. O.

4. Inhaltskontrolle nach § 9 AGB-Gesetz?

Während § 3 AGB-Gesetz darauf abstellt, ob AGB ungewöhnlich und überraschend sind, erlaubt § 9 AGB-Gesetz eine inhaltliche Angemessenheitskontrolle.

a. Die Voraussetzungen nach § 8 AGB-Gesetz

Eine Besonderheit der formularmäßigen ärztlichen Honorarvereinbarung liegt nun allerdings darin, daß sie die Hauptleistungspflicht des einen Vertragspartners, nämlich des Patienten, regelt. Dies ist insofern von Bedeutung, als nach allgemein anerkannter Auslegung des § 8 AGB-Gesetz Leistungsbeschreibungen und Preisregelungen einer Inhaltskontrolle nach den folgenden Vorschriften entzogen sind.[1] Das AGB-Gesetz soll keine wirtschaftslenkende Funktion haben und deshalb keine staatliche Preiskontrolle ermöglichen.[2] Hier wird die Vertragsfreiheit vom Gesetzgeber voll respektiert. Aufgrund der Inhaltskontrolle soll weder eine Kontrolle der Angemessenheit der Leistungsangebote noch der Preise ermöglicht werden.[3]
Dies legt zunächst die Schlußfolgerung nahe, daß formularmäßige Honorarvereinbarungen einer Inhaltskontrolle nach dem AGB-Gesetz schlechthin entzogen sind.[4]

Keine Anwendung der §§ 8 und 9 AGB-Gesetz, wenn Gebührenbemessung nach der GOÄ erfolgt. Vorweg muß klargestellt werden, daß der als Argument gegen eine Inhaltskontrolle angeführte Hinweis fehl geht, die Bemessung der Gebühren nach der GOÄ könne auf die Wahrung billigen Ermessens überprüft werden, insbesondere unterliege die Anwendung des Vervielfachungssatzes („Einfaches bis zum Sechsfachen")[5] der richterlichen Überprüfung, ohne daß es sich dabei um eine AGB-Kontrolle handele.[6]
Hier wird verkannt, daß die Festlegung der Gebühr durch den Arzt im Einzelfall nach der GOÄ gar keine „Vertragsbedingung" im Sinne des § 1 Abs. 1 AGB-Gesetz ist und deshalb in der Argumentation für oder gegen eine Inhaltskontrolle nicht herangezogen werden kann. Sie erfolgt ja gerade, wenn *keine* Honorarvereinbarung vorliegt, als einseitige Leistungsbestimmung und wird dem Patienten erst mit der Rechnung bekanntgegeben.[7]
Nur die Honorarvereinbarung und nicht die einseitige Gebührenbemessung nach § 5 GOÄ 1982 (früher: § 2 GOÄ 1965) kommt schon nach der Begriffsbestimmung

---

[1] Löwe/Graf von Westphalen/Trinkner, § 8 Rn 12; MünchKomm-Kötz, § 8 Rn 4; Ulmer/Brandner/Hensen, § 8 Rn 9; Bunte, S. 18.

[2] So schon die Amtliche Begründung zum Regierungsentwurf, BT-Drucksache 7/3919, S. 22.

[3] Bunte, S. 19.

[4] Wie u. a. Palandt, § 8 AGB-Gesetz 1) und Ulmer/Brandner/Hensen, § 8 Rn 3 hervorheben, unterliegen AGB, die nach § 8 AGB-Gesetz nicht inhaltlich kontrolliert werden dürfen, jedenfalls den Vorschriften über die Einbeziehung in den Vertrag (§§ 2, 3), weshalb die vorausgehenden Erörterungen von der Problematik nicht berührt werden.

[5] Dies bezieht sich noch auf die alte GOÄ mit dem weiteren Gebührenrahmen.

[6] Löwe/Graf von Westphalen/Trinkner, § 8 Rn 13.

[7] Dies gilt gleichermaßen für die 1965er GOÄ wie für die heutige.

des § 1 AGB-Gesetz, nach der es sich um „Vertragsbedingungen" handeln muß,
allein für eine Kontrolle nach dem AGB-Gesetz und damit auch für eine Inhaltskontrolle in Betracht. Die Überprüfungsmöglichkeiten der Leistungsbestimmung
nur nach der GOÄ haben hiermit nichts zu tun.

*Einräumung eines einseitigen Leistungsbestimmungsrechts als kontrollfähige Klau-
sel?* Es wird die Ansicht vertreten, daß § 8 AGB-Gesetz einer Inhaltskontrolle bei
solchen Vereinbarungen, die dem Arzt einen Spielraum für die Gebührenbemessung, d.h. ein einseitiges Leistungsbestimmungsrecht einräumen entgegenstehe.[1]
Zunächst muß darauf verwiesen werden, daß durch Auslegung der Vorschrift des
§ 2 GOÄ bereits ermittelt wurde, daß die Verordnung keine Vereinbarung eines
von der GOÄ abweichenden Gebührenrahmens zuläßt.[2] Diese Auslegung findet
nun noch eine weitere – sicherlich ungewollte – Stütze in der Argumentation derjenigen, die die Einräumung eines Spielraums für den Arzt in der Honorarvereinbarung gerade für zulässig halten, aber Vereinbarungen dieser Art der Inhaltskontrolle nach § 9 AGB-Gesetz unterstellen wollen, da dem Arzt auf diese Weise ein
einseitiges Leistungsbestimmungsrecht eingeräumt werde.[3]
Man muß betrachten, wie die Anwendbarkeit des § 9 AGB-Gesetz auf Gebührenrahmenvereinbarungen hergeleitet wird, und diese Argumentation dem Wortlaut
des § 2 Abs. 1 und 2 GOÄ gegenüberstellen.
Richtig ist, daß die Einräumung eines Spielraums für den Arzt (z.B. „Gebühren
bis zum x-fachen des Einfachsatzes nach der GOÄ") im Zeitpunkt der Honorarvereinbarung noch nicht die Hauptleistung für den Zahlungspflichtigen festlegt,
sondern dem Arzt zunächst nur ein einseitiges Leistungsbestimmungsrecht gibt,
das dieser innerhalb des gegebenen Rahmens ausüben kann.
Für Vereinbarungen in AGB, die einem Vertragsteil ein einseitiges Leistungsbestimmungsrecht einräumen, wird überwiegend die Ansicht vertreten, daß eine
Inhaltskontrolle stattfinden kann, da es sich eben noch nicht um die konkrete
Festlegung des Entgelts selbst handelt.[4] § 8 AGB-Gesetz steht dem nicht entgegen,
da mit einer solchen Regelung davon abgewichen wird, daß grundsätzlich (§ 305
BGB) Leistung und Gegenleistung im Vertrag festzulegen sind.[5]
Dieser Standpunkt wird nun von denjenigen, die die Vereinbarung eines Gebührenrahmens für zulässig halten, übernommen. Es müsse eine Inhaltskontrolle stattfinden, da der Arzt in gegebenem Rahmen die Vergütung einseitig festsetzen
könne. Schon wegen der dadurch bestehenden Ungewißheit könne der Vertragspartner unangemessen benachteiligt sein.[6] Eine der Inhaltskontrolle nicht unter-
worfene Bestimmung des unmittelbaren Leistungsgegenstandes liege deshalb
nicht vor, weil nicht schon das einseitige Leistungsbestimmungsrecht die Hauptlei-

---

[1] Kölsch, NJW 1985 2172 (2175); ders. MedR 1983, 95 (99); Vieß, Arztrecht 10/1984, 263 (266);
grundsätzlich gegen eine Inhaltskontrolle: Hensen, NJW 1983, 1366 (1367).
[2] Siehe oben, S. 82 ff.
[3] Kölsch a.a.O.; Vieß a.a.O.
[4] BGH NJW 1981, 2351 (2352) = BauR 6/81, 582 (583); Palandt-Heinrichs, § 8 AGB-Gesetz 2) b);
Ulmer/Brandner/Hensen, § 8 Rn 20; in diesem Sinne wohl auch Löwe/Graf von Westphalen/
Trinkner, § 8 Rn 12.
[5] BGH a.a.O.
[6] Kölsch, NJW 1985 a.a.O.; ders. MedR a.a.O.

stung darstelle, sondern nur eine Modalität zu deren Bestimmung. Erst die Ausübung des Leistungsbestimmungsrechts führe zur Festlegung der tatsächlich geschuldeten Gegenleistung.[1]

Gerade diese Formulierungen bestätigen selber die Unhaltbarkeit der Prämisse, von der sie ausgehen, daß nämlich § 2 GOÄ die Vereinbarung eines Gebührenrahmens zulasse.

Wer – zutreffend – davon spricht, daß durch die Einräumung eines Spielraums die Leistungspflicht des Vertragspartners noch nicht festgelegt sei, die Bestimmung vielmehr durch den Arzt später einseitig erfolge und die Honorarvereinbarung nur den Modus der Festlegung bestimme, setzt sich durch seine Aussage gleichzeitig in Widerspruch zu § 2 GOÄ.

Das einseitige Leistungsbestimmungsrecht für den Arzt bedeutet eben keine Festlegung der Vergütungshöhe durch Vereinbarung vor Leistungserbringung, wie § 2 GOÄ es für die Zulässigkeit von Honorarvereinbarungen fordert.

So bestätigt sich also, daß eine Honorarvereinbarung, die nur einen Gebührenrahmen bestimmt, keine „Vereinbarung nach Abs. 1" des § 2 ist, mit der der Form des Absatzes 2 genügt werden kann.

Bezug nehmend auf das eingangs[2] erörterte Spezialitätsverhältnis der Anforderungen, die die GOÄ selber aufstellt, zu denen des AGB-Gesetzes muß also der Schluß gezogen werden, daß sich die Frage nach der inhaltlichen Kontrollfähigkeit (§§ 8, AGB-Gesetz) von Gebührenrahmenvereinbarungen bei der konkreten Prüfung nicht stellt, da solche schon wegen Verstoßes gegen § 2 GOÄ nichtig sind.

Bestimmung eines festen Steigerungssatzes als Abweichung von dispositivem Recht.
Als für eine Inhaltskontrolle in Betracht kommend verbleiben somit nur diejenigen formularmäßigen Gestaltungsformen, deren Wirksamkeit nach der GOÄ keinen Bedenken unterliegt. Es geht also um Vereinbarungen, die einen festen Steigerungssatz für die Gebührenbemessung bestimmen. Hier besteht nun das Problem, daß die Honorarhöhe in der Vereinbarung selber festgelegt wird und dies nicht einer später erfolgenden Bestimmung durch den Arzt vorbehalten bleibt, daß es sich also tatsächlich um eine konkrete *Entgeltregelung* handelt und einer Inhaltskontrolle somit die Vorschrift des § AGB-Gesetz in der genannten Auslegung[3] grundsätzlich entgegensteht.

Die Besonderheit der ärztlichen Honorarvereinbarung gegenüber Preisabreden bei den meisten anderen entgeltlichen Rechtsverhältnissen ist aber, daß hier Rechtsvorschriften bestehen, nach denen sich im allgemeinen das Entgelt bemißt, und die Honorarvereinbarung diesen gegenüber eine Abweichung darstellt. Damit ist dem Wortlaut nach den Anforderungen des § 8 AGB-Gesetz für die Zulässigkeit einer inhaltlichen Angemessenheitskontrolle genügt. Dies liefe dann allerdings auf eine staatliche Preiskontrolle hinaus, die an sich durch das AGB-Gesetz nicht bewirkt werden soll.[4] Die Ausklammerung der Preisabrede bei der Inhaltskontrolle nach dem AGB-Gesetz kann aber nur da uneingeschränkt gefordert werden,

---

[1] Vieß a.a.O.
[2] Oben, S. 88.
[3] Siehe oben, S. 94.
[4] Siehe oben, S. 94.

wo der Gesetzgeber die Vertragsfreiheit voll respektiert und nicht seinerseits eine Preisgestaltung vornimmt.

In diesem Sinne ist in Rechtsprechung und Literatur die Aussage zu finden, Klauseln über das Entgelt unterlägen gemäß § 8 AGB-Gesetz auch dann der Inhaltskontrolle nach den §§ 9–11 AGB-Gesetz, wenn dieses unter Abweichung von gesetzlich vorgeschriebenen Preisen festgelegt würde.[1] Dies gelte auch – und das ist für die Übertragbarkeit auf die ärztliche Honorarvereinbarung wichtig, da die GOÄ einen Gebührenrahmen vorsieht – soweit in den preisrechtlichen Bestimmungen keine starren Regelungen getroffen, sondern Gestaltungsmöglichkeiten eröffnet werden und für die Höhe des Entgelts ein Spielraum gewährt werde. Dann habe der Gesetzgeber Leitlinien für die Preisgestaltung aufgestellt. Entgeltklauseln in AGB könnten und müßten darauf überprüft werden, ob sie mit den Grundgedanken der Preisvorschriften übereinstimmen und sich in den von den Leitlinien gezogenen Grenzen halten, wenn der vom Gesetzgeber mit dem Erlaß der Preisvorschriften verfolgte Zweck nicht verfehlt werden solle. Der Gesetzgeber habe insoweit Preisrecht geschaffen, an dem die AGB ohne weiteres zu messen seien.[2]

Demgegenüber wird eingewandt, es sei widersprüchlich, zu kontrollieren, was innerhalb vom Gesetzgeber gezogener Leitlinien durch AGB gestaltet werde, während außer Kontrolle bleiben solle, was durch AGB im „schrankenlosen Raum" bestimmt werde.[3] Auf die GOÄ bezogen wird angeführt, durch die Zulassung von der Höhe nach abweichenden Vereinbarungen in § 2 habe der Verordnungsgeber erkennen lassen, daß für die Höhe der Vergütung seine Leitlinien nicht gelten sollen, insoweit vielmehr die Vereinbarung vorrangig sei.[4]

Hierbei wird jedoch verkannt, daß die Möglichkeit der Abdingung dispositiven Rechts – bei der GOÄ handelt es sich um den § 5 Abs. 1 Satz 1, Abs. 2 und Abs. 3 – diesem nicht den Charakter eines gesetzlichen Ordnungsbildes mit Richtlinienfunktion nimmt. Man spricht von der ordnenden Richtlinien- und Leitbildfunktion dispositiven Rechts.[5] Ihre Bedeutung für die AGB-Kontrolle ergibt sich auch schon aus der Fassung des § 9 Abs. 2 Nr. 1 AGB-Gesetz. Bestehen, wie bei den Gebühren der GOÄ, gesetzliche Leitlinien, so liegt bei anderer Abrechnung eine beurteilungsbedürftige Abweichung vom gesetzlichen Ordnungsbild vor.[6] Wo keine gesetzliche Vorgabe besteht, kann auch demgegenüber keine Abweichung beurteilt werden.

---

[1] BGH NJW 1981, 2351 (2352) = BauR 6/81, 582 (583 f.); AG Bad Homburg, NJW 1984, 2637 (2638); MünchKomm-Kötz, § 8 AGB-Gesetz Rn 4; Palandt-Heinrichs § 8 AGB-Gesetz 2) b). Auch die Antwort der Bundesregierung auf eine Kleine Anfrage der Abgeordneten Frau Fuchs, ..., BT-Drucksache 10/186 vom 22. 06. 1983 ist so zu verstehen. Offenbar für unproblematisch gehalten wurden die Anforderungen des § 8 für die Anwendbarkeit des § 9 AGB-Gesetz von denjenigen, die ohne weiteres erwägen, ob bestimmte Regelungen in ärztlichen Honorarvereinbarungen unangemessen sind und damit an § 9 AGB-Gesetz scheitern: LG München I, NJW 1982, 2130 (2131); OLG Düsseldorf MedR 1984, 197 ff.; Narr, Arzt und Wirtschaft 13/83, 12 (18).

[2] BGH a.a.O.; AG Bad Homburg a.a.O.

[3] Hensen, NJW 1983, 1366 (1367).

[4] Kölsch, MedR 1983, 95 (99).

[5] BGHZ 63, 238 (239); BGH NJW 1967, 1225 (1226).

[6] AG Bad Homburg a.a.O.

Mit dem Erlaß der GOÄ hat der Verordnungsgeber selber Preisrecht geschaffen, eine Preisgestaltung vorgenommen. Bei formularmäßiger Abweichung kann über diese Vorgabe nicht hinweggesehen werden.

In welchem Umfang von den durch die Verordnung vorgesehenen Preisen durch individuell ausgehandelten Vertrag abgewichen werden kann, ist für die Frage nach der Inhaltskontrolle von AGB unmaßgeblich. Werden die AGB vom Verwender einseitig zu Lasten des Vertragspartners durchgesetzt, so verlangt dessen Schutzbedürftigkeit vor der wirtschaftlichen Überlegenheit des anderen eine Kontrolle auch der Preisgestaltung nach § 9–11 AGB-Gesetz.

Es ergibt sich somit also ein eigenständiger Anwendungsbereich des AGB-Gesetzes für die Inhaltskontrolle formularmäßiger ärztlicher Honorarvereinbarungen, soweit diese einen festen, von der GOÄ abweichenden Steigerungssatz festlegen, was nach § 2 GOÄ einzig zulässig ist. Sie stellen im Sinne des § 8 AGB-Gesetz eine Abweichung von Rechtsvorschriften dar und unterliegen deshalb der Kontrolle auf inhaltliche Angemessenheit nach § 9 AGB-Gesetz.

b. Die unangemessene Benachteiligung im Sinne des § 9 AGB-Gesetz

In welchen Fällen eine Honorarvereinbarung für den Zahlungspflichtigen eine unangemessene Benachteiligung im Sinne des § 9 AGB-Gesetz darstellt, kann nicht abschließend gesagt werden, da es auf die jeweilige Ausgestaltung und die jeweilige Interessensituation der Beteiligten ankommt. Es muß bei der einzelnen zu untersuchenden Klausel eine Analyse und Abwägung der Interessen der Vertragsparteien erfolgen.[1]

Eine unangemessene Benachteiligung ist zu vermuten, wenn der Inhalt der Honorarvereinbarung mit wesentlichen Grundgedanken der gesetzlichen Regelung, von der abgewichen wird, nicht zu vereinbaren ist, § 9 Abs. 2 Nr. 1 AGBG. Da mit der Bestimmung eines Steigerungssatzes von der Vorschrift des § 5 Abs. 1 Satz 1, Abs. 2 und Abs. 3 abgewichen wird, muß die Honorarvereinbarung in ihrer jeweiligen Fassung an dieser Vorschrift gemessen werden.[2] Eine Abweichung gilt im Hinblick auf die Richtlinien- und Leitbildfunktion des dispositiven Rechts als ein gewichtiges Indiz für eine unangemessene und zu beanstandende Klausel.[3] Allerdings ist nicht jede Abweichung zu mißbilligen. Der Grund für die Mißbilligung liegt vielmehr in der Unvereinbarkeit der Klausel mit wesentlichen Grundgedanken der gesetzlichen Regelung.[4]

Keinesfalls kann für die formularmäßige Honorarvereinbarung gefordert werden, daß der Arzt bei jeder einzelnen Gebührenposition die Bemessungskriterien des § 5 Abs. 2 GOÄ in gleicher Weise anwendet, wie dies ohne Abdingungsvereinbarung zu geschehen hätte[5]. Dies folgt schon aus dem grundsätzlich anderen Charakter der Gebührenbestimmung bei Honorarvereinbarung, nämlich Festlegung der Vergütungshöhe bereits vor Leistungserbringung, wie die beiden Absätze des

---

[1] MünchKomm-Kötz, § 9 AGB-Gesetz Rn 3.
[2] So für die HOAI BGH a. a. O.
[3] Ulmer/Brandner/Hensen, § 9 Rn 101.
[4] Ulmer/Brandner/Hensen, a. a. O.
[5] So aber LG Duisburg, NJW 1986, 2887 (2888).

§ 2 GOÄ es fordern[1]. Um den Grad der Abweichung von der gesetzlichen Regelung zu beurteilen, muß auch diese Vorschrift gesehen werden, mit der der Verordnungsgeber die abweichende Vereinbarung gerade in sein Regelungssystem einbezieht und nur in einer Weise vorsieht, die die strikte Anwendung des § 5 GOÄ gar nicht ermöglicht.

Gleichwohl kann den Bemessungskriterien des § 5 Abs. 2 GOÄ eine Leitbildfunktion nicht abgesprochen werden, das heißt der Arzt muß sie auch bei Abschluß der Vereinbarung insoweit berücksichtigen, als ihm dies in diesem Zeitpunkt bereits möglich ist.

Als wesentlicher Grundgedanke des § 5 GOÄ in Verbindung mit dem Gebührenverzeichnis muß die leistungsgerechte, angemessene Entlohnung des Arztes bezeichnet werden. Eine vom üblichen Honorar abweichende Vereinbarung nach § 2 Abs. 1 GOÄ sollte nach der Vorstellung des Verordnungsgebers nur zulässig sein, um in Einzelfällen besonders gelagerten Sachverhalten angemessene Rechnung tragen zu können.[2]

Dem widerspricht jede generalisierende Form der Abdingung, in der undifferenziert ein bestimmter Multiplikator eingesetzt wird.[3]

Es muß also für formularmäßige Honorarvereinbarungen, um der Beurteilung als unangemessene Benachteiligung im Sinne des § 9 AGB-Gesetz vorzubeugen, verlangt werden, daß die vereinbarten Steigerungssätze nach Leistungen oder Leistungsgruppen differenziert werden. Wenn dieser Anforderung genügt ist, kann allein aus der Tatsache, daß der vereinbarte Multiplikator nicht unerheblich über dem Satz liegt, der nach der GOÄ angebracht wäre, nicht auf eine unangemessene Benachteiligung geschlossen werden.

Es müßte sich vielmehr ergeben, daß der Arzt bei Bestimmung des Steigerungssatzes im jeweiligen Fall keine einzelfallbezogenen Überlegungen angestellt hat, was wiederum dann zu vermuten ist, wenn er unterschiedslos für seine Leistungen einen einheitlichen Multiplikator festlegt.

IX. Honorarvereinbarung und Kartellrecht

Schon bald nach Inkrafttreten der GOÄ 1982 wurden vereinzelte Fälle bekannt, in denen Ärzte ihre Liquidation mit der von Kollegen koordinierten und zwar insbesondere durch einheitliche Abdingungsvereinbarungen unter Verwendung einheitlicher Steigerungssätze.

Gegenüber diesen Verhaltensweisen bestehen kartellrechtliche Bedenken.

Das Kartellgesetz verbietet den „Unternehmen oder Vereinigungen von Unternehmen" wettbewerbsbeschränkende Vereinbarungen und ein aufeinander abgestimmtes wettbewerbsbeschränkendes Verhalten, § 1 und § 25 GWB.

Die Abstimmung der Honorarentscheidung im Kollegenkreis wirkt sich wettbewerbsbeschränkend aus. Für die Anwendbarkeit der genannten Vorschriften

---

[1] Siehe oben S. 83 ff.
[2] Vgl. die Antwort der Bundesregierung auf eine Kleine Anfrage der Abgeordneten Fuchs, ..., a. a. O.
[3] Narr, Arzt und Wirtschaft 13/83, 12 (18).

müßte die ärztliche Berufstätigkeit jedoch als „Unternehmen" im wettbewerbsrechtlichen Sinne zu verstehen sein. Dem könnte entgegenstehen, daß der ärztliche Beruf nach § 1 Abs. 2 der Bundesärzteordnung kein Gewerbe ist. Diese Tatsache wird jedoch für die wettbewerbsrechtliche Einordnung als irrelevant angesehen. Nach dem heute geltenden sogenannten funktionalen Unternehmensbegriff, für den das entscheidende Kriterium die Tätigkeit auf dem Markt ist und nicht die Unterscheidung zwischen Unternehmen im klassischen Sinne und freiem Beruf, sind auch Ärzte als Unternehmen im Sinne des Kartellgesetzes zu bezeichnen. Sie unterliegen ebenso wie andere Unternehmen dem GWB.[1]

Dementsprechend hat das Bundeskartellamt die Bundesärztekammer und ärztliche Interessenorganisationen darauf hingewiesen, daß nach den Vorschriften des Kartellrechts die individuelle Honorarentscheidung des Arztes auf keine Weise im Kollegenkreis abgestimmt oder koordiniert werden darf. Darüberhinaus hat das Amt deutlich gemacht, daß Empfehlungen durch Ärztevereinigungen, medizinische Verlage, Ärztekollegien an Krankenhäusern etc. über Honorargestaltungen, die zu einer Umgehung des Kartellverbots führen, ebenfalls unzulässig sind und mit Bußgeld geahndet werden können. Eine derartige unzulässige Empfehlung sei insbesondere dann gegeben, wenn Abdingungsformulare mit bereits eingedrucktem Steigerungssatz an Ärzte verbreitet würden.[2]

1983 ermittelten die Landeskartellbehörden bereits in mehreren Fällen unter dem Gesichtspunkt unzulässiger Preisabsprachen oder Abstimmungen, in denen leitende Krankenhausärzte, bzw. Fachärzte außerhalb von Krankenhäusern eine einheitliche Abdingung unter Verwendung einheitlicher Steigerungssätze praktizierten.[3]

Es muß in diesen Fällen jeweils geprüft werden, ob den Verhaltensweisen eine unzulässige zentrale Koordinierung zugrunde liegt, die geeignet ist, die Marktverhältnisse für ärztliche Leistungen durch Beschränkung des Wettbewerbs zu beeinflussen.

Schon eine Absprache unter Ärzten dahingehend, daß sie alle Patienten nur nach Honorarvereinbarung über den Multiplikator behandeln (also ohne daß dieser schon in der Absprache festgelegt wird) muß als kartellrechtswidrig bezeichnet werden.[4]

Um dem Anschein von Absprachen oder Empfehlungen entgegenzuwirken, sollte in der jeweiligen Honorarvereinbarung zum Ausdruck kommen, daß Raum für eine individuelle Entscheidung vorhanden war. Darauf muß besonders geachtet werden, wenn es sich um formularmäßige Vereinbarungen handelt.

Da der Spielraum für Honorarvereinbarungen nach § 2 GOÄ nicht besonders groß ist, kann es leicht zu einer Uniformität unter Kollegen kommen. Es muß deshalb noch hervorgehoben werden, daß ein solches Parallelverhalten, mit dem ohne ein Zusammenwirken in gleicher oder ähnlicher Weise auf die vorgegebenen rechtlichen oder faktischen Gegebenheiten reagiert wird, nicht unter die Verbote des Kartellgesetzes fällt.[5]

---

[1] Immenga/Mestmäcker, § 1 Rn 85 ff.

[2] Dies berichtet die Bundesregierung in der Antwort auf eine Kleine Anfrage der Abgeordneten Fuchs, . . ., BT-Drucksache 10/123 vom 22. 06. 1983, S. 4.

[3] Antwort der Bundesregierung a. a. O.

[4] Hollmann, Niedersächsisches Ärzteblatt 13/83.

[5] Immenga/Mestmäcker, § 25 Rn 11 f.

X. Die Anforderungen des § 2 Abs. 2 GOÄ

1. Schriftform

Nach § 2 Abs. 2 GOÄ muß die Honorarvereinbarung in einem Schriftstück getroffen werden, das keine anderen Erklärungen enthalten darf. Die Vereinbarung darf also nicht zusammen mit anderen Rechtsgeschäften, wie z. B. Krankenhausaufnahmevertrag, Wahlleistungsvertrag, getroffen werden.

Für die geforderte Schriftform gilt § 126 BGB. Gesetz im Sinne von § 125 Satz 1 und 126 BGB ist jede Rechtsnorm,[1] also auch die GOÄ in ihrer Eigenschaft als Rechtsverordnung. Die Honorarabrede unterliegt als Vereinbarung den Erfordernissen des § 126 Abs. 2 BGB. Dies bedeutet, daß sie sowohl vom Patienten als auch vom Arzt unterzeichnet sein muß.[2,3]

2. Stellvertretung durch Sprechstundenhilfe oder anderen Arzt?

Allerdings wird durch ein Formerfordernis grundsätzlich nicht die Möglichkeit der Stellvertretung ausgeschlossen. Es wird deshalb die Ansicht vertreten, die Vereinbarung müsse nicht durch den Arzt selber mit dem Patienten geschlossen werden, vielmehr sei eine Stellvertretung, z. B. durch die Sprechstundenhilfe, möglich. Daß der Abschluß der Honorarvereinbarung ein höchstpersönliches Rechtsgeschäft sein solle, sei nicht ersichtlich.[4]

Hingegen steht unter anderem der Vorstand der Landesärztekammer Baden-Württemberg[5] auf dem Standpunkt, die Vereinbarung müsse grundsätzlich durch den Arzt selbst mit dem Patienten geschlossen werden. Eine Vertretung, insbesondere durch die Sprechstundenhilfe, scheide im Regelfall aus.[6] Allerdings müsse der Arzt, der selbst keinen direkten Kontakt zum Zahlungspflichtigen habe (z. B. Laborarzt oder Pathologe), die Möglichkeit haben, sich beim Abschluß der Honorarvereinbarung durch einen anderen Arzt vertreten zu lassen.

Bei Erörterung der Frage muß davon ausgegangen werden, daß eine Stellvertretung grundsätzlich bei allen Rechtsgeschäften zulässig ist. Ausnahmen können sich aus Gesetz oder Rechtsgeschäft ergeben.[7] Gesetzliche Ausnahmen sind vor allem im Familien- und Erbrecht zu finden, wo die Betroffenen ihre Entscheidungen selbst treffen und ausführen sollen, z. B. bei der Eheschließung (§ 13 EheG), Testamentserrichtung (§ 2064 BGB), beim Erbverzicht (§ 2347 Abs. 2 BGB) und der Anfechtung der Ehelichkeit (§ 1595 Abs. 1 BGB). Der Ausschluß der Stellvertretung wird dabei durch das Wort „persönlich" oder die Formulierung „nicht

---

[1] Palandt-Heinrichs, § 125 2) a).

[2] LG München, MedR 1985, 128.

[3] Anders z. B. § 3 BRAGO, der nur eine schriftliche Erklärung des Auftraggebers verlangt.

[4] Kölsch, NJW 1985, 2172 (2173) Fußnote 4); in diesem Sinne wohl auch Fehse, Arzt und Krankenhaus 1985, 294.

[5] Ärzteblatt Baden-Württemberg Heft 9/83, 374.

[6] So auch Hollmann, Niedersächsisches Ärzteblatt 13/1983, 452; offengelassen von AG Bad Homburg, NJW 1984, 2637 (2639) und Brück, § 2 Rn 3 a.

[7] Erman-Brox, vor § 164 Rn 30; MünchKomm-Thiele, vor § 164 Rn 70.

durch einen Vertreter" zum Ausdruck gebracht, ergibt sich also klar aus den entsprechenden Vorschriften.

Die GOÄ enthält eine solche Aussage zur Honorarvereinbarung nicht. Man könnte allenfalls durch Auslegung des § 2 Abs. 2 zu dem Schluß kommen, daß die Vereinbarung grundsätzlich durch den Arzt selber mit den Patienten geschlossen werden muß.[1] § 2 Abs. 2 ist mit seinen strengen Anforderungen an die Form der Vereinbarung eine Schutzregelung zugunsten des Patienten.[2] Daraus kann aber nicht hergeleitet werden, daß eine Honorarvereinbarung nur im persönlichen Kontakt zwischen Arzt und Patient geschlossen werden könnte, denn der Schutzzweck ist in erster Linie auf Rechtssicherheit und Rechtsklarheit für den Patienten gerichtet,[3] und diese auf das Schriftstück selber bezogenen Erfordernisse sind unabhängig davon, ob der Arzt oder eine ihn vertretende Person die Vereinbarung schließt.

Ergeben sich Mängel bei der Honorarvereinbarung, z. B. weil diese einen Gebührenspielraum vorsieht oder weil die Sprechstundenhilfe nicht hinreichend über die Erstattungsfähigkeit der vereinbarten Vergütung aufgeklärt hat,[4] so hat dies Konsequenzen hinsichtlich der Wirksamkeit der Vereinbarung oder möglicher Schadensersatzpflichten. Dies spricht aber nicht dafür, einer in Stellvertretung des Arztes abgeschlossenen Honorarvereinbarung grundsätzlich die Wirksamkeit zu versagen.

Zwar ist es der Vertrauensbeziehung zwischen Arzt und Patient nicht zuträglich, wenn letzterer, ohne daß sich der Arzt auf ein persönliches Gespräch darüber mit ihm einläßt, eine Vereinbarung über höhere Gebühren nur durch eine Hilfsperson in Vertretungs- oder Botenfunktion präsentiert bekommt. Ein solches Verfahren könnte im Einzelfall auch als Indiz für eine Unangemessenheit des Honorars nach § 9 AGB-Gesetz herangezogen werden. Daß der Abschluß der Honorarvereinbarung für den Arzt aber ein höchstpersönliches Rechtsgeschäft wäre, läßt sich durch Auslegung des § 2 Abs. 2 GOÄ nicht ermitteln.

Zulässig ist es deshalb auch, wenn ein Arzt, der nicht selbst mit dem Patienten in Kontakt tritt (Laborarzt, Pathologe), den das Grundleiden behandelnden Arzt bevollmächtigt, in seinem Namen eine Honorarvereinbarung abzuschließen.

Von den Umständen des Einzelfalles hängt es ab, ob die Bevollmächtigung von Hilfspersonen zum Abschluß der Vergütungsvereinbarung eventuell gegen die ärztliche Standesethik verstößt. Dann müßte der Arzt mit berufsrechtlichen Sanktionen rechnen. Im übrigen kann die standesrechtliche Wertungsvorgabe auch in die Beurteilung einfließen, ob eine Honorarvereinbarung im Sinne des § 138 Abs. 1 BGB als sittenwidrig anzusehen ist.

---

[1] Dies erwägt AG Bad Homburg, ohne aber eine Entscheidung zu treffen.
[2] Siehe die Amtliche Begründung, BR-Drucksache 295/82, S. 13; Schmatz/Goetz/Matzke, § 2 4., S. 55.
[3] Amtliche Begründung a. a. O.
[4] Siehe unten, S. 116 f.

3. Abschluß der Honorarvereinbarung vor der ärztlichen Leistungserbringung

a. Allgemeines

Nach § 2 Abs. 2 Satz 1 GOÄ müssen Honorarvereinbarungen *vor* der ärztlichen Leistungserbringung abgeschlossen werden. So kann der Patient bereits in diesem Zeitpunkt erkennen, welche finanziellen Belastungen auf ihn zukommen und ob er mit einer vollen oder nur teilweisen Erstattung durch die Beihilfestellen und/oder privaten Krankenversicherungen rechnen kann.

Da in der Vorschrift von „der Leistung des Arztes" die Rede ist, es also auf die einzelne Leistung ankommt, ist auch noch während einer laufenden Behandlung für zukünftige Leistungen eine Vereinbarung möglich.[1]

Die Bestimmung gehört, wie auch der sonstige Inhalt des § 2 Abs. 2, zu den zwingenden Vorschriften der GOÄ. Es ist nicht erkennbar, woher die vereinzelt anzutreffende Auffassung ihre Berechtigung bezieht, daß im Einvernehmen mit dem Patienten/Zahlungspflichtigen weiterhin der jederzeitige, auch nachträgliche Abschluß einer Honorarvereinbarung möglich sei.[2] Der eindeutige Wortlaut des § 2 Abs. 2 läßt nur Vergütungsvereinbarungen für zukünftige Leistungen zu. So ist dem Vorhersehbarkeitsinteresse des Patienten entsprochen. Im übrigen ist seine Entscheidungsfreiheit eingeschränkt, wenn der Arzt ihn bereits behandelt hat. Will er den Steigerungssatz, über den die Vereinbarung geschlossen werden soll, nicht akzeptieren, so hat er nach der Behandlung nicht mehr die Möglichkeit, von dem Arzt wegzugehen und für dieselben Leistungen einen anderen aufzusuchen. War die Behandlung erfolgreich, so wird er sich unter einem gewissen Druck fühlen, die Vereinbarung zu unterschreiben. Das liefe aber auf eine Erfolgshonorierung hinaus, die auch vom Arzt nicht gewollt sein wird.

Es spricht nichts dafür, entgegen dem klaren Wortlaut der zwingenden Vorschrift des § 2 Abs. 2 Satz 1 GOÄ eine nach der ärztlichen Leistungserbringung geschlossene Honorarvereinbarung für wirksam zu halten.

b. Vereinbarung zwischen Arzt und Vertreter des Patienten

Einer genaueren Betrachtung bedürfen allerdings noch die Fälle des bewußtlosen oder jedenfalls zu einer wirksamen Willenserklärung nicht fähigen Patienten, mit dem der Arzt gar nicht die Möglichkeit hat, vor Behandlungsbeginn eine Honorarvereinbarung zu schließen.

Da die Verordnung keine Ausnahmen hinsichtlich der zeitlichen Abfolge zuläßt, ist auch in diesen Fällen der nachträglichen Vereinbarung die Wirksamkeit versagt. Dies führt nun zunächst zu dem Ergebnis, daß für den Arzt keine Möglichkeit besteht, zu einer von der GOÄ abweichenden Vergütungshöhe zu kommen. Dies wird verschiedentlich für unbillig gehalten, da gerade Notfälle eine besondere ärztliche Anstrengung erfordern.[3]

---

[1] Amtliche Begründung a.a.O.; Brück, § 2 Rn 2.

[2] So vor allem Lübbers, Rheinisches Ärzteblatt Heft 2/1983, 61 (63); Narr, Arzt und Wirtschaft 13/83, 12 (20) für den Fall der Notfallbehandlung; offengelassen von Fehse, Arzt und Krankenhaus 1985, 294.

[3] Narr a.a.O.; Fehse a.a.O.

Möglicherweise kann hier aber im Wege der Stellvertretung für den Patienten eine dem § 2 Abs. 2 Satz 1 GOÄ gerecht werdende Lösung gefunden werden.

Abgesehen von der gesetzlichen Stellvertretung bei Kindern wird allerdings selten eine Person mit Vertretungsmacht für den Patienten zur Stelle sein, die in seinem Namen vor Behandlungsbeginn die Vereinbarung unterschreiben könnte.

Deshalb wird vorgeschlagen, den Abschluß einer Honorarvereinbarung in Notfällen, wenn der Patient selber dazu nicht in der Lage ist, durch einen nahen Angehörigen als Vertreter ohne Vertretungsmacht vornehmen und später durch den Patienten genehmigen zu lassen.[1] Die Genehmigung hätte dann rückwirkende Kraft (§ 184 Abs. 1 BGB), und die Vereinbarung käme zustande, wie wenn der Vertreter von Anfang an Vertretungsmacht gehabt hätte. Dem Erfordernis des § 2 Abs. 2 Satz 1 wäre damit formal genügt.

Läßt man allerdings eine vollmachtlose Vertretung mit nachträglicher Genehmigung zu, so könnte im Grunde genommen auch die Sprechstundenhilfe als Vertreterin handeln und mit dem Arzt die – zunächst schwebend unwirksame – Honorarvereinbarung schließen, um sie dann nachträglich dem Patienten zur Genehmigung vorzulegen.

Dies widerspräche aber dem Sinn des § 2 Abs. 2 GOÄ. Der Patient würde sich zu Recht übertölpelt fühlen, wenn eine Person in seinem Namen gehandelt hätte, zu der er keine Beziehung hat und von der er keine Wahrnehmung seiner Interessen erwarten kann. Auch wenn er es in der Hand hat, der Vereinbarung Wirksamkeit zu verleihen oder nicht, ist dies doch nicht dasselbe, wie wenn er vor der ärztlichen Leistungserbringung entscheidet, ob er die Vereinbarung akzeptiert oder nicht. In diesem Zeitpunkt würde für ihn der vollmachtlose Vertreter handeln. Die Abwägung der Gesichtspunkte, die § 2 Abs. 2 Satz 1 GOÄ durch die Vorgabe der zeitlichen Reihenfolge dem Vertragspartner des Arztes ermöglichen will, kann bei einer Vertretungsperson, die zunächst handelt, ohne vom Patienten bevollmächtigt zu sein, nur erwartet werden, wenn sie diesem nahe steht.

Es muß deshalb unterschieden werden zwischen Personen des Vertrauens des Patienten und solchen des Vertrauens des Arztes. Nur erstere kommen in Betracht, um dem Arzt auf dem beschriebenen Wege zu einer Honorarvereinbarung vor Behandlungsbeginn zu verhelfen, obwohl sein Vertragspartner in dem Zeitpunkt nicht in der Lage ist, wirksame Willenserklärungen abzugeben.

Durch Auslegung des § 2 Abs. 2 GOÄ ergibt sich also, daß im Namen des Patienten nicht die Arzthelferin oder eine sonstige Person aus der Sphäre des Arztes als Vertreterin ohne Vertretungsmacht handeln kann, sondern nur eine dem Patienten nahestehende Person.

Allerdings muß bei diesen Erörterungen zu Notlagensituationen auch bedacht werden, daß hier schnell die Grenze zur Sittenwidrigkeit überschritten ist. Der Patient muß darauf vertrauen können, daß der Arzt zunächst behandelt und nicht schon liquidationsbezogene Schritte einleitet, die nachträglich nur noch bestätigt zu werden brauchen. Es kommen hier dieselben Grundsätze zum Tragen, die auch gelten, wenn der Patient sich in einer Notsituation befindet, die seine freie Willensentschließung beeinträchtigt, in der er aber noch selber rechtsgeschäftlich

---

[1] Brück, § 2 Rn 2.

handeln kann.[1] Sind die Umstände so, daß der Arzt wegen der Dringlichkeit zum Handeln verpflichtet ist, so darf er nicht die Behandlung vom Abschluß einer Vergütungsvereinbarung abhängig machen.

Im übrigen ist immer dann ein Verstoß gegen die herrschende Rechts- und Sozialmoral anzunehmen, wenn ein Stellvertreter sich bei einem dringenden Behandlungsfall erkennbar in großer Sorge um den Patienten befindet und er in dieser Situation um die Unterschrift auf einer Honorarvereinbarung in Vertretung des Patienten gebeten wird. Wenn hier auch nicht gleich der Tatbestand der Nötigung herangezogen werden kann, so verstößt ein solches Verhalten jedenfalls gegen die ärztliche Standesethik, was im Rahmen des § 138 Abs. 1 BGB Berücksichtigung findet. Eine unter diesen Umständen geschlossene Honorarvereinbarung wäre wegen Sittenwidrigkeit nichtig.

Ist also der Patient selber nicht zum rechtsgeschäftlichen Handeln in der Lage, insbesondere bei Bewußtlosigkeit, und läßt man den Abschluß von Vergütungsvereinbarungen in diesen Fällen grundsätzlich durch eine - zunächst vollmachtlos handelnde - Person des Vertrauens des Patienten zu, so muß aber bedacht werden, daß gerade in diesen Situationen meist eine besondere Dringlichkeit bestehen wird, die es nicht erlaubt, hier zunächst daran zu denken, eine von der Gebührenordnung abweichende Honorarhöhe zu vereinbaren.

c. Honorarvereinbarung als Geschäftsführung ohne Auftrag

Gelegentlich wird in Erwägung gezogen, den Abschluß von Vergütungsvereinbarungen, wenn der Patient nicht selber dazu in der Lage ist, als Geschäftsführung ohne Auftrag zuzulassen.[2]

Dabei wird entweder der Arzt als möglicher Geschäftsführer gesehen[3] oder auf Angehörige abgestellt, die eventuell für einen bewußtlos ins Krankenhaus Eingelieferten eine Honorarvereinbarung treffen könnten.[4]

Soweit hier die Geschäftsführung ohne Auftrag ausdrücklich für die Frage der Wirksamkeit einer Vereinbarung zwischen Arzt und Angehörigem anstelle des Patienten herangezogen wird,[5] muß zunächst auf das systematische Verhältnis zwischen Geschäftsführungs- und Stellvertretungsfragen verwiesen werden: Die Vorschriften der Geschäftsführung ohne Auftrag betreffen nur das Innenverhältnis zwischen Geschäftsführer und Geschäftsherrn und regeln zwischen ihnen den interessenrechtlichen schuldrechtlichen Ausgleich. Handelt der Geschäftsführer bei Abschluß eines Rechtsgeschäfts im fremden Namen, so gelten für das Verhältnis zum Dritten die §§ 177 ff. BGB.[6] Die Tatsache, daß es sich möglicherweise um eine berechtigte Geschäftsführung ohne Auftrag handelt, begründet für den Geschäftsführer keine Vertretungsmacht gegenüber dem Dritten, hier also dem Arzt.

---

[1] Siehe oben, Seite 86 f.
[2] Hess, DtÄrzteBl 1982 [B] Heft 48, 19 (20 f.); Narr, Arzt und Wirtschaft 13/83, 12 (20).
[3] Narr a. a. O.
[4] Hess a. a. O.
[5] So Hess a. a. O.
[6] Palandt-Thomas, Einführung vor § 677 1)c) und § 677 3)f).

Ob also eine wirksame Honorarvereinbarung für den Bewußtlosen getroffen werden kann, ist deshalb eine Frage der Stellvertretung, wie oben dargestellt, und nicht der Geschäftsführung.

Wenn die Zulässigkeit einer Vertretung ohne Vertretungsmacht dabei bereits beschränkt wurde auf den Kreis der dem Patienten nahestehenden Personen seines Vertrauens, da nur von diesen eine hinreichende Interessenwahrnehmung im Sinne der Intentionen des § 2 Abs. 2 GOÄ erwartet werden kann, so bezieht sich dies auf das Außenverhältnis zum Arzt, hat also Einfluß auf die Wirksamkeit der Vereinbarung, wenn überhaupt der Patient im nachhinein – aus welchen Grunde auch immer – seine Genehmigung erteilt. Es ist damit nicht der Gesichtspunkt der Interessenwahrnehmung im Sinne des § 677 BGB gemeint.

Ob im Innenverhältnis zwischen dem Patienten und der Person, die für ihn die Honorarvereinbarung abschließt, eine berechtigte Geschäftsführung ohne Auftrag vorliegt, ist eine Frage des Einzelfalles.

Nicht ganz nachvollziehbar ist die Sichtweise, der Arzt käme als Geschäftsführer ohne Auftrag bei Abschluß der Vergütungsvereinbarungen in Betracht, es würde nur regelmäßig am Interesse und mutmaßlichen Willen des Patienten hinsichtlich einer abweichenden Gebührenhöhe fehlen.[1] Dann müßte der Arzt die Vereinbarung durch Selbstkontrahieren schließen, was nach § 181 BGB nicht wirksam möglich ist. Im übrigen muß auch hier auf die Trennung zwischen Geschäftsführungs- und Vertretungsebene im oben genannten Sinne hingewiesen werden.

Es bleibt also festzuhalten, daß bei bewußtlosen Patienten die Möglichkeit der Honorarvereinbarung beschränkt ist auf die Fälle nicht allzu großer Dringlichkeit, die das Begehren des Arztes nicht schon sittenwidrig erscheinen lassen, und bei denen eine Person des Vertrauens des Patienten greifbar ist, die als vollmachtloser Vertreter sich in seinem Namen mit dem Arzt einigt.

XI. Rechtslage bei unwirksamer Honorarvereinbarung

Ist eine Honorarvereinbarung unwirksam, weil sie nicht den Anforderungen des § 2 GOÄ entspricht, so stellt sich die Frage, welche Folgen dies für den Behandlungsvertrag hat und wonach sich nunmehr die Gebührenhöhe bestimmt.

1. Auswirkungen auf den Behandlungsvertrag?

Handelt es sich um eine als Allgemeine Geschäftsbedingung gestaltete Vereinbarung und ergibt sich aus dem AGB-Gesetz, daß sie nicht wirksam in den Behandlungsvertrag einbezogen oder unwirksam ist, so findet § 6 AGB-Gesetz Anwendung: Der Vertrag bleibt im übrigen wirksam.[2] Mängel der Vergütungsvereinba-

---

[1] So Narr a. a. O.

[2] Unrichtig Hollmann, Niedersächsisches Ärzteblatt 13/1983, 452, mit der Behauptung, das AGB-Gesetz bestimme, daß bei Überraschungsklauseln, die zu einer für den Patienten nicht mehr erkennbaren finanziellen Belastung führen, der gesamte Vertrag unwirksam sei.

rung als Bestandteil des Behandlungsvertrages[1] berühren also dessen Wirksamkeit nicht weiter.

Haben die Parteien aber eine Individualvereinbarung geschlossen, so kann § 6 AGB-Gesetz für die Aufrechterhaltung des übrigen Vertragsteils nicht herangezogen werden. Hier ist § 139 BGB die relevante Vorschrift, nach der bei Nichtigkeit der Honorarvereinbarung als eines Teils des Behandlungsvertrages im Zweifel dieser insgesamt nichtig wäre. Dies würde bedeuten, daß sich die Gebühren nun auch nicht direkt nach der GOÄ bestimmen würden, denn diese selbst gewährt dem Arzt keinen Anspruch auf Vergütung sondern setzt einen solchen voraus, der sich aus der vertraglichen Beziehung ergibt. Sie bestimmt nur die Höhe.[2]

Ist nun aber der Behandlungsvertrag nichtig, so fehlt der Rechtsgrund für einen Vergütungsanspruch. Ein Ausgleich für die ärztlicherseits erbrachten Leistungen wäre dann nach den Vorschriften über die ungerechtfertigte Bereicherung möglich. Es wird in diesem Sinne die Auffassung vertreten, bei Nichtigkeit der Honorarvereinbarung sei, da sie ein Essentiale des Behandlungsvertrages darstelle, dieser insgesamt unwirksam. Der Patient schulde nach § 812 BGB Herausgabe desjenigen, worum er durch die Leistungen des Arztes bereichert sei. Dies sei der Betrag, der üblicherweise hierfür zu zahlen sei.[3]

Bedenkt man jedoch die Folgen, die diese Sichtweise für den Patients hätte, so erscheint es fraglich, ob § 139 BGB hier uneingeschränkt Anwendung finden kann.

Die Rechtsfolge der Nichtigkeit des gesamten Behandlungsvertrages würde dem Patienten auch seine Ansprüche auf Vertragserfüllung nehmen. Das erscheint unbillig, da die Vorschrift, aus der sich die Unwirksamkeit der Vergütungsvereinbarung ergeben kann, nämlich § 2 GOÄ, in besonderem Maße Gesichtspunkten des Patientenschutzes Rechnung trägt, die in ihr Gegenteil verkehrt würden, wenn bei Verstoß der Patient auch der übrigen Ansprüche verlustig ginge.

Deshalb müssen hier die von der Rechtsprechung insbesondere zur anwaltlichen Honorarvereinbarung entwickelten Grundsätze Anwendung finden: Die Unwirksamkeit einer Gebührenabrede führt nicht notwendig zur Nichtigkeit des (Anwalts-) Vertrages, zu dem sie gehört. Sollen gesetzliche Vorschriften einen Beteiligten vor Benachteiligungen schützen, wie dies beim anwaltlichen Gebührenrecht der Fall ist, so beschränkt sich die Nichtigkeit entsprechend dem Schutzzweck des Gesetzes auf die unzulässige Abrede. § 139 BGB ist insoweit nicht anwendbar.[4]

§ 2 GOÄ ist in seinen Anforderungen an die Wirksamkeit von Vergütungsvereinbarungen zum Zwecke des Patientenschutzes noch strenger als § 3 BRAGO. Deshalb muß hier erst recht von der Unanwendbarkeit des § 139 BGB im Hinblick auf den gesamten Behandlungsvertrag ausgegangen werden. Ihm wird die Wirksamkeit durch eine nichtige Honorarvereinbarung nicht genommen. Insofern ist die rechtliche Situation dieselbe wie bei Anwendbarkeit des § 6 AGB-Gesetz.

---

[1] Siehe LG Stuttgart, Urt. v. 12. Oktober 1984 – 6 S 16/84; Kölsch, MedR 1983, 95 (96).
[2] Siehe oben, S. 4.
[3] LG Stuttgart a. a. O.
[4] BGH NJW 1980, 2407 (2408); BGH JZ 1962, 369 (370); BGHZ 18, 340 (348 f.).

2. Bestimmung der Gebühren

Während beim Dienstvertrag des BGB nach §§ 611, 612 die vereinbarte Vergütung und nur beim Fehlen einer Vereinbarung die taxmäßige Vergütung geschuldet wird, schuldet beim Arztvertrag der Patient/Zahlungspflichtige die Vergütung nach der primär geltenden (teildispositiven) GOÄ, an deren Stelle nur hinsichtlich der Höhe, d. h. des Steigerungssatzes, eine abweichende Vereinbarung treten kann. Fehlt es an einer dem § 2 GOÄ entsprechenden Vereinbarung über die Gebührenhöhe, so fehlt damit lediglich eine den gesetzlichen Vergütungsanspruch abändernde Disposition. Der Anspruch auf das sich aus der Verordnung ergebende Honorar bleibt unberührt. Er bestimmt sich also nach den §§ 3 ff. GOÄ.[1]

Es fragt sich allerdings, wie die Gebührenfestsetzung zu erfolgen hat, wenn der Arzt aufgrund einer unwirksamen Honorarvereinbarung dem Patienten bereits eine Rechnung geschickt hat und dieser sich nunmehr auf die Unwirksamkeit beruft.

Man könnte daran denken, im Streitfalle die Bestimmung des Honorars durch Urteil erfolgen zu lassen. Soweit dieser Weg aber in der Rechtsprechung unter Berufung auf § 315 Abs. 3 BGB eingeschlagen worden ist,[2] müssen dem zwei Gesichtspunkte entgegengehalten werden: Erstens setzt § 315 Abs. 3 BGB eine ausdrückliche oder stillschweigende Vereinbarung voraus, daß einer Partei ein Leistungsbestimmungsrecht zustehen soll.[3] Dies ist aber gerade nicht der Fall, wenn eine Honorarvereinbarung unwirksam ist und sich die Gebühren nunmehr nur nach der amtlichen Gebührenordnung bestimmen. Die vom Gericht ohne weiteres angenommene direkte Anwendbarkeit des § 315 Abs. 3 BGB kommt deshalb nicht in Betracht.

Zweitens ist zu bedenken, daß § 12 GOÄ als zwingende Voraussetzung für die Fälligkeit die Erteilung einer Rechnung verlangt mit genauen, auf die einzelne Leistungsposition bezogenen Angaben, Begründungen für eventuelles Überschreiten des Regelhöchstsatzes und Bezeichnung auf Verlangen erbrachter Leistungen. Dieser dem Transparenzinteresse des Patienten und seinem Bedürfnis nach einer erstattungsfähigen Rechnung dienenden Vorschrift könnte bei Bestimmung der Gebührenhöhe durch Urteil nicht entsprochen werden.

Auch eine entsprechende Heranziehung der in der BRAGO vorgesehenen Regelung für den Fall einer vereinbarten unangemessen hohen Vergütung (§ 3 Abs. 3) scheidet aus. Nach der BRAGO ist die Fälligkeit nicht an die Erteilung einer dem § 18 BRAGO genügenden Rechnung geknüpft.[4] Im übrigen hat die Herabsetzung der Vergütung im Rechtsstreit nach § 3 Abs. 3 Satz 2 BRAGO zur Voraussetzung, daß ein Gutachten des Vorstandes der Rechtsanwaltskammer eingeholt wird. Diese spezielle Regelung kann nicht auf das ärztliche Gebührenrecht übertragen werden, das doch insbesondere durch die strengen Anforderungen an die Rechnungslegung in § 12 teilweise anderer Schwerpunkte setzt als die BRAGO.

---

[1] So im Ergebnis auch LG München I, NJW 1982, 2130 (2131); AG Bad Homburg NJW 1984, 2637 (2639); Kölsch, MedR 1983, 95 (99). Zur vergleichbaren Situation bei unwirksamer anwaltlicher Honorarvereinbarung (§ 3 BRAGO): Gerold/Schmidt, § 3 Rn 6; Göttlich/Mümmler, S. 1529; Riedel/Sußbauer, § 3 Rn 1, 17.

[2] AG Bad Homburg a. a. O., ohne nähere Erläuterung.

[3] Palandt-Heinrichs § 315 2) a).

[4] Swolana, § 18 1.

Vielmehr ist im Rechtsstreit der aus einer unwirksamen Honorarvereinbarung mit einer an ihr orientierten Rechnung vorgehende Arzt mit seinem Begehren abzuweisen.

Er muß eine Gebührenfestsetzung unter Berücksichtigung der Kriterien des § 5 Abs. 2 GOÄ treffen und eine neue Rechnung erstellen. Die aufgrund der unwirksamen Vergütungsvereinbarung ausgestellte Rechnung genügt nicht, um nunmehr die Fälligkeit des Anspruchs herbeizuführen.[1]

XII. Bedeutung der Honorarvereinbarung bezogen auf das gesamte Liquidationsaufkommen

Den heftigen Diskussionen um die Möglichkeit von der GOÄ abweichender Vergütungsvereinbarungen entspricht nicht deren Bedeutung für die ärztliche Liquidation in der Praxis.

1983 wurden in 0,6 v. H. der Abrechnungen für persönliche und 1,2 v. H. der Abrechnungen für überwiegend technische Leistungen mittels Honorarvereinbarungen die Höchstsätze der GOÄ überschritten. Es handelt sich dabei im wesentlichen um Chefarztrechnungen. Von diesen lagen 2,11 v. H. über den Höchstsätzen.[2]

Zur Häufigkeit der Abdingungen im Bereich der Spanne zwischen Schwellenwert und Höchstwert lagen dem Verband der privaten Krankenversicherung, der die Prozentsätze ermittelt hat, keine genauen Zahlen vor, da viele Patienten in diesem Fall die Abdingungsvereinbarung der Rechnung nicht beilegen, die sie an ihre private Krankenversicherung schicken.

In Nordrhein-Westfalen pflegten Ende 1983 insgesamt 1,2 v. H. der Ärzte in Praxis und Krankenhaus formularmäßig abzudingen.[3]

---

[1] So im Ergebnis auch LG München I, NJW 1982, 2130 (2131); Kölsch, MedR 1983, 95 (99). Die Entscheidung des OLG Düsseldorf, MedR 1984, 197 (199) = VersR 1984, 370 (371) kann in dieser Frage nicht herangezogen werden, da sie noch auf der Grundlage der alten GOÄ erging, die die Einigung auf die Geltung der Privat-Adgo und damit, da diese einen Gebührenrahmen vorsah, die Vereinbarung eines einseitigen Leistungsbestimmungsrechts zuließ. In diesem Zusammenhang kam die Anwendung des § 315 Abs. 3 Satz 2 BGB in Frage.

[2] Zahlen aus Uleer, Bundesarbeitsblatt 4/1984, 22 (23).

[3] Uleer a. a. O.

K. Anforderungen an die Rechnungslegung bei Gebührenbemessung nach einer Honorarvereinbarung

Liquidiert der Arzt auf der Grundlage einer bereits vor der Leistungserbringung abgeschlossenen Honorarvereinbarung, so fragt es sich, ob die später erfolgende Rechnungslegung denselben Anforderungen genügen muß (insbesondere nach § 12), wie dies bei Gebührenbemessung nach § 5 der Fall ist.

I. Die Abrechnungsbestandteile des § 12 Abs. 2 Satz 1

Nur die Höhe der Vergütung kann nach § 2 abweichend festgelegt werden. § 12 ist also nicht durch Vereinbarung abdingbar, weshalb bereits festgestellt wurde, daß auch bei Vorliegen einer Honorarvereinbarung später in der Rechnung des Arztes die Abrechnungsbestandteile, die § 12 Abs. 2 Satz 1 fordert, in jedem Falle auftreten müssen.[1] Insofern ergeben sich also keine Besonderheiten gegenüber der Rechnungslegung bei Gebührenbemessung ohne Honorarvereinbarung nach den Vorschriften der GOÄ.[2]

II. Die Begründungspflicht nach § 12 Abs. 2 Satz 2

Für den Fall, daß die berechnete Gebühr das 2,3fache, bzw. 1,8fache des Gebührensatzes, also den sogenannten Regelhöchstsatz oder Schwellenwert überschreitet, verlangt § 12 Abs. 2 Satz 2 eine schriftliche Begründung. Aus dieser muß sich ergeben, daß im Sinne des § 5 Abs. 2 Satz 4 zweiter Halbsatz, bzw. § 5 Abs. 3 Satz 2 Besonderheiten der Bemessungskriterien den oberhalb der Regelspanne liegenden Steigerungssatz rechtfertigen.[3]

Wenn nun aber festgestellt worden ist, daß § 2 dem Arzt die Möglichkeit einräumt, im Wege der Honorarvereinbarung ohne direkte Bindung an die Kriterien des § 5 Abs. 2 die Gebührenhöhe zu bestimmen,[4] so fragt es sich, ob hier eine Begründungspflicht noch Sinn hat oder ob nicht vielmehr in § 12 Abs. 2 Satz 2 ein vom Verordnungsgeber geschaffenes Korrektiv nur zu dem einseitigen Leistungsbestimmungsrecht des Arztes zu sehen ist, das er bei Gebührenbemessung nach § 5 GOÄ hat. Die Festlegung eines konkreten Steigerungssatzes durch Honorarverein-

---

[1] Siehe oben, S. 77.
[2] Dazu siehe oben, S. 62 ff.
[3] Siehe oben, S. 68 ff.
[4] Siehe oben, S. 84.

barung ist weder die Ausübung eines einseitigen Leistungsbestimmungsrechts noch räumt sie dem Arzt ein solches ein.

So wird denn auch überwiegend die Ansicht vertreten, daß eine an den Bemessungskriterien des § 5 orientierte Begründung für das Überschreiten des Regelhöchstsatzes bei Vorliegen einer Honorarvereinbarung entbehrlich sei.[1]

1. Der Wortlaut des § 12

Aus dem Wortlaut des § 12 allerdings ergibt sich keine dementsprechende Einschränkung.

2. Die Materialien

Auch die Amtliche Begründung zum Regierungsentwurf ist in dieser Beziehung nicht ergiebig. Zwar heißt es dort zu § 12 Abs. 2 Satz 2: „Im Falle der Abdingung nach § 2 genügt der Hinweis auf die Sondervereinbarung".[2] Im Regierungsentwurf hatte § 2 Abs. 1 aber noch eine andere Fassung, er sah nämlich die volle Abdingbarkeit der GOÄ vor, während die durch den Bundesrat bewirkte Änderung eine stärkere Bindung des Arztes an die Regelungen der GOÄ auch im Falle einer Honorarvereinbarung mit sich brachte.

Allein der Hinweis auf die Amtliche Begründung zum Entwurf kann deshalb nicht genügen, um die einschränkende Auslegung des § 12 Abs. 2 Satz 2 zu stützen.[3]

Aufschlußreicher könnte ein Blick auf die Begründung des Bundesrates für seinen Änderungsbeschluß zu § 2 sein. Hier heißt es, dem Arzt sei es zumutbar, auch bei Vorliegen einer Honorarvereinbarung seiner Liquidation das neue Gebührenverzeichnis zugrundezulegen und entsprechend den Grundsätzen des § 12 Abs. 2 zu verfahren.[4]

Nun ist auch die Begründungspflicht in § 12 Abs. 2 formuliert, nämlich im Satz 2, während Satz 1 die Angaben wie Datum, Leistungsnummer usw. nennt, die die Rechnung enthalten muß. Aus dem weiteren Wortlaut geht hervor, daß es dem Bundesrat um den Ausschluß der Anwendung anderer Gebührenverzeichnisse geht,[5] d.h. daß sich die Erwähnung des § 12 Abs. 2 wohl nur auf dessen Satz 1

---

[1] LG Stuttgart, Urt. v. 12. Oktober 1 984 – 6 S 16/84; Hoffmann, § 2 9., S. 9; Antwort der Bundesregierung auf eine Kleine Anfrage, BT-Drucksache 10/123 vom 08. 06. 1983; aus den Fünten, f & w, Heft 4 Juli/August 1984, S. 62 (63); Krause, Rechtsgutachten, Rheinisches Ärzteblatt Heft 14/1983, 717 f.; von Maydell, Arztrecht 10/1983, 265 ff.; Vogt, Rheinisches Ärzteblatt Heft 7/1983, 321 (322); Vogt/Lübbers, Rheinisches Ärzteblatt Heft 18/1983, 907 (913). Nicht folgerichtig erscheint, daß Autoren wie Hoffmann, die die Vereinbarung eines Gebührenspielraums für zulässig halten und bei der Bemessung im Einzelfall durch den Arzt wiederum § 5 Abs. 2 anwenden wollen, nicht auch die Konsequenz ziehen, Besonderheiten im Sinne des § 5 Abs. 2 Satz 4 zweiter Halbsatz durch den Arzt begründen zu lassen, auch wenn eine Honorarvereinbarung vorliegt.

[2] BR-Drucksache 295/82 vom 19. 07. 1982, S. 16.

[3] So aber Vogt, Rheinisches Ärzteblatt Heft 7/1983, 321 (322).

[4] BR-Drucksache 295/82 vom 29. 10. 1982, Anlage.

[5] „Sie (Verf.: die Beihilfefestsetzungsstellen und privaten Krankenversicherungen) sind der Mühe enthoben, die Leistungsbeschreibungen anderer Gebührenregelungen ... dem neuen Gebührenverzeichnis jeweils zuzuordnen."

bezieht. Insofern kann hieraus nicht der Schluß gezogen werden, daß sich auch die Begründungspflicht auf Abrechnungen auf der Grundlage von Honorarvereinbarungen erstrecken soll.

3. Auslegung nach dem Sinn der Vorschrift

Die Begründungspflicht hat den Zweck, für den Patienten durchschaubar zu machen, aufgrund welcher Besonderheiten der Bemessungskriterien des § 5 Abs. 2 der Arzt bei Festsetzung der Gebühr den Regelhöchstsatz überschritten hat.[1] Sie muß sich demgemäß auf die Kriterien zurückführen lassen. Zwar kann der Arzt diese bei einer Honorarvereinbarung auch berücksichtigen, dies ist aber nicht immer möglich, da die Vereinbarung vor der ärztlichen Leistungserbringung abzuschließen ist, und deshalb grundsätzlich auch nicht erforderlich.[2] Die Begründungspflicht ginge insofern ins Leere.

Im übrigen ist zu bedenken, daß im Falle der Vergütungsvereinbarung die Gebührenhöhe eben durch Vereinbarung und nicht einseitig festgelegt wird.[3,4]

Die Begründungspflicht ist aber gerade als Korrektiv für das einseitige Leistungsbestimmungsrecht zu verstehen, das dem Arzt durch § 5 Abs. 2 Satz 1 eingeräumt ist und das ihm nur dann zusteht, wenn er nach der GOÄ und nicht nach einer Honorarvereinbarung abrechnet.[5]

Sie kann deshalb nur im Zusammenhang mit der Gebührenfestsetzung nach § 5 Abs. 2 gesehen werden. Wird die Gebührenhöhe hingegen nicht einseitig nach der Leistungserbringung durch den Arzt bestimmt, sondern ergibt sie sich aus einer Vereinbarung, so besteht für eine Begründungspflicht kein Raum und keine Notwendigkeit.

Die Auslegung nach dem Sinn der Vorschrift des § 12 Abs. 2 Satz 2 ergibt also, daß bei Vorliegen einer Honorarvereinbarung das Überschreiten des Regelhöchstsatzes nicht in der Weise begründet zu werden braucht, wie dies bei der einseitigen Bestimmung der Gebührenhöhe nach Abschluß der Behandlung durch den Arzt erforderlich ist.

Allerdings muß der Transparenz wegen gefordert werden, daß die Rechnung einen Hinweis auf die von der GOÄ abweichende Vereinbarkeit enthält,[6] der dann anstelle der kriterienorientierten Begründung der durch § 12 Abs. 2 Satz 2 aufgestellten Voraussetzung genügt, um die Fälligkeit der Vergütung herbeizuführen (§ 12 Abs. 1).

Es sollte deshalb nicht davon gesprochen werden, daß im Falle einer Vereinbarung keine Begründungspflicht bestehe,[7] bzw. diese durch eine wirksame Verein-

---

[1] Siehe oben, S. 68 ff.

[2] Siehe oben, S. 84.

[3] Hierauf stellt auch LG Stuttgart a. a. O. ab.

[4] Daß sie regelmäßig nicht ausgehandelt, sondern vom Arzt einseitig vorgeschlagen wird, ändert nichts daran, daß hier ein zweiseitiges Rechtsgeschäft vorliegt.

[5] Von Maydell a. a. O., S. 266; in diesem Sinne auch aus den Fünten, a. a. O., S. 63.

[6] So auch aus den Fünten a. a. O.; Krause a. a. O., S. 718; Vogt a. a. O., S. 322; Vogt/Lübbers a. a. O., S. 913.

[7] So von Maydell a. a. O., S. 268; Antwort der Bundesregierung auf eine Kleine Anfrage a. a. O., S. 2.

barung ersetzt werde.[1] Vielmehr muß genau formuliert werden, daß es bei Vorliegen einer Honorarvereinbarung keiner *besonderen* Begründung für das Überschreiten des Schwellenwertes bedarf,[2] daß vielmehr ein Hinweis auf die Vereinbarung ausreicht, um ersichtlich zu machen, warum der Arzt den 2,3-, bzw. 1,8fachen Steigerungssatz überschritten hat.[3]

4. Angabe einer fiktiven Honorarhöhe und gegebenenfalls einer fiktiven Begründung?

Wenn nun festgestellt worden ist, daß der Arzt, der eine Gebühr in Rechnung stellt, die auf einem über dem Regelhöchstsatz liegenden Multiplikator beruht, den Ansatz dieses Multiplikators dann nicht besonders zu begründen braucht, wenn er schon in einer Honorarvereinbarung festgelegt wurde, so könnte man noch auf einen in der Literatur vereinzelt anzutreffenden Gedanken kommen: Um die Rechnung für den Zahlungspflichtigen in größtmöglichem Umfang erstattungsfähig zu machen, könnte von dem Arzt verlangt werden, daß er den Steigerungssatz nennt, den er ohne Honorarvereinbarung angewendet hätte, und, wenn dieser über dem Schwellenwert liegt, auch eine entsprechende (fiktive) Begründung angibt. Überschreitet die Gebühr nämlich die Regelspanne, so wird sie im Sinne der Nr. 3 Abs. 1 der Beihilfevorschriften (BhV)[4] nur dann als angemessen angesehen, wenn sich aus der schriftlichen Begründung nach § 12 Abs. 2 Satz 2 GOÄ die notwendigen Besonderheiten ergeben. Liegt hingegen nur eine Abdindung vor, können die Gebühren grundsätzlich nur bis zum Regelhöchstsatz als angemessen im Sinne der Beihilfevorschriften angesehen werden.[5, 6]
Die Vorteile, die die Angabe dieser fiktiven Werte mit sich brächte, werden auch aus der Sicht der Beihilfestellen und privaten Krankenversicherungen hergeleitet: Sie könnten anhand der Rechnung überprüfen, ob die Erstattungsvoraussetzungen erfüllt sind, denn nur in Höhe der nach § 5 Abs. 2 ermittelten Steigerungssätze seien Krankenversicherung und öffentlich-rechtliche Arbeitgeber erstattungs- und beihilfepflichtig.[7]
Eine Systematisierung der Forderung, die Hensen[8] aufstellt, ergibt folgendes Bild: Aus einer entsprechenden Anwendung des § 12 Abs. 2 Satz 1 Nr. 2 (Angabe des Steigerungssatzes) und unter Anwendung des § 12 Abs. 2 Satz 2 folgert er die Pflicht des Arztes, bei Abrechnung nach einer Honorarvereinbarung in der Rechnung erstens immer den Steigerungssatz anzugeben, den er ohne vorherige Honorarvereinbarung berechnet hätte (also orientiert an den Bemessungskriterien des § 5 Abs. 2 Satz 1), zweitens wenn Gründe vorliegen, die auch ohne Honorarverein-

---

[1] So LG Stuttgart a. a. O.
[2] Krause a. a. O., S. 718; Vogt, a. a. O., S. 322.
[3] So auch aus den Fünten a. a. O., S. 63.
[4] In der Fassung vom 01. Februar 1979 (GMBl. S. 67).
[5] RdSchr des Bundesministers des Innern vom 20. 12. 1982, GMBl. 1982, 743 f.
[6] In diesem Sinne, nämlich unter dem Gesichtspunkt des Patientenschutzes, wohl Weißauer, Anästhesiologie und Intensivmedizin 2/83, 51 (54).
[7] Hensen, NJW 1983, 1366 (1367).
[8] a. a. O.

barung ein Überschreiten des Schwellenwertes gerechtfertigt hätten, wenn also der fiktive Steigerungssatz über 2,3, bzw. 1,8 liegt, auch eine entsprechende (fiktive) Begründung anzuführen und drittens auch auf die Honorarvereinbarung hinzuweisen.

Solche Verpflichtungen des Arztes sind aber aus der GOÄ nicht zu entnehmen. Wenn der Arzt eine Honorarvereinbarung nach § 2 trifft, macht er zulässigerweise von seinem Recht Gebrauch, der Höhe nach von den Bestimmungen der Gebührenordnung abzuweichen. Die Vorschriften über die Bemessung der Höhe des Honorars im § 5 finden eben keine Anwendungen. Deshalb kann vom Arzt auch nicht eine fiktive Begründung in Anlehnung an § 5 verlangt werden.[1]

Aus § 12 spricht der Wille des Verordnungsgebers, die Transparenz der ärztlichen Rechnungslegung zu erhöhen. Zu diesem Zweck muß der Arzt Angaben machen (insbesondere Datum, Leistungsnummer, -bezeichnung, Betrag, Steigerungssatz und evtl. Begründung), die dem Patienten einen gewissen Einblick gewähren, wie der Arzt auf den letztlich berechneten Betrag gekommen ist. Der Patient soll nach dem Sinn des § 12 nicht erfahren, was der Arzt hätte berechnen können, sondern die tatsächlich erstellte Rechnungslegung soll für ihn durchschaubar und nachvollziehbar sein. Zwar wird ihm dadurch regelmäßig auch eine Einschätzung der Erstattungsfähigkeit ermöglicht. Sollte dies nun aber ausnahmsweise bei einer Honorarvereinbarung (in der ja ein bestimmter Steigerungssatz festgelegt sein muß) trotz der durch § 12 Abs. 2 Satz 1 geforderten Angaben nicht möglich sein, so kann dem nicht mit einer Auslegung des § 12 abgeholfen werden, die die Nennung fiktiver Werte für erforderlich erklärt. In § 12 geht es um die Transparenz der konkreten, tatsächlich erfolgten und nicht einer hypothetischen Rechnungslegung.

Es bleibt also bei der Feststellung, daß bei Vorliegen einer Honorarvereinbarung dem Gebot des § 12 Abs. 2 Satz 2 genügt ist, wenn der Arzt in der Rechnung auf die Vereinbarung verweist. Insofern steht dann also der Fälligkeit der Vergütung (§ 12 Abs. 1) nichts im Wege.

III. Vertragliche Nebenpflicht zur Angabe einer Begründung

Beurteilt man dieses Ergebnis aus der Sicht des Patienten, so ist nicht von der Hand zu weisen, daß die Erstattungsfähigkeit für ihn eine wichtige Rolle spielt und er deshalb ein Interesse haben kann, eine Begründung des Arztes für das Überschreiten des Schwellenwertes zu erhalten, sofern eine solche überhaupt möglich ist.

Hier kann erinnert werden an die Ausführungen[2] zur Verpflichtung des Arztes, im Regelfall auf der Rechnung auch die Diagnose anzugeben, da Beihilfestellen und private Krankenversicherungen diese Angabe als Erstattungsvoraussetzung aufstellen. Aus der GOÄ, insbesondere § 12, läßt sich diese Pflicht nicht herleiten. Vielmehr handelt es sich, wie ausgeführt, um eine Nebenpflicht des Arztes aus dem Behandlungsvertrag.

---

[1] Gegen die fiktiven Angaben auch aus den Fünten a. a. O., S. 63; von Maydell a. a. O., S. 67 f.
[2] Siehe oben, S. 71 f.

Es liegt nahe, in ähnlicher Weise auch eine Begründungspflicht des Arztes trotz Honorarvereinbarung als vertragliche Nebenpflicht aus dem Behandlungsvertrag herzuleiten, allerdings nur für den Fall, daß ihm tatsächlich Besonderheiten der Bemessungskriterien eine Begründung des Überschreitens der Schwellenwerte ermöglichen.[1]

Stellt sich bei der Behandlung heraus, daß diese beispielsweise besonders schwierig oder zeitaufwendig ist, so könnte der Arzt auch ohne Honorarvereinbarung eine jedenfalls über dem Regelhöchstsatz liegende Vergütung fordern. Dies müßte er allerdings nach § 12 Abs. 2 Satz 2 begründen, was dann wiederum, sofern die Begründung stichhaltig ist, die Erstattungsfähigkeit des Rechnungsbetrags herbeiführt.

Bei Vorliegen einer Vereinbarung besteht nach der GOÄ die Pflicht zur genauen Begründung nun aber nicht.

Es ist jedoch zu bedenken, daß Privatpatienten üblicherweise das Arzthonorar nicht oder nur zu einem kleinen Teil letztlich wirklich aus eigenen Mitteln bezahlen, daß sie vielmehr die Rechnung zur Erstattung bei Versicherungen und/oder Beihilfestellen einreichen. Dieses Verfahren kann man als – insbesondere den Ärzten – allgemein bekannt bezeichnen.

Es gehört damit zum Inhalt des Behandlungsvertrages zwischen Arzt und Patient.

Aufgrund dessen muß eine vertragliche Nebenpflicht des Arztes angenommen werden, dem Patienten die erforderlichen Angaben zu machen, damit dieser eine bestmögliche Erstattung von seiner Versicherung oder Beihilfestelle erhält. Der Patient kann eine den §§ 12 Abs. 2 Satz 2, 5 Abs. 2 Satz 4 zweiter Halbsatz entsprechende sachliche Begründung für das Überschreiten der Schwellenwerte verlangen, sofern Besonderheiten der Kriterien des § 5 Abs. 2 Satz 1 im konkreten Einzelfall vorlagen. Da die beiden Kostenträger Beihilfe und Krankenversicherung im allgemeinen Gebühren über dem Regelhöchstsatz nur dann erstatten, wenn sie im Sinne der §§ 12 Abs. 2 Satz 2, 5 Abs. 2 Satz 4 zweiter Halbsatz begründet sind, wird dem Patienten auf diese Weise trotz Honorarvereinbarung zur Kostenerstattung auch über die Schwellenwerte hinaus verholfen.

Es kann hier allerdings nur um diejenigen Fälle gehen, in denen tatsächlich Besonderheiten der Bemessungskriterien vorliegen. Dies wird durchaus nicht immer der Fall sein, wenn die Gebühr aufgrund einer Honorarvereinbarung bestimmt wird, da diese in ihrem Inhalt nicht an den Kriterien des § 5 Abs. 2 orientiert zu sein braucht.

Arzt und Patient können sich darüber verständigen, wenn Versicherung oder Beihilfestelle nach einer Begründung fragt. Da das Beihilferecht allerdings grundsätzlich das Vorliegen von Besonderheiten der Kriterien verlangt, muß der Arzt beim Beamten grundsätzlich, wenn die Voraussetzungen gegeben sind, trotz getroffener Honorarvereinbarung eine Begründung für die Schwellenwertüberschreitung geben. Bei der privaten Krankenversicherung läßt sich dies nicht generell sagen, da die Leistungsvoraussetzungen vom konkret abgeschlossenen Versicherungsvertrag abhängen.

---

[1] In diesem Sinne: Brück, § 12 Rn 9b); aus den Fünten a.a.O., S.63f.; Uleer, Bundesarbeitsblatt 4/1984, 22f.; Vogt/Lübbers a.a.O., S.913; Bundesregierung, Antwort auf eine Kleine Anfrage, BT-Drucksache 10/186, S.2.

Zu bedenken ist allerdings, daß die GOÄ naturgemäß eine Begründung nur bis zum Gebührenhöchstsatz (3,5, bzw. 2,5) kennt. Da dieser regelmäßig auch die Obergrenze der Erstattungsfähigkeit überhaupt ist, muß grundsätzlich auch der Steigerungssatz nur bis zu dieser Höhe begründet werden. Möglich ist jedoch auch, sich darüber hinaus privat zu versichern. Hier sollte, da die Nebenpflicht zur Begründung sich gerade nicht aus der GOÄ ergibt, keine willkürliche Grenze gezogen werden. Verlangt die Krankenversicherung, um über den Gebühren-höchstsatz hinaus zu erstatten, daß eine gewisse Angemessenheit auch bei einer solchen Vergütungshöhe glaubhaft gemacht wird (was sich aber nicht mehr aus den Kriterien des § 5 Abs. 2 zu ergeben braucht), und macht der Patient ihm hier-von Mitteilung, so muß der Arzt auch hier, wenn es ihm möglich ist, Entsprechen-des darlegen. Dies allerdings nur, wenn tatsächlich der Versicherungsvertrag ent-sprechende Anforderungen enthält, die aber ihrerseits nicht zu einer für den Arzt unzumutbaren Mehrbelastung durch zu detaillierte Darlegungszwänge führen dürfen.

Grundsätzlich ist noch zu sagen, daß die Begründung bei Abrechnung nach einer Honorarvereinbarung auch noch nach der Rechnungserteilung erfolgen kann, da sie sich ja als vertragliche Nebenpflicht nicht aus § 12 Abs. 2 Satz 2 ergibt und damit also keine Fälligkeitsvoraussetzung ist.

Da dem Arzt nicht immer eine Begründung möglich sein wird, wenn nämlich keine Besonderheiten der Bemessungskriterien vorliegen, bzw. soweit der verein-barte Steigerungssatz den Höchstsatz überschreitet, muß man ihn als verpflichtet ansehen, den Patienten schon vor Abschluß der Honorarvereinbarung darauf hin-zuweisen, daß er möglicherweise einen Teil der Kosten selber tragen muß. Dies ergibt sich aus einer Übertragung der Aussage eines Urteils des Bundesgerichts-hofs[1] auf die vorliegende Problematik.

Dort wurde ein Arzt für schadensersatzpflichtig erklärt, weil er den Patienten nicht darüber aufgeklärt hatte, daß seine Maßnahmen (stationäre statt ambulanter Behandlung) medizinisch nicht notwendig waren und deshalb das Risiko bestand, daß die Erstattungsstellen ihre Leistung versagen würden. Der Arzt könne das finanzielle Risiko für den Patienten im Gegensatz zu diesem erkennen und habe deshalb eine vertragliche Nebenpflicht, ihm entsprechende Hinweise zu erteilen.[2]

Die Kritik an dieser Entscheidung, die dahin geht, der Arzt würde so zum „unge-wollten Sachwalter der Vermögensinteressen seines Patienten" und es fände – ähnlich wie beim finanzierten Abzahlungskauf – eine Verquickung von zwei Rechtsbeziehungen statt mit der Folge, daß Einwendungen aus der einen gegen-über der anderen durchgriffen,[3] geht fehl.

Der Arzt soll ja nicht „die Interessen des Patienten gegenüber dessen privater Krankenversicherung wahrnehmen", wie einem „Rechtsanwalt angesonnen wird, auch den Verkehr zwischen dem Mandanten und dessen Rechtsschutzversiche-rung – kostenlos – zu übernehmen".[4] Auch kann keine Rede von einem „Einwen-

---

[1] Vom 01.02.1983 – VI ZR 104/81, Arztrecht 7/1983, 177.
[2] BGH a.a.O.
[3] Andreas, Anmerkung zum Urteil des BGH a.a.O., S. 180; Schlund, Arztrecht 11/1983, 305 (307 f.).
[4] So Andreas a.a.O.

dungsdurchgriff" sein. Es geht nur um die Herleitung einer Hinweispflicht aus dem überlegenen Erkenntnisstand des Arztes, die ihn auch nicht in unzumutbarer Weise belastet.

Die Grundsätze der Entscheidung müssen auch für den Fall gelten, in dem der Arzt eine Honorarvereinbarung schließt und nicht sicher ist, daß er eine Begründung anhand der Bemessungskriterien wird geben können, bzw. vorhat, den Gebührenhöchstsatz zu überschreiten. Hier muß er den Patienten darauf hinweisen, daß dieser möglicherweise von Beihilfe und/oder Versicherung nicht die vollen Kosten erstattet bekommt.

L. Vereinbarung eines Vorschusses?

Es sind gelegentliche Fälle aus der Praxis bekannt geworden, in denen ärztlicherseits die Behandlung von der Leistung eines Vorschusses abhängig gemacht wurde.

Hier fragt sich zunächst, ob die GOÄ dies zuläßt und im übrigen, ob nicht das ärztliche Standesrecht entgegensteht.

I. Gesichtspunkte der GOÄ

Im Gegensatz beispielsweise zur BRAGO (§ 17) enthält die GOÄ keine Regelung über die Möglichkeit eines Vorschußverlangens.

Ausgehend von § 614 BGB, wonach die Vergütung erst nach erbrachter Leistung zu entrichten, der Arzt also vorleistungspflichtig ist, bestimmt § 12 GOÄ als Fälligkeitszeitpunkt für den Vergütungsanspruch die Rechnungserteilung an den Zahlungspflichtigen.

Eine Pflicht zur Vorschußleistung auf Verlangen des Arztes besteht nach der Verordnung nicht.

Es kommt jedoch in Betracht, daß die Parteien eine dahingehende Vereinbarung schließen. § 614 BGB steht dem nicht im Wege.[1] Dies könnte aber bei § 12 GOÄ der Fall sein. Die Vorschrift geht, indem sie Angaben erfordert, die erst nach der ärztlichen Leistungserbringung möglich sind, davon aus, daß der Arzt jedenfalls mit seinen Verrichtungen, die er nach dem Behandlungsvertrag erbringen muß, vorleistungspflichtig ist.

Es fragt sich, ob die Vereinbarung einer Vorschußleistung die Fälligkeitsregelung des § 12 GOÄ berühren würde. Die Vorschrift ist zwingender Natur, eine abweichende Vereinbarung wäre unwirksam. Geht die Einigung aber nur dahin, auf den zu erwartenden, noch nicht entstandenen Vergütungsanspruch eine Vorauszahlung zu leisten,[2] so liegt darin keine Abdingung der Fälligkeitsregelung.[3] Ist also der Vereinbarung nicht zu entnehmen, daß sie eine Vorverlegung des Fälligkeitszeitpunktes herbeiführen soll, so steht auch unter Berücksichtigung der zwingenden Bestimmungen der GOÄ ihrer Wirksamkeit nichts entgegen.

---

[1] Palandt-Putzo, § 614 1)b).

[2] Palandt-Heinrichs, § 362 4)a).

[3] Auch Swolana, § 16 1. geht davon aus, daß die Fälligkeitsregelung des § 16 BRAGO und der Anspruch des Anwalts auf Vorschußleistung sich nicht berühren.

II. Vorschuß und ärztliches Standesrecht

Auch das ärztliche Standesrecht befaßt sich nicht ausdrücklich mit der Frage der Zulässigkeit einer Vorschußvereinbarung. § 1 Abs. 6 der Musterberufsordnung erlaubt es dem Arzt, die Behandlung abzulehnen. Demnach könnte er sie von der Zahlung einer Vorausleistung abhängig machen. Das Recht besteht aber jedenfalls dann nicht, wenn der Patient dringend ärztlicher Hilfe bedarf.[1]

Aber auch abgesehen von den Fällen besonderer Dringlichkeit müßte das generelle Verlangen des Arztes nach einer Vorschußvereinbarung und -leistung als nicht mit § 1 Abs. 3 der Berufsordnung vereinbar angesehen werden, wonach der Arzt verpflichtet ist, seinen Beruf gewissenhaft auszuüben und sich in seinem Verhalten der Achtung und des Vertrauens würdig zu zeigen, die der ärztliche Beruf erfordert. Die Beurteilung eines generellen Vorschußverlangens als standeswidrig wird noch dadurch unterstützt, daß dieses Begehren insgesamt in der Ärzteschaft unüblich ist. Der so verfahrende Arzt müßte mit standesrechtlichen Konsequenzen rechnen.

Als zulässig kann es nur angesehen werden, wenn der Arzt – auf nicht dringliche Einzelfälle beschränkt – seine Behandlung deshalb von einer Vorauszahlung auf das zu erwartende Honorar abhängig macht, weil er begründete Zweifel hat, nach seiner eigenen Leistungserbringung die Vergütungsforderung realisieren zu können.[2]

---

[1] Brück, § 1 Rn 5 d.

[2] In diesem Sinne auch Andreas, Arztrecht 5/1983, 130 f. Keine eindeutige Aussage macht Tiemann, Das Recht in der Arztpraxis, S. 198 („Im übrigen darf insbesondere die Behandlung sozialversicherter Patienten nicht von der Zahlung eines Vorschusses abhängig gemacht werden".). Insgesamt wird die Problematik in der Literatur kaum erörtert, was sicher auch damit zusammenhängt, daß die praktische Bedeutung gering ist, weil Vorschußverlangen doch nur recht selten gestellt werden.

M. Unterschreiten und Erlaß

Wenn § 5 Abs. 1 Satz 1 GOÄ bestimmt, daß sich die Höhe der Gebühr nach dem Einfachen bis Dreieinhalbfachen des Gebührensatzes bemißt und es in § 5 Abs. 2 Satz 1 heißt, daß die Gebühr *innerhalb* des Rahmens nach den dort genannten Kriterien zu bestimmen ist, so ergibt sich daraus, daß bei Honorarbemessung nach der GOÄ ebensowenig wie ein Überschreiten des Höchstsatzes ein Unterschreiten des einfachen Satzes als Mindestsatz vorgesehen ist. Es kann aber im Einzelfall ein Bedürfnis danach bestehen, die gesetzlichen Gebühren zu unterschreiten oder sie ganz zu erlassen. Schranken hierfür ergeben sich insbesondere aus dem ärztlichen Standesrecht, je nach dem Motiv, das den Arzt zum Herabsetzen der Gebühr bewogen hat.

Zunächst aber fragt sich, wie angesichts des zitierten Wortlauts des § 5 GOÄ eine Gebührenbemessung möglich ist, die nach unten hin vom dort vorgegebenen Rahmen abweicht.

I. Honorarvereinbarung

Soll die Frage schon vor Behandlungsbeginn geklärt werden und ist der Arzt gewillt, sich bereits in diesem Zeitpunkt auf einen niedrigeren Steigerungssatz festzulegen, so daß sich der Patient darauf verlassen kann, daß eine geringere Kostenbelastung auf ihn zukommt, als die amtliche Gebührenordnung es vorsieht, so bietet es sich an, eine Honorarvereinbarung nach § 2 GOÄ über die nach unten abweichende Höhe der Vergütung zu schließen. Soll gar keine Vergütung gezahlt werden, so muß es ausreichen, anstelle des Steigerungssatzes Null anzugeben, daß die Behandlung unentgeltlich erfolgen soll.

II. Erlaßvertrag

Auch nach der ärztlichen Leistungserbringung, wenn also dem Grunde nach der Honoraranspruch bereits entstanden ist, kann der Arzt dem Patienten die Verpflichtung zur Honorarzahlung erlassen. Dies ist allerdings nicht einseitig möglich,[1] sondern setzt nach § 397 BGB eine Vereinbarung voraus, die auch durch konkludentes Verhalten geschlossen werden kann.

---

[1] So aber Gärtner, zit. in ÄrzteZeitung o. V. vom 24. 01. 1985.

III. Standesrechtliche Schranken

Das ärztliche Standesrecht enthält kein generelles Verbot, die Sätze der amtlichen Gebührenordnung zu unterschreiten. Es beschränkt sich darauf, die unlautere Unterschreitung zu untersagen (§ 14 Abs. 1 Satz 4 Musterberufsordnung).

Dagegen, daß ein Arzt Verwandten, Kollegen oder unbemittelten Patienten das Honorar erläßt, ist nichts einzuwenden (§ 14 Abs. 2 Musterberufsordnung).[1]

Als unlauter ist es zu bezeichnen, wenn der Arzt generell und ohne stichhaltigen Grund im Einzelfall die Mindestsätze der Gebührenordnung unterschreitet zum Zwecke der Anwerbung einer größeren Patientenzahl.[2]

Für die Beurteilung unter standesrechtlichen Gesichtspunkten kommt es also entscheidend auf die Motive an, die den Arzt bewogen haben, ein geringeres Honorar, als die Gebührenordnung es vorsieht, oder gar keines zu verlangen. Zu Werbezwecken durch Preisunterbietung anderer Ärzte ist dies jedenfalls nicht zulässig. Hierin läge nicht nur ein Verstoß gegen die Berufsordnung, sondern auch gegen § 1 UWG,[3] der nach zivilrechtlichen Gesichtspunkten zum Schadensersatz verpflichtet.[4]

---

[1] Damit sind hier die Möglichkeiten etwas großzügiger formuliert als dies in den Richtlinien der Bundesrechtsanwaltskammer für die Ausübung des Anwaltsberufs geschehen ist. Nach § 51 Abs. 1 der Richtlinien ist es grundsätzlich unzulässig, geringere Gebühren zu vereinbaren als sie die BRAGO vorsieht. Nur ausnahmsweise darf im Einzelfall besonderen Umständen durch Ermäßigung Rechnung getragen werden, § 51 Abs. 3.
Anders ist die rechtliche Situation beim Architekten, der nicht wie Arzt und Anwalt den Einschränkungen hinsichtlich werbender Tätigkeit unterliegt. § 4 Abs. 2 der Honorarordnung für Architekten und Ingenieure (HOAI) vom 17. 09. 1976 (BGBl I, 2805) wurde vom Bundesverfassungsgericht als mit Art. 12 nicht vereinbar erklärt, soweit er die Unterschreitung der in der Honorarordnung festgesetzten Mindestsätze nur „in Ausnahmefällen" zuließ, BVerfG NJW 1982, 373. Beim Architekten ist der Preiswettbewerb nach unten unbeschränkt, BVerfG a. a. O.; Hesse/Korbion/Mantscheff, § 4 Rn 19.

[2] Brück, § 5 Rn 5; Narr, Ärztliches Berufsrecht, Rn 1014.

[3] Das Gesetz findet auf die ärztliche Berufstätigkeit Anwendung, siehe oben S. 25.

[4] So auch Narr a. a. O.

N. Nichterscheinen des Patienten zum vereinbarten Behandlungstermin

Häufig sucht der Patient seinen Arzt nach einer vorherigen terminlichen Absprache auf. Liegt eine solche Absprache vor, erscheint der Patient aber nicht zur vereinbarten Zeit, so fragt es sich, ob der Arzt einen Vergütungsanspruch hat, obwohl er seine diagnostischen oder therapeutischen Leistungen nicht erbringen konnte.

In Betracht kommt hier eine Anwendung des § 615 BGB, beziehungsweise, da es sich bei den ärztlichen Maßnahmen um „Dienste höherer Art" im Sinne des § 627 BGB handelt,[1] eine Lösung über die Kündigungsvorschriften der §§ 627, 628 BGB. Lag noch kein wirksamer Behandlungsvertrag vor, so kann man an eine Haftung des Patienten wegen Verschuldens bei Vertragsschluß denken.

I. Ausbleiben des Patienten im Rahmen eines bestehenden Behandlungsvertrages

Da nicht schon mit der erstmaligen Anmeldung des Patienten beim Arzt ein Behandlungsvertrag zustande kommt, sondern regelmäßig erst konkludent dadurch, daß der Patient sich tatsächlich in die Behandlung begibt, sind die Rechtsfolgen bei Nichterscheinen des Patienten insbesondere dann aus Vorschriften herzuleiten, die zunächst einen bestehenden Vertrag voraussetzen, wenn sich die ärztlichen Maßnahmen über mehrere Termine erstrecken.

Im übrigen hängt die Beurteilung davon ab, wie das Ausbleiben des Patienten im Einzelfall zu werten ist.

1. Vorzeitige Beendigung des Behandlungsvertrages durch Kündigung

Erscheint der Patient nicht zum vereinbarten Zeitpunkt und kommt er auch später nicht wieder, ohne etwas von sich hören zu lassen, so kann man dieses Verhalten als eine Kündigung des Behandlungsvertrages werten.[2] § 627 BGB räumt beiden Parteien eine jederzeitige Kündigungsmöglichkeit auch ohne wichtigen Grund ein.[3]

---

[1] Siehe oben, S. 2.

[2] Brück, § 1 Rn 5 c; Schmatz/Goetz/Matzke, Einführung B 4. S. 32.

[3] Nicht die passende Vorschrift ist der von LG München II, NJW 1984, 671 = Rheinisches Ärzteblatt 1984, 496 herangezogene § 621 Nr. 5 BGB, da sich aus dem Zweck des Arztvertrages, nämlich der Heilung des Kranken, ergibt, daß das Vertragsverhältnis dann endigt, wenn der Patient genesen ist. In diesem Fall kommen die Kündigungsvorschriften der §§ 621, 622 BGB nicht zur Anwendung, § 620 Abs. 2 BGB.

Der Arzt kann dann einen seinen bisherigen Leistungen entsprechenden Teil der Vergütung verlangen, § 628 Abs. 1 BGB, d. h. er kann die bisher ausgeführten Verrichtungen nach der GOÄ liquidieren.

Darin ist allerdings nicht eine Vergütung dafür enthalten, daß er zur vereinbarten Zeit möglicherweise zunächst auf den Patienten gewartet hat, bevor ihm klar wurde, daß dieser nicht mehr kommen würde.

Diese mögliche Wartezeit muß in gleicher Weise beurteilt werden, wie die Wartezeit, wenn der Patient nur zu spät kommt oder sich einen neuen Termin geben läßt. Dazu im folgenden.

2. Annahmeverzug des Patienten

Versäumt der Patient nur einen Termin oder kommt er zu spät, so gerät er im Sinne des § 615 BGB in Annahmeverzug.

Die Rechtsfolge, die die Vorschrift bestimmt, ist jedoch mit der Systematik des Gebührenrechts nach der GOÄ nicht zu vereinbaren. Dies spricht schon aus der Formulierung „die vereinbarte Vergütung" in § 615 Satz 1 BGB. Die Gebühr nach der GOÄ ist nicht vereinbart, sondern wird nach der Leistungserbringung unter Berücksichtigung von deren Schwierigkeit usw. (§ 5 Abs. 2 GOÄ) einseitig vom Arzt auf der Grundlage der Vorgabe des Einfachsatzes durch die Verordnung bestimmt. Deshalb kann sie auch nicht hypothetisch ermittelt werden, wenn es wegen Ausbleibens des Patienten gar nicht zur Leistungserbringung kommt.

Über dieses Problem half unter Geltung der GOÄ von 1965 deren Nr. 24 im Gebührenverzeichnis hinweg. Sie enthielt zunächst eine Gebührenposition für das reine Verweilen des Arztes beim Kranken. Dazu zählt beispielsweise das Verweilen im Anschluß an einen Besuch zur Beobachtung des weiteren Krankheitsverlaufs oder die Begleitung im Notarztwagen beim Notarzteinsatz. Des weiteren hieß es bei Nr. 24: „Die Verweilgebühr darf auch für den Zeitverlust berechnet werden, der dadurch entsteht, daß ein Kranker nicht zu der mit dem Arzt vereinbarten Zeit erscheint." Diese Regelung wurde herangezogen, um die nach § 615 Satz 1 BGB zu leistende Vergütung zu bestimmen.[1] Diese war dann nicht mehr daran orientiert, was der Arzt bekommen hätte, wenn er seine Leistung rechtzeitig hätte erbringen können, sondern stellte eher ein Entgelt für dasjenige dar, was der Arzt tatsächlich getan hat, nämlich das Warten.

Nicht richtig ist es allerdings zu sagen, § 615 BGB gebe hier einen (Entschädigungs-) Anspruch.[2] § 615 BGB gibt keinen Anspruch sondern bewirkt, daß der Vergütungsanspruch erhalten bleibt.[3]

Man sollte deshalb besser von einer Modifikation des über § 615 BGB erhalten bleibenden Vergütungsanspruchs durch Nr. 24 des Gebührenverzeichnisses der GOÄ 1965 sprechen.

---

[1] Hoffmann, Nr. 9 Rn 6; Tiemann, Das Recht in der Arztpraxis, S. 198 f.; dies., Der Freie Zahnarzt 3/82, 56.

[2] Hoffmann a. a. O.; Tiemann a. a. O.

[3] Palandt-Putzo § 615 1) c).

Heute ist die Verweilgebühr in Nr. 9 des Leistungsverzeichnisses der GOÄ geregelt. Hier ist aber nicht mehr bestimmt, daß sie auch bei Ausbleiben des Patienten berechnet werden kann. Deshalb wird die Ansicht vertreten, der Anspruch aus § 615 BGB sei nunmehr nicht mehr durch die GOÄ beschränkt. Der Arzt könne die Vergütung vielmehr für diejenigen Leistungen berechnen, die er voraussichtlich erbracht hätte.[1]

Für die Ansicht spricht, daß das Warten auf den Patienten nicht mit dem Verweilen beim Patienten gleichzusetzen ist. In den Erläuterungen zu Nr. 9 des Gebührenverzeichnisses wird das Verweilen definiert als die durch die Beschaffenheit des Krankheitsfalles erforderliche, medizinisch indizierte, kontinuierliche Anwesenheit des Arztes beim Patienten,[2] ohne daß er eine abrechenbare ärztliche Leistung erbringt.[3] Das vergebliche Warten entspricht dieser Definition allerdings insoweit, als auch hier zwar keine ärztliche Verrichtung erbracht wird, der Arzt aber doch aufgrund des Behandlungsvertrages seine Zeit für den Patienten hingibt.

Bedenkt man nun noch einmal, daß es von den Prinzipien der GOÄ her, nämlich der am konkreten Einzelfall orientierten, sich aus einer nachträglichen Beurteilung ergebenden Gebührenbestimmung innerhalb des vorgegebenen Rahmens, unmöglich ist, die Vergütung zu ermitteln, die sich ergeben würde, wenn die Leistungen erbracht worden wären, so erscheint es allein sachgerecht, weiterhin die Verweilgebühr zur Modifizierung der Regelung des § 615 Satz 1 BGB heranzuziehen.[4]

Wichtig ist noch, auf die Bestimmung des § 615 Satz 2 BGB hinzuweisen. Kann der Arzt die für den nicht erschienenen Patienten eingeplante Zeit für einen anderen Patienten nutzen, so entfällt der Anspruch. Es liegt im übrigen dann auch kein Verweilen vor, weil dieses eine Behinderung des Arbeitsablaufs oder eine Untätigkeit des Arztes voraussetzt.[5] Handhabt der Arzt seine Praxis so, daß sich die Patienten auch mit Terminabsprache in die Reihe der Wartenden eingliedern müsse, so kann er einen anderen Patienten vornehmen, und sein Anspruch gegen den nicht erschienenen entfällt.

Im Ergebnis kommt es zu einem modifizierten Vergütungsanspruch nach § 615 BGB in Verbindung mit Nr. 9 des Gebührenverzeichnisses nur, wenn der Arzt eine sogenannte Bestellpraxis führt, d. h. Termine nur in so großen Zeitabständen vereinbart, daß jeder Patient pünktlich vorgenommen werden kann.

Auch dem Kassenpatienten kann die Verweilgebühr wegen Terminversäumung nur privat in Rechnung gestellt werden, da die Versichertengemeinschaft nicht für Leistungsstörungen einstehen soll, die in den persönlichen Verantwortungsbereich des einzelnen Versicherten fallen.[6] Auch die privaten Krankenversicherungen leisten hier keine Kostenerstattung.

---

[1] Hoffmann a. a. O.; wohl auch Weigand/Weißauer/Zierl, Kommentar zu Nr. 9 GOÄ, Anästhesiologie und Intensivmedizin 5/84, 200.
[2] Weigand/Weißauer/Zierl a. a. O.
[3] Hoffmann a. a. O., Rn 1.
[4] In diesem Sinne wohl auch Wezel/Liebold, Nr. 9 S. 110 f.
[5] Wezel/Liebold, Nr. 9, S. 110.
[6] BSG NJW 1970, 1252 für den Ersatzkassenbereich.

II. Nichterscheinen beim ersten Behandlungstermin

Ist es zwischen Arzt und Patient noch nicht zum – ausdrücklichen oder konkludenten – Abschluß eines Behandlungsvertrags gekommen, insbesondere wenn der Patient sich bisher nur einen Termin von der Sprechstundenhilfe telefonisch hat geben lassen, so kann sein Fernbleiben zur vereinbarten Zeit unter dem Gesichtspunkt des Verschuldens bei Vertragsschluß (culpa in contrahendo) gewertet werden. Liegt eine schuldhafte Terminversäumung vor und hat der Arzt tatsächlich einen Schaden (vor allem bei Bestellpraxis möglich), so kann er diesen aufgrund des durch die Terminvereinbarung zustande gekommenen Schuldverhältnisses im Vorfeld des Behandlungsvertrages geltend machen. Der rein durch den Zeitverlust entstandene Schaden muß allerdings als der Höhe nach begrenzt angesehen werden auf den Betrag der Verweilgebühr.

O. Gebührenanspruch bei Schlechtleistung des Arztes

Der Behandlungsvertrag verpflichtet den Arzt, seine medizinischen Leistungen nach den Regeln der ärztlichen Kunst zu erbringen. Entsprechend dem Wesen des Arztvertrags als Dienstvertrag werden vom Arzt nur die fachgerechten Bemühungen um Heilung, nicht aber wird der Eintritt des gewünschten (Heilungs-) Erfolgs geschuldet.

Sind nun aber die Bemühungen nicht fachgerecht, so fragt sich, ob dies möglicherweise Konsequenzen für den Gebührenanspruch hat.

Die §§ 611 ff. BGB kennen, anders als die §§ 631 ff. BGB keine Gewährleistungsrechte. Dementsprechend antwortet die Rechtsprechung auf die Schlechterfüllung vertraglicher Dienstleistungspflichten nur mit der Haftung für positive Vertragsverletzung.[1]

Das bedeutet, daß der Honoraranspruch des Dienstverpflichteten grundsätzlich unberührt bleibt. Eine Minderung kommt nicht in Betracht, der Dienstberechtigte ist auf die Geltendmachung eines Gegenanspruchs aus positiver Vertragsverletzung, bzw. eines auf § 273 Abs. 1 BGB und pVV basierenden Zurückbehaltungsrechts oder auf die Wahrnehmung der Aufrechnungsmöglichkeit angewiesen.

Vorstöße in der Literatur gehen u. a. dahin, dem Dienstberechtigten das Leistungsverweigerungsrecht aus § 320 BGB einzuräumen, da mit einer mangelhaften Dienstleistung der vertragliche Leistungsanspruch nicht erfüllt werde,[2] oder auch dahin, in bestimmten Fällen den Entgeltanspruch nach §§ 320, 323, 325 BGB entfallen zu lassen.[3]

Diesen Lösungswegen nach den Regeln des allgemeinen Schuldrechts kann hier nicht weiter nachgegangen werden. Vielmehr gehen die Überlegungen dahin, ob nicht speziell für das Arzt-Patienten-Verhältnis die GOÄ einen gebührenrechtlichen Lösungsansatz bietet.

Dieser könnte in § 1 Abs. 3 Satz 1 GOÄ liegen, indem es dort nämlich heißt: „Vergütungen darf der Arzt nur für Leistungen berechnen, die nach den Regeln der ärztlichen Kunst für eine medizinisch notwendige ärztliche Versorgung erforderlich sind".[4]

---

[1] BGH NJW 1983, 1188.
[2] Roth, VersR 1979, 494 und 600.
[3] Siehe für den Arbeitsvertrag den Nachweis bei Hanau/Adomeit, S. 163, Fußnote 18.
[4] Die GOÄ 1965 enthielt eine solche Bestimmung nicht.

I. Vergleich mit § 16 Abs. 1 KostO

Als mögliche Grundlage für eine Gebührenminderung bei ärztlicher Schlechtleistung ist zwar die Vorschrift des § 1 Abs. 3 GOÄ bisher in Rechtsprechung und Literatur nicht erörtert worden. Der Gedanke drängt sich aber auf bei einem Vergleich mit § 16 Abs. 1 KostO, insbesondere soweit dieser nach § 141 KostO auch für die Kosten der Notare gilt. Möglicherweise soll § 1 Abs. 3 Satz 1 GOÄ ähnlichen Zwecken dienen wie § 16 Abs. 1 Satz 1 KostO.[1]

Die Vorschrift ist, was sich nicht unbedingt aus ihrem Wortlaut ergibt, so auszulegen, daß wegen unrichtiger Behandlung der Sache Kosten des Notars dann entfallen, wenn der mit seiner Amtshandlung bezweckte Erfolg gerade infolge der unrichtigen Behandlung nicht eingetreten ist.[2] Es kommt also nicht darauf an, ob auch bei fehlerfreier Sachbehandlung Gebühren entstanden wären. Einwendungen des Kostenschuldners im Sinne des § 16 Abs. 1 sind im Verfahren nach § 156 Abs. 1 KostO zu erheben. Bereits gezahlte Kosten sind nach § 19 Abs. 1 Satz 1 BNotO aus dem Gesichtspunkt der Amtspflichtverletzung zu ersetzen.

Für die Frage, ob § 16 Abs. 1 KostO wegen der Ähnlichkeit der Formulierungen bei der Auslegung des § 1 Abs. 3 GOÄ heranzuziehen ist, muß die besondere Stellung des Notars als Rechtspflegeorgan und unabhängiger Träger eines öffentlichen Amtes bedacht werden. Notarielle Amtshandlungen können nicht Gegenstand privatrechtlicher Beziehungen sein, hier kommt also kein Dienstvertrag zustande[3] – im Gegensatz zur Arzt-Patienten-Beziehung. Notarkosten werden nach § 154 KostO aufgrund einer Kostenberechnung des Notars erhoben, die nach § 155 KostO einen vollstreckbaren Titel bildet.

Hierzu findet sich keine Parallele im ärztlichen Gebührenrecht. Dies gilt auch für die spezielle Ausgestaltung des Verfahrens bei Einwendungen gegen die Kostenberechnung nach § 156 KostO. Sie sind im Wege der Beschwerde beim Landgericht geltend zu machen, auch soweit aus Amtspflichtverletzung Rückzahlung der Gebühren verlangt wird.[4]

Dadurch, daß hinsichtlich der Kosten (Gebühren und Auslagen) der Notare für ihre Amtstätigkeit in § 141 KostO die Vorschriften des ersten Teils der Kostenordnung für anwendbar erklärt sind, ist eine grundsätzliche kostenrechtliche Gleichstellung der Notare mit den Gerichten erreicht.[5]

Diese speziellen Regelungen, in denen sich auch die Amtsträgereigenschaft des Notars widerspiegelt, schließen eine Heranziehung des § 16 Abs. 1 KostO zur Auslegung des § 1 Abs. 3 GOÄ aus.[6]

---

[1] „Kosten, die bei richtiger Behandlung der Sache nicht entstanden wären, werden nicht erhoben."

[2] OLG Frankfurt, DNotZ 1961, 159; KG DNotZ 1970, 437; Korintenberg-Bengel, § 16 Rn 40.

[3] Seybold/Hornig, § 19 Rn 1.

[4] BGH WM 1961, 535f.; OLG Frankfurt, Rechtspfleger 1963, 128; Korintenberg-Bengel, § 156 Rn 25.

[5] Rohs/Wedewer, § 141 a).

[6] Für den Honoraranspruch nach der BRAGO bei Schlechtleistung des Anwalts hat der BGH, NJW 1963, 1301 (1302) entschieden, daß § 16 Abs. 1 KostO hier nicht heranzuziehen sei, da der BRAGO eine vergleichbare Regelung fehle. Dies wiederum ist aber auf die GOÄ nicht zu übertragen, da sie in § 1 Abs. 3 eine auf den ersten Blick vergleichbare Regelung enthält, so daß also auf den Gesamtzusammenhang abzustellen war.

II. Der Gesichtspunkt wirtschaftlicher Leistungserbringung

Betrachtet man nun lediglich den Wortlaut des § 1 Abs. 3 GOÄ, so fällt auf, daß das Erfordernis kunstgerechter Leistungserbringung in einem Zuge genannt ist mit der medizinischen Notwendigkeit der ärztlichen Versorgung. Dieser Begriff wiederum erinnert an das für die kassenärztliche Versorgung maßgebliche Wirtschaftlichkeitsgebot des § 368e RVO. Dies ist aber ein anderer Aspekt als der einer Gebührenminderung bei nicht kunstgerechter Leistungserbringung.

Die Beschränkung auf die medizinisch notwendige ärztliche Versorgung bedeutet beispielsweise das Gebot an den Arzt, schon vorliegende oder verwertbare Röntgen- und Laborbefunde zur Diagnose heranzuziehen.[1] In der Literatur findet sich die Aussage, es sollten sogenannte Luxusmaßnahmen als nicht berechnungsfähig ausgeklammert werden, es sei denn, sie seien auf Verlangen erbracht worden, § 1 Abs. 3 Satz 2 GOÄ.[2]

Die Frage der Notwendigkeit soll dabei nach medizinischen Kriterien beurteilt werden. Sieht man darin den eigentlichen Sinn der Erwähnung der kunstgerechten Leistungserbringung in § 1 Abs. 3 Satz 1 GOÄ, so scheidet die Ableitung eines Honorarminderungsrechts des Patienten bei Schlechtleistung des Arztes aus dieser Vorschrift aus.

Durch den Vergleich mit den detaillierten Regelungen zur Nichterhebung von Notargebühren in §§ 16, 17 und 156 KostO oder mit den Gewährleistungsrechten bei Schlechterfüllung anderer schuldrechtlicher Verträge kann nur das Ergebnis gewonnen werden, daß § 1 Abs. 3 GOÄ nicht als gebührenrechtliche Antwort auf die Frage nach den Auswirkungen einer ärztlichen Schlechtleistung auf den Gebührenanspruch zu verstehen ist. Sie muß weiterhin in Vorschriften und Rechtsinstituten des allgemeinen Schuldrechts gesucht werden.

---

[1] Borchmann, NJW 1983, 315.
[2] Brück, § 1 Rn 10.

P. Bedeutung der Honorarminderungspflicht nach § 6a GOÄ

I. Harmonisierungsnovelle und Änderung der Bundespflegesatzverordnung zum 01.01. 1986

Aufgrund der „Zweiten Verordnung zur Änderung der Gebührenordnung für Ärzte" vom 20. Dezember 1984, die zusammen mit der „Vierten Verordnung zur Änderung der Bundespflegesatzverordnung" ergangen ist,[1] wurde § 6a in die GOÄ eingefügt. Seine Bedeutung läßt sich nur im Zusammenhang mit dem geltenden Pflegesatzrecht erläutern.

Im stationären Krankenhausbereich kollidieren die Vorschrift des § 4 Abs. 3 Satz 3 GOÄ, die bestimmt, daß die unter Inanspruchnahme Dritter entstandenen Kosten, d.h. vor allem die dem Krankenhausträger aus der Behandlung von Wahlleistungspatienten erwachsenden Kosten mit den Gebühren abgegolten sind, und § 4 Abs. 4 GOÄ, der die gesonderte Berechnung dieser Kosten verbietet, mit der Tatsache, daß die nach der Bundespflegesatzverordnung festzusetzenden Pflegesätze die gesamten Behandlungskosten einschließlich der Sach- und Personalkosten für die ärztlichen Leistungen bei den Wahlleistungspatienten decken. Wahlleistungspatienten im Sinne des § 7 BPflV sind solche, die den Faktor ärztliche Behandlung nicht über den Pflegesatz des Krankenhauses in Anspruch nehmen, in dem er bei der Behandlung gesetzlich Versicherter enthalten ist, sondern einen Vertrag über die persönliche Behandlung durch die liquidationsberechtigten Krankenhausärzte abschließt (Wahlleistung), was zu einer Minderung des Pflegesatzes um den Arztkostenanteil führt.

Indem § 4 Abs. 3 GOÄ bestimmt, daß mit dem Honorar auch die Praxiskosten abgegolten sind, denen, wie sich aus der Formulierung des § 14 Abs. 2 GOÄ ergibt, die Sach- und Personalkosten des Krankenhauses gleichzusetzen sind, bestand zunächst die Gefahr der Doppelbelastung des ärztliche Wahlleistungen in Anspruch nehmenden Patienten mit diesen Kosten. Für den Krankenhausbereich wurde deshalb eine Übergangsbestimmung im § 14 Abs. 2 GOÄ geschaffen, die durch die „Erste Verordnung zur Änderung der Gebührenordnung für Ärzte" bis zum 01.01. 1985 verlängert wurde.

Die „Zweite Verordnung zur Änderung der Gebührenordnung für Ärzte" und die „Vierte Verordnung zur Änderung der Bundespflegesatzverordnung", in Kraft getreten am 01.01. 1985, haben nunmehr eine Harmonisierung des Pflegesatzrechts und der GOÄ von 1982 herbeigeführt.

---

[1] BGBl. I, 1984, 1680.

In diesem Zusammenhang steht § 6a GOÄ: Der liquidationsberechtigte Krankenhausarzt wird verpflichtet, sein Gesamthonorar für stationäre und teilstationäre ärztliche Leistungen um einen Sach- und Personalkostenanteil von 15 v.H. zu kürzen. Damit soll der Wahlleistungspatient von den in den Gebühren enthaltenen Sach- und nichtärztlichen Personalkosten entlastet werden, die er mit dem Pflegesatz an den Krankenhausträger entrichtet.

In der GOÄ-Gebühr enthalten und mit dieser abgegolten verbleiben somit die Kosten für ärztliches Krankenhauspersonal, dessen sich der liquidierende Arzt bei der Behandlung seiner Patienten bedient. Um hier eine doppelte Inrechnungstellung auszuschließen, bestimmt § 8 Satz 1 Nr.2 der am 01.01. 1986 in veränderter Fassung in Kraft getretenen Bundespflegesatzverordnung, daß das Krankenhaus den Rechnungsbetrag für allgemeine Krankenhausleistungen um 5 v.H. zu ermäßigen hat (Wahlarztabschlag). Dieser einheitliche Kostenabschlag geht zunächst zu Lasten der Allgemeinpatienten, die keine Wahlleistungen in Anspruch nehmen.[1] Die Tatsache, daß die Minderung eine Konsequenz aus der Abgeltung der ärztlichen Personalkosten mit der GOÄ-Gebühr ist, die dem Arzt und nicht dem Krankenhausträger zufließt, würde nämlich zu einer Verlagerung von Kosten auf den Regelleistungspflegesatz führen.

Diese Belastung wird wiederum dadurch ausgeglichen, daß den Krankenhäusern das 1,2fache der Summe der für den Pflegesatzzeitraum geltenden Wahlarztabschläge[2] als Kostenerstattung für ärztliche Wahlleistungen von ihren pflegesatzrelevanten Selbstkosten abgezogen wird. Dadurch wird der Pflegesatz für alle Patienten, nicht nur die Privatpatienten, entlastet.[3]

In engem Zusammenhang hiermit steht die Regelung der Kostenerstattung der Ärzte in § 11 Abs.3 BPflV. Während § 18 Abs.6 der bis zum 01.01. 1986 geltenden Fassung nur zum Zwecke der Ermittlung der Selbstkosten einen Abzug des 1,2fachen der Pflegesatzabschläge (6 v.H. des Pflegesatzes, da $1,2 \times 5 = 6$) „als Kostenerstattung", d.h. unabhängig von der tatsächlichen Kostenerstattung der Ärzte an den Krankenhausträger, vorsah, regelt § 11 Abs.3 BPflV nunmehr die Kostenerstattung unmittelbar zwischen dem Krankenhaus und der Gesamtheit seiner liquidationsberechtigten Ärzte in Höhe des 1,2fachen des Wahlarztabschlags.[4]

Soweit bestehende Chefarztverträge, bzw. das Nebentätigkeitsrecht mit der nunmehr geltenden Rechtslage nicht in Einklang stehen, ist eine Anpassung erforderlich, wobei für die Anstellungsverträge die Heranziehung der Regeln des Wegfalls der Geschäftsgrundlage in Betracht kommt.

---

[1] Bösche/Hess, DtÄrzteBl 1985 [B] Heft 6, S.314 (316); Weißauer/Opderbecke, Anästhesiologie und Intensivmedizin 1/85, 25 (27).

[2] Nicht, wie Weißauer/Opderbecke schreiben, „des Pflegesatzes".

[3] In diesem Zusammenhang wird der Begriff des „Subventionsmechanismus zu Lasten der Privatpatienten und zugunsten der gesetzlichen Krankenversicherung" gebraucht, s. Zimmer, Krankenhaus-Umschau 11/84, 850 (852).

[4] Siehe dazu auch Zimmer, Krankenhaus-Umschau 10/85, 759 (761).

II. Anforderung an die Rechnungslegung

Der Minderungsbetrag von 15 v. H. nach § 6a Abs. 1 GOÄ ist gemäß § 12 Abs. 2 Nr. 5 GOÄ in der Rechnung des Chefarztes an den Patienten aufzuführen. Er braucht nicht auf die Einzelleistungen bezogen zu sein. Es genügt vielmehr die Angabe des Gesamtbetrages der Honorarminderung (15 v. H. aus der Bruttosumme für die stationären Leistungen), um die Fälligkeit des Rechnungsbetrags herbeizuführen.

Gebührenordnung für Ärzte (GOÄ)*

vom 12. November 1982
Stand: 01. Januar 1985

Auf Grund des § 11 der Bundesärzteordnung in der Fassung der Bekanntmachung vom 14. Oktober 1977 (BGBl. I S. 1885) verordnet die Bundesregierung mit Zustimmung des Bundesrates:

§ 1

Anwendungsbereich

(1) Die Vergütungen für die beruflichen Leistungen der Ärzte bestimmen sich nach dieser Verordnung, soweit nicht durch Bundesgesetz etwas anderes bestimmt ist.
(2) Vergütungen nach dieser Verordnung darf ein Arzt nur für Leistungen berechnen, die er selbst erbracht hat oder durch Personen hat erbringen lassen, die seiner Aufsicht und Weisung unterstehen.
(3) Vergütungen darf der Arzt nur für Leistungen berechnen, die nach den Regeln der ärztlichen Kunst für eine medizinisch notwendige ärztliche Versorgung erforderlich sind. Leistungen, die über das Maß einer medizinisch notwendigen ärztlichen Versorgung hinausgehen, darf er nur berechnen, wenn sie auf Verlangen erbracht worden sind.

§ 2

Abweichende Vereinbarung

(1) Durch Vereinbarung kann eine von dieser Verordnung abweichende Höhe der Vergütung festgelegt werden.
(2) Eine Vereinbarung nach Absatz 1 zwischen Arzt und Zahlungspflichtigem ist vor Erbringung der Leistung des Arztes in einem Schriftstück zu treffen, das keine anderen Erklärungen enthalten darf. Der Arzt hat dem Zahlungspflichtigen einen Abdruck der Vereinbarung auszuhändigen.

---

* Vermerk d. Verf.: Als Anlage folgt das Gebührenverzeichnis.

§ 3

Vergütungen

Als Vergütung stehen dem Arzt Gebühren, Entschädigungen und Ersatz von Auslagen zu.

§ 4

Gebühren

(1) Gebühren sind Vergütungen für die im Gebührenverzeichnis (Anlage) genannten ärztlichen Leistungen.

(2) Der Arzt kann Gebühren nur für selbständige Leistungen berechnen. Für eine Leistung, die Bestandteil einer anderen Leistung nach dem Gebührenverzeichnis ist, kann der Arzt eine Gebühr nicht berechnen, wenn er für die andere Leistung eine Gebühr berechnet.

(3) Mit den Gebühren sind die Praxiskosten einschließlich der durch die Anwendung von Instrumenten und Apparaten entstehenden Kosten abgegolten, soweit nicht in dieser Verordnung etwas anderes bestimmt ist. Das gilt auch für die Kosten, die bei Leistungen nach den Abschnitten M, N und O des Gebührenverzeichnisses entstehen. Hat der Arzt ärztliche Leistungen unter Inanspruchnahme Dritter, die nach dieser Verordnung selbst nicht liquidationsberechtigt sind, erbracht, so sind die hierdurch entstandenen Kosten ebenfalls mit der Gebühr abgegolten.

(4) Kosten, die nach Absatz 3 mit den Gebühren abgegolten sind, dürfen nicht gesondert berechnet werden. Eine Abtretung des Vergütungsanspruchs in Höhe solcher Kosten ist gegenüber dem Zahlungspflichtigen unwirksam.

(5) Sollen Leistungen durch Dritte erbracht werden, die diese dem Zahlungspflichtigen unmittelbar berechnen, so hat der Arzt ihn darüber zu unterrichten.

§ 5

Bemessung der Gebühren

(1) Die Höhe der einzelnen Gebühr bemißt sich nach dem Einfachen bis Dreieinhalbfachen des Gebührensatzes. Gebührensatz ist der Betrag, der sich ergibt, wenn die Punktzahl der einzelnen Leistung des Gebührenverzeichnisses mit dem Punktwert vervielfacht wird. Der Punktwert beträgt 10 Deutsche Pfennige.

(2) Innerhalb des Gebührenrahmens sind die Gebühren unter Berücksichtigung der Schwierigkeit und des Zeitaufwandes der einzelnen Leistung, der Umstände bei der Ausführung sowie der örtlichen Verhältnisse nach billigem Ermessen zu bestimmen. Die Schwierigkeit der einzelnen Leistung kann auch durch die Schwierigkeit des Krankheitsfalles begründet sein; dies gilt nicht für die in Absatz 3 genannten Leistungen. Bemessungskriterien, die bereits in der Leistungsbeschreibung berücksichtigt worden sind, haben hierbei außer Betracht zu blei-

ben. In der Regel darf eine Gebühr nur zwischen dem Einfachen und dem 2,3fachen des Gebührensatzes bemessen werden; ein Überschreiten des 2,3fachen des Gebührensatzes ist nur zulässig, wenn Besonderheiten der in Satz 1 genannten Bemessungskriterien dies rechtfertigen.

(3) Gebühren für die in den Abschnitten A, E, M und O des Gebührenverzeichnisses genannten Leistungen bemessen sich nach dem Einfachen bis Zweieinhalbfachen des Gebührensatzes. Absatz 2 Satz 4 gilt mit der Maßgabe, daß an die Stelle des 2,3fachen des Gebührensatzes das 1,8fache des Gebührensatzes tritt.

§ 6

Entsprechende Bewertung

Selbständige ärztliche Leistungen, die in das Gebührenverzeichnis nicht aufgenommen sind und sich auch nicht als eine besondere Ausführung einer anderen Leistung darstellen, können entsprechend einer gleichwertigen Leistung des Gebührenverzeichnisses berechnet werden. In der Rechnung ist die entsprechend bewertete Leistung für den Zahlungspflichtigen verständlich zu beschreiben und mit dem Hinweis „entsprechend" sowie der Nummer und der Bezeichnung der als gleichwertig erachteten Leistung zu versehen.

§ 6a

Gebühren bei stationärer Behandlung

(1) Bei stationären und teilstationären privatärztlichen Leistungen sind die nach dieser Verordnung berechneten Gebühren um 15 vom Hundert zu mindern. In diesem Umfang gilt § 4 Abs. 3 nicht.

(2) Neben den nach Absatz 1 Satz 1 geminderten Gebühren darf der Arzt Kosten nicht berechnen; die §§ 7 bis 10 bleiben unberührt.

§ 7

Entschädigungen

Als Entschädigungen für Besuche erhält der Arzt Wegegeld und Reiseentschädigung; hierdurch sind Zeitversäumnisse und die durch den Besuch bedingten Mehrkosten abgegolten.

§ 8

Wegegeld

(1) Der Arzt kann für jeden Besuch ein Wegegeld berechnen. Das Wegegeld beträgt bei einer Entfernung bis zu zwei Kilometern zwischen Praxisstelle des Arz-

tes und Besuchsstelle 10,- Deutsche Mark, bei Nacht (zwischen 20 und 8 Uhr) 20,- Deutsche Mark. Bei einer Entfernung von mehr als zwei bis zu 25 Kilometern beträgt das Wegegeld für jeden zurückgelegten Kilometer 2,50 Deutsche Mark, bei Nacht 5,- Deutsche Mark.

(2) Besucht der Arzt auf einem Wege mehrere Patienten, so beträgt das Wegegeld je Patient die Hälfte der in Absatz 1 genannten Beträge. Werden mehrere Patienten in demselben Haus oder in einem Heim besucht, darf der Arzt das Wegegeld insgesamt nur einmal und nur anteilig berechnen.

§ 9

Reiseentschädigung

(1) Bei Besuchen über eine Entfernung von mehr als 25 Kilometern zwischen Praxisstelle des Arztes und Besuchsstelle tritt an die Stelle des Wegegeldes eine Reiseentschädigung.

(2) Als Reiseentschädigung erhält der Arzt

1. 50 Deutsche Pfennige für jeden zurückgelegten Kilometer, wenn er einen eigenen Kraftwagen benutzt, bei der Benutzung anderer Verkehrsmittel die tatsächlichen Aufwendungen,

2. bei Abwesenheit bis zu 8 Stunden 100,- Deutsche Mark, bei Abwesenheit von mehr als 8 Stunden 200,- Deutsche Mark je Tag,

3. Ersatz der Kosten für notwendige Übernachtungen.

(3) § 8 Abs. 2 gilt entsprechend.

§ 10

Ersatz von Auslagen

(1) Soweit in dieser Verordnung nichts anderes bestimmt ist, dürfen neben den für die einzelnen ärztlichen Leistungen vorgesehenen Gebühren nur die Kosten für diejenigen Arzneimittel, Verbandmittel und sonstigen Materialien berechnet werden, die der Patient zur weiteren Verwendung behält oder die mit einer einmaligen Anwendung verbraucht sind.

(2) Soweit in dieser Verordnung nichts anderes bestimmt ist, dürfen neben den Gebühren für Leistungen nach den Abschnitten M, N und O des Gebührenverzeichnisses nur die hierdurch entstandenen Versand- und Portokosten berechnet werden, neben den Gebühren für die Anwendung radioaktiver Stoffe auch die Kosten für die Stoffe, die mit ihrer Anwendung verbraucht sind.

§ 11

Zahlung durch öffentliche Leistungsträger

(1) Wenn ein Leistungsträger im Sinne des § 12 des ersten Buches des Sozialgesetzbuches oder ein sonstiger öffentlich-rechtlicher Kostenträger die Zahlung leistet, sind die ärztlichen Leistungen nach den Gebührensätzen des Gebührenverzeichnisses (§ 5 Abs. 1 Satz 2) zu berechnen.

(2) Absatz 1 findet nur Anwendung, wenn dem Arzt vor der Inanspruchnahme eine von dem die Zahlung Leistenden ausgestellte Bescheinigung vorgelegt wird. In dringenden Fällen kann die Bescheinigung auch nachgereicht werden.

§ 12

Fälligkeit und Abrechnung der Vergütung

(1) Die Vergütung wird fällig, wenn dem Zahlungspflichtigen eine dieser Verordnung entsprechende Rechnung erteilt worden ist.

(2) Die Rechnung muß insbesondere enthalten:

1. Das Datum der Erbringung der Leistung,
2. bei Gebühren die Nummer und die Bezeichnung der einzelnen berechneten Leistung sowie den jeweiligen Betrag und den Steigerungssatz,
3. bei Entschädigungen nach §§ 7 bis 9 den Betrag, die Art der Entschädigung und die Berechnung,
4. bei Ersatz von Auslagen nach § 10 den Betrag und die Art der Auslage; übersteigt die einzelne Auslage 50,- Deutsche Mark, ist der Beleg oder ein sonstiger Nachweis beizufügen,
5. bei Erbringung stationärer oder teilstationärer privatärztlicher Leistung den Minderungsbetrag nach § 6a Abs. 1.

Überschreitet die berechnete Gebühr nach Satz 1 Nr. 2 das 2,3fache des Gebührensatzes, ist dies schriftlich zu begründen; das gleiche gilt bei den in § 5 Abs. 3 genannten Leistungen, wenn das 1,8fache des Gebührensatzes überschritten wird. Auf Verlangen ist die Begründung näher zu erläutern. Die Bezeichnung der Leistung nach Satz 1 Nr. 2 kann entfallen, wenn der Rechnung eine Zusammenstellung beigefügt wird, der die Bezeichnung für die abgerechnete Leistungsnummer entnommen werden kann. Leistungen, die auf Verlangen erbracht worden sind (§ 1 Abs. 3 Satz 2), sind als solche zu bezeichnen.

(3) Durch Vereinbarung mit den in § 11 Abs. 1 genannten Leistungs- und Kostenträgern kann eine von den Vorschriften der Absätze 1 und 2 abweichende Regelung getroffen werden.

§ 13

Berlin-Klausel

Diese Verordnung gilt nach § 14 des Dritten Überleitungsgesetzes in Verbindung mit § 15 Satz 2 der Bundesärzteordnung auch im Land Berlin.

§ 14

Inkrafttreten und Übergangsvorschrift

(1) Diese Verordnung tritt am 01. Januar 1983 in Kraft.

(2) § 4 gilt hinsichtlich des Ausschlusses der unmittelbaren Erhebung von Sach- und Personalkosten durch Krankenhäuser im Sinne des § 2 Nr. 1 des Krankenhausfinanzierungsgesetzes bei ambulanter privatärztlicher Behandlung erst ab 01. Januar 1984, bei stationärer privatärztlicher Behandlung erst ab 01. Januar 1985. Bis zu dem jeweiligen Zeitpunkt hat der Arzt vom Krankenhaus unmittelbar erhobene Sach- und Personalkosten von den von ihm nach § 5 berechneten Gebühren abzuziehen und in der Rechnung den Umfang der Minderung bei den einzelnen Leistungen anzugeben.

(3) Die Gebührenordnung für Ärzte in der Fassung vom 18. März 1965 (BGBl. I S. 89) gilt weiter

1. für Leistungen, die vor Inkrafttreten dieser Verordnung erbracht worden sind,
2. im Rahmen des § 6 der Gebührenordnung für Zahnärzte vom 18. März 1965 (BGBl. I S. 123).

Im übrigen tritt sie außer Kraft.

Literatur

ÄrzteZeitung o. V.[1]: Ärzte differenzieren wieder, 26. Oktober 1984

ÄrzteZeitung o. V.: Beihilfestellen zeigen sich noch zugeknöpft, 15. März 1984

ÄrzteZeitung . V.: Die neue Gebührenordnung nützt nur der PKV, 4. September 1984

ÄrzteZeitung o. V.: Hartmannbund: Beamte werden zu Patienten zweiter Klasse, 5. Juli 1984

ÄrzteZeitung o. V.: Zur Gebührenordnung eine Frage an den Experten: Kann denn Unterschreiten Sünde sein . . .? 24. Januar 1985

Ärztliche Praxis o. V.: Neue GOÄ, also doch: es geht auch einfacher! 9. April 1983

Andreas, M.: Anmerkung zu BGH Urteil vom 1. 2. 1983 – VI ZR 104/81, Arztrecht 7/1983, 180

Andreas, M.: Darf der Arzt eine Vorauszahlung auf die Privatliquidation fordern? Antwort auf eine Leseranfrage, Arztrecht 5/1983, 130

Aumüller, G.: Diagnose auf der Rechnung ist Pflicht! Medical Tribune, 22. Juli 1983

Aumüller, G.: Einzelfall konkretisieren, ÄrzteZeitung, 9. Februar 1984

Bösche, J. W.: Anmerkung zum Beschluß des Bundesverfassungsgerichts vom 12. Dezember 1984 – 1 BvR 1249/83 u.a., DtÄrzteBl 1985 [A] Heft 13, S. 941

Bösche, J. W.; Hess, R.: Auswirkungen der Harmonisierung von Pflegesatzrecht und Gebührenordnung für Ärzte zum 1. Januar 1985, DtÄrzteBl 1985 [B] Heft 6, S. 314

Borchmann, M.: Die neue Gebührenordnung für Ärzte, NJW 1983, 315

Brenner, G.: Arzt und Recht, Leitfaden und Nachschlagewerk des medizinischen Rechts für die ärztliche Praxis, Stuttgart, New York 1983

Brockhaus: Enzyklopädie in zwanzig Bänden, 14. Band (OST-POQ), 17. Auflage, Wiesbaden 1972

Brox, H.: Besonderes Schuldrecht, 11. Auflage, München 1984

Brück, D.: Kommentar zur Gebührenordnung für Ärzte – GOÄ – 4. Ergänzungslieferung, Stand 1. 10. 1984, Köln

Bundesärztekammer: Praktische Hinweise zur neuen Gebührenordnung für Ärzte, DtÄrzteBl 1983 [C] Heft 4, S. 17

Bundesminister des Innern: Beihilfevorschriften (BhV): hier: Angemessenheit von ärztlichen Vergütungen, Rundschreiben vom 20. 12. 1982, GMBl 1982, 743

Bundesminister des Innern: Beihilfevorschriften (BhV): hier: Angemessenheit von ärztlichen Vergütungen, Rundschreiben vom 18. 8. 1983, GMBl 1983, 388

Bundesregierung: Antwort auf eine Kleine Anfrage der Abgeordneten Frau Fuchs u. a. und der Fraktion der SPD, BT-Drucksache 10/186 vom 22. 6. 1983

Bunte, H.-J.: Handbuch der Allgemeinen Geschäftsbedingungen, München 1982

Daniels, J.; Bulling, M.: Bundesärzteordnung, Kommentar, Berlin 1963

Der Beamte im Ruhestand o. V.: Persönliche Leistungen aufgewertet, Nr. 5/1984

Deutsches Ärzteblatt o. V.: BÄK appelliert an den Bundesrat: Beschluß über den GOÄ-Entwurf aussetzen! 1982 [B] Heft 39, S. 19

Deutsches Ärzteblatt o. V.: Betriebsanleitung für die analoge Bewertung, 1984 [B] Heft 8, S. 485

Deutsches Ärzteblatt o. V.: CDU/SPD-GOÄ, 1982 [B] Heft 46, S. 1

Deutsches Ärzteblatt o. V.: Der Testamentsvollstrecker, 1982 [A/B] Heft 24, S. 1

Deutsches Ärzteblatt o. V.: Die Multiplikator-Regelung bleibt unzumutbar, 1982 [A/B] Heft 18, S. 19

Deutsches Ärzteblatt o. V.: Ein Jahr nach der „Wende": Prüfsteine im Verhältnis der Ärzte zur Politik 1983 [B] Heft 43, S. 67

---

[1] o. V., ohne Verfasser.

Deutsches Ärzteblatt o. V.: Fünf grundsätzliche Einwände gegen den Gebührenordnungsentwurf, 1982 [A/B] Heft 24, S.17

Deutsches Ärzteblatt o. V.: Mit der PKV in die Einheitsversicherung, 1983 [C] Heft 5, S.1

Deutsches Ärzteblatt o. V.: Nein und nochmals nein zu diesem GOÄ-Entwurf, 1982 [B] Heft 35, S.17

Deutsches Ärzteblatt o. V.: Privatpatienten unerwünscht, 1982 [B] Heft 29, S.1

Deutsches Ärzteblatt o. V.: 24 Verfassungsbeschwerden zur GOÄ, 1984 [B] Heft 16, S.1247

Dreher, E.; Tröndle, H.: Strafgesetzbuch, 41. Auflage, München 1983

Eckert, W. L.; Böttcher, H.-G.: Steuerberatergebührenverordnung mit Steuerlichem Kostenrecht, München 1982

Epping, H.: Statistik der PKV zur GOÄ, Westfälisches Ärzteblatt 5/84, S.393

Erman, W.: Handkommentar zum Bürgerlichen Gesetzbuch, 1. Band, 7. Auflage, Münster 1981 (zit. Erman - Bearbeiter)

Esser, J.; Weyers, H.-L.: Schuldrecht, Band II, Besonderer Teil, Teilband 1, 5. Auflage, Heidelberg, Karlsruhe 1977

Farthmann, F.: Schreiben an die Ärztekammer Nordrhein, Rheinisches Ärzteblatt Heft 18/1983, S.910

Fehse, M.: Abdingung, Ein Buch mit sieben Siegeln? Arzt und Krankenhaus 1985, 294

aus den Fünten, H.: Allgemeine Stellungnahme zur GOÄ, Arzt und Krankenhaus 1983, 93

aus den Fünten, H.: Gebührenfestsetzung nach der GOÄ, f & w[1] 1984, Heft 5, S.56

aus den Fünten, H.: GOÄ; Begründungspflicht des Arztes bei getroffener Honorarvereinbarung - §§ 2, 12 GOÄ - f & w 1984, Heft 4, S.62

aus den Fünten, H.: Privatliquidation: Wie müssen Honorarvereinbarungen aussehen? f & w 1984, Heft 2, S.10

Gerold, W.; Schmidt, H.: Bundesgebührenordnung für Rechtsanwälte, 8. Auflage, München 1984

Göttlich, W.; Mümmler, A.: Bundesgebührenordnung für Rechtsanwälte, 15. Auflage, Flensburg 1984

Gursky, J. D.: GOÄ-Entwurf der Bundesregierung: Unsozial und illiberal, DtÄrzteBl 1982 [B] Heft 33, S.12

Hagedorn, M.: Die Entscheidung des Bundesverfassungsgerichts zur Gebührenordnung für Ärzte, NJW 1985, 2177

Hanau; Adomeit: Arbeitsrecht, 7. Auflage, Frankfurt 1983

Hensen, H.-D.: Zulässigkeit von Sondervereinbarungen nach der neuen Gebührenordnung für Ärzte, NJW 1983, 1366

Hess, R.: Praktische Hinweise zur neuen Gebührenordnung für Ärzte, DtÄrzteBl 1982 [B] Heft 48, S.19

Hoffmann, H.; Baur, U.; aus den Fünten, H.: Gebührenordnung für Ärzte (GOÄ '82), Kommentar mit praktischen Hinweisen für die Abrechnung, Köln, Stuttgart, Berlin, Mainz, 4. Lieferung, Stand Januar 1984 (zit. Hoffmann)

Hollmann, A.: Anforderungen an die schriftliche Vereinbarung, Niedersächsisches Ärzteblatt 13/1983, S.452

Immenga, U.; Mestmäcker, E.-J.: Gesetz gegen Wettbewerbsbeschränkungen, Kommentar, München 1981

Jung, K.: Die neue Gebührenordnung für Ärzte (GOÄ), Textausgabe mit Materialien und einer erläuternden Einführung, Köln 1983

Köhnen, L.; Schröder, G.; Kusemann, T.; Amelungk, U.: Beihilfevorschriften, Kommentar, 22. Ergänzungslieferung, Siegburg 1984

Kölsch, R.: Ärztliche Vergütungsvereinbarung nach § 2 GOÄ und AGB-Gesetz, NJW 1985, 2172

Kölsch, R.: Die „abweichende Vereinbarung" nach der neuen Gebührenordnung für Ärzte, Medizinrecht (MedR) 1983, 95

Korintenberg, W.: Kostenordnung, 10. Auflage, München 1983 (zit. Korintenberg - Bearbeiter)

Krause, P.: Keine Kompetenz zu verbindlicher Gebührenregelung für Heilberufe für den Bund und den Verordnungsgeber, MedR 1983, 81

Krause, P.: Rechtsgutachten vom 10.6. 1983, auszugsweise abgedruckt in: Rheinisches Ärzteblatt Heft 14/1983, S.717

---

[1] f & w, führen und wirtschaften im Krankenhaus.

Larenz, K.: Lehrbuch des Schuldrechts, 2. Band, Besonderer Teil, 10. Auflage, München 1972

Laufs, A.: Arztrecht, 3. Auflage, München 1984

Linzbach, M.: Trägerpflichten bei Sondervereinbarungen nach der GOÄ, Das Krankenhaus 1985, 83

Löwe, W.; Graf von Westphalen, F.; Trinkner, R.: Kommentar zum Gesetz zur Regelung des Rechts der Allgemeinen Geschäftsbedingungen, Heidelberg 1977

Lübbers, R.: GOÄ 1983, Rheinisches Ärzteblatt Heft 2/1983, S. 61

von Mangoldt, H.; Klein, F.; Starck, C.: Das Bonner Grundgesetz, Band 1, Kommentar, 3. Auflage, München 1985

Matthiass, H. H.: Ärztliche Schweigepflicht partiell aufgehoben, ÄrzteZeitung 3. April 1984

Maunz, T.; Dürig, G.; Herzog, R.: Grundgesetz, Kommentar, Band 1, 3. Auflage, München 1973

von Maydell, B.: Keine Begründungspflicht im Falle einer Abdingung gemäß § 2 GOÄ (Auszug aus einem Gutachten im Auftrag des Hartmannbundes), Arztrecht 10/1983, S. 265

Meuser, W.: Die neue Gebührenordnung nützt nur der PKV, ÄrzteZeitung 4. September 1984

von Münch, I.: Grundgesetz, Kommentar, Band 1, 3. Auflage, München 1985

Münchener Kommentar zum Bürgerlichen Gesetzbuch: Band 1, Allgemeiner Teil (§§ 1 bis 240), AGB-Gesetz, 2. Auflage, München 1984 (zit. MünchKomm - Bearbeiter)

Münchener Kommentar zum Bürgerlichen Gesetzbuch: Band 3, Schuldrecht Besonderer Teil, 1. Halbband (§§ 433 bis 656), Abzahlungsgesetz, München 1980 (zit. MünchKomm - Bearbeiter)

Narr, H.: Ärztliches Berufsrecht, 2. Auflage, 5. Ergänzungslieferung, Köln 1983 (zit. Narr)

Narr, H.: Buchbesprechung zum Kommentar von Hermann Hoffmann, NJW 1984, 2624

Narr, H.: Gebührenordnung: Versuch einer „Gebrauchsanleitung", Arzt und Wirtschaft 13/83, S. 12

Nienhaus, F.: Neue GOÄ - Ende der Privat-Adgo, DtÄrzteBl 1982 [B] Heft 48, S. 51, fortgesetzt in Heft 49, S. 56

Palandt, O.: Bürgerliches Gesetzbuch, 44. Auflage, München 1985 (zit. Palandt - Bearbeiter)

PKV-Information o. V.: Ja zur neuen GOÄ? 1982, S. 101

Rentsch, G.: Schreiben Sie keine Diagnose auf die Rechnung! Medical Tribune, 10. Juni 1983

Rieger, H.-J.: Lexikon des Arztrechts, Berlin, New York 1984

Rohs, G.; Wedewer, P.: Kostenordnung, Band II, 2. Auflage, Hamburg, Berlin 1961, Stand: August 1972

Roth, W.-H.: Der Vergütungsanspruch bei schlechter Leistung im Recht der freien Berufe, VersR 1979, 494 und 600

Rügner, W.: Gehört die Diagnose auf die Rechnung? Medical Tribune, 16. Dezember 1983

Schlauß, H.-J.: Der Hartmannbund hält Formulare für Sie bereit, Der Deutsche Arzt 1, 1983, S. 23

Schlauß, H.-J.; Hollmann, A.: GOÄ - Ein Buch mit sieben Siegeln? Niedersächsisches Ärzteblatt 13/1983, 451

Schlund, G. H.: Zur neuen Gebührenordnung für Ärzte - insbesondere zur Auswirkung der Entscheidung des BGH (VI ZR 104/81 - Arztrecht 1983, 177 ff.) vom 01.02. 1983 auf die GOÄ 1982, Arztrecht 11/1983, 305

Schmatz, H.; Goetz, E.; Matzke, H.: Gebührenordnung für Ärzte, Kommentar, fortgeführt von Goetz, E.; Matzke, H.; Schirmer, D., 2. Auflage, Berlin 1983

Schmidt-Bleibtreu, B.; Klein, F.: Kommentar zum Grundgesetz für die Bundesrepublik Deutschland, 6. Auflage, Neuwied, Darmstadt 1983

selecta o. V.: Hohe Miete ist kein Grund für höheres Honorar, 14, 08. April 1985

Seybold, K.; Hornig, E.: Bundesnotarordnung vom 24. Februar 1961, 4. Auflage, Berlin, Frankfurt 1962

Soergel, Th.-Siebert, W.: Kommentar zum Bürgerlichen Gesetzbuch, Band 3, 10. Auflage, Stuttgart, Berlin, Köln, Mainz 1969 (zit. Soergel - Siebert - Bearbeiter)

Speth; Koch: Ab 01.01. 1983 neue Gebührenordnung für Ärzte (GOÄ 1983), Westfälisches Ärzteblatt 2/83, 119

Staudinger, J. v.: Kommentar zum Bürgerlichen Gesetzbuch, II. Band, Recht der Schuldverhältnisse, 3. Teil, §§ 611-704, 11. Auflage, Berlin 1958

Swolana, G.: Bundesgebührenordnung für Rechtsanwälte, 6. Auflage, München 1981

Tiemann, S.: Das Recht in der Arztpraxis, Berlin, Chicago, London, Rio de Janeiro, Tokio 1984

Tiemann, S.: Kompetenzkonflikt bei Streit über ärztlichen Kunstfehler - Sozial- oder Zivilrechtsweg? NJW 1985, 2169

Tiemann, S.: Verweilgebühr und Schadensersatzansprüche, Der freie Zahnarzt, 3/82, 56

Uleer, C.: Ein Jahr Erfahrung, Bundesarbeitsblatt 4/1984, 22

Uleer, C.: „Phantasiehonorarverträge zwischen Arzt und Patient sind unzulässig", Arzt und Wirtschaft Nr.4/1983, S.3

Ulmer, P.; Brandner, H.E.; Hensen, H.-D.: AGB-Gesetz, Kommentar zum Gesetz zur Regelung des Rechts der Allgemeinen Geschäftsbedingungen, 4.Auflage, Köln 1982

Vieß, G.: Zur Anwendbarkeit des AGB-Gesetzes auf ärztliche Honorarvereinbarungen gemäß § 2 GOÄ, Arztrecht 10/1984, 263

Vilmar, K.: Gebührenordnung – im Arbeitsministerium noch einmal durchdenken! DtÄrzteBl 1982 [A/B] Heft 21, S.58

Vogt, G.: Gerangel oder Unsicherheit, Rheinisches Ärzteblatt Heft 7/1983, S.321

Vogt, G.; Lübbers, R.: Die neue GOÄ in der Praxis, Rheinisches Ärzteblatt Heft 18/1983, S.907

Vorstand der Landesärztekammer Baden-Württemberg: Grundsätze zur Anwendung der Gebührenordnung für Ärzte (GOÄ) vom 12.November 1982, Ärzteblatt Baden-Württemberg Heft 9/83, S.374 = Der Beamte im Ruhestand Nr.8-9/1984

Weigand, H.; Weißauer, W.; Zierl, O.: Kommentar zu den GOÄ-Nummern 9 und 10, Anästhesiologie und Intensivmedizin 1984, 200

Weißauer, W.: Die neue Gebührenordnung für Ärzte – Tendenzen, Kompetenzen, Interpretationen, MedR 1983, 2

Weißauer, W.: Die neue GOÄ – verfassungsrechtliche Aspekte, Anästhesiologie und Intensivmedizin 1983, 84

Weißauer, W.: Honorarvereinbarungen nach der neuen GOÄ, Anästhesiologie und Intensivmedizin 1983, 51

Weißauer, W.; Opderbecke, H.-W.: Zweite Verordnung zur Änderung der Gebührenordnung für Ärzte – Problematik und Konsequenzen, Anästhesiologie und Intensivmedizin 1985, 25

Wezel, H.; Liebold, R.: Handkommentar, BMÄ, E-GO und GOÄ, 4.Auflage, St.Augustin 1984

Wichmann, K.-H.: Zur Neuordnung des ärztlichen und zahnärztlichen Gebührenrechts, NJW 1965, 1064

Zimmer, C.L.: Harmonisierung der Gebührenordnung für Ärzte und der Bundespflegesatzverordnung aus der Sicht der Pflegesatzbehörde, Krankenhaus-Umschau 11/84, 850

Zimmer, C.L.: Zur neuen Bundespflegesatzverordnung (BPflV), Krankenhaus-Umschau 10/85, 759